나는
내일
행복하고
싶지
않다

지금이 더 소중하고, 오늘이 더 중요하다

나는

내일
행복하고
싶지

않다

손남목 지음

가연

참, 청개구리 같은 사람!

— 김명곤(전 문화체육관광부 장관, 현 세종문화회관 이사장)

돈 많은 부자들은 모두 행복할까? 권세와 지위가 높은 사람들은 행복할까? 인기 있고 유명한 사람들은 행복할까? 행복과 성공에 대해 책을 쓰고 가르치는 사람들은 행복할까? 쾌락주의에 빠져 향락을 찾는 사람들은 행복할까?

이런 여러 가지 질문에 자신 있게 그렇다고 대답할 수 없는 게 현실이다. 겉으로 보기에 성공한 사람, 행복해 보이는 사람들이 자살을 하고 고통에 빠지고 마약에 의지하는 사례들을 매스컴에서 접할 때마다 우리는 회의에 빠진다.

많은 사람들이 행복해지기 위해 끊임없이 노력하지만 대부분의 사람들은 삶에 회의와 절망을 느낀다. 게다가 기쁨을 느끼는 능력을 잃은 사람, 우울증과 불안에 시달리는 이들은 더욱 늘어만 간다. 수많은 인류의 스승들이 행복에 대해 설파했지만 공허하게 들린다. 그러니 행복이란 신기루처럼 보이기도 한다. 어쩌면 행복은 복잡하고 먼 데 있는 것이 아니라 의외로 단순하고 가까운 곳에 있는 게 아닐까.

'괄목상대'라는 고사성어가 있다. 누군가의 학식이나 재주가 놀랄 만큼 향상된 것을 이르는 말로, 전혀 예상치 못했던 분야에 진전을 이룬 사람

6

에 대한 찬사이다. 극단 두레의 대표이자 연출가 손남목을 보면 그 말이 정말 안성맞춤이라는 느낌이다.

　그는 한때 공중파에 부부 동반으로 출연하여 지독한 청년보수(?)의 이미지를 선보이더니, 이번에는《나는 내일 행복하고 싶지 않다》라는 자기계발서를 통해 이 땅의 청춘남녀들에게 행복의 세레나데를 들려주고 있다. 참, 청개구리 같은 사람이 아닐 수 없다.

　2000년대 초반 대학로 연극가에 혜성처럼 나타난 손남목은 연극에 대한 새로운 시각과 해석으로 기존의 틀에 얽매여 있던 연극인들을 깜짝 놀라게 했다. 그 무렵 스스로 연출하고 제작한 코믹극 〈보잉보잉〉은 대학로의 대표석인 베스트셀러가 되어 3백만 명 이상의 관객을 동원했고 아직까지도 공연되고 있다니 그저 놀라울 따름이다.

　그는 연극으로 명예와 부라는 두 마리 토끼를 잡은 희귀한 인물이다. 그래서인지 나에게는 〈보잉보잉〉이라는 연극 제목이 손남목 대표가 하늘을 붕 뜨는 듯한 행복의 신호탄처럼 느껴지기도 한다. 하지만 그는 단순히 성공한 연극인이라기보다는 자신만의 특별한 방식으로 성공한 연극인이라고 하는 것이 맞다. 그의 연출한 작품 면면을 짚어보면 그 사실을 명백하게 알 수 있다.

일례로 〈옥수동에 서면 압구정동이 보인다〉〈마술 가게〉 같은 작품에서는 부조리한 세상을 비판하면서 거기에 진실의 힘과 희망을 아로새기고자 하는 그의 관점이 적나라하게 드러난다. 〈송산야화〉나 〈염쟁이 유씨〉에서 묘사하는 사랑과 인생에 대한 해석은 심각하다 못해 장중하기까지 하다.

나는 몇 년 전 극단 두레에서 공연한 〈밀키웨이〉의 연출가로서 제작자인 손남목과 처음 만났다. 천진난만한 첫인상과는 달리 작품에 대한 신중한 접근방식과 관객의 편에서 연극을 바라보려는 관점이 놀라웠다. 이 책 말미에 당시 나와의 인연이 잠깐 언급되고 있어 감회가 새롭다.

손남목은 자신이 '연극업자'가 아니라 '연극인'이리는 점을 잊지 않고 있다. 그러기에 이 책에서 '대학로의 상업연극'에 대한 세간의 인식에 불만을 토로하면서도 현재 대학로에 범람하고 있는 코믹극에 대한 원죄의식까지 거론하는 것이다. 그 와중에 청개구리 정신을 바탕으로 역행의 진격을 통해 새로운 분야를 개척하겠다고 한다. 과연 어떤 모습의 새로운 손남목표 연극이 등장할지 궁금해지는 대목이다.

이 책에서 손남목은 '행복'을 말하기 위해 연출가로서의 오랜 경험을 도구로 삼고 있다. 이는 독자들이나 관객들을 배려한 의미심장한 연출로 여겨진다. 그와 같은 골수 연극인이 〈햄릿〉이나 〈파우스트〉 같은 연극을 외면하고 나폴레옹 힐이나 데일 카네기를 앞세워 행복을 논한다면 그것이 오히려 이상하지 않겠는가.

무릇 연출가는 한 편의 작품을 완성하기 위해 객관적이고 폭 넓은 시야로 대본을 분석하고 수정하며, 배우에게 엄격하고 치열한 연습과 훈련을 요구하고, 주변인들과의 갈등을 조화롭게 처리해 내며, 삶의 목표를 분명히 세워서 신념과 의지로 난관을 헤쳐 나가는 존재이다. 평생 이런 배역을 도맡아 온 손남목이 새삼 '인생 연출가'의 길을 걷기 시작한 것은 숙명인지도 모르겠다.

연극에서는 연출가가 대본을 어떻게 해석하느냐에 따라 똑같은 작품이 전혀 다른 모습으로 탄생한다. 손남목은 자신의 작품에 유머라는 코드를 집어넣음으로써 음울한 분위기에도 생기를 불어넣고 있다. 분명한 것은 그가 연극을 바라보는 것처럼 우리네 인생에도 유머가 넘쳐야 한다는 사실을 직시하고 있다는 점이다.

손남목은 배우들에게 연기할 때 진실을 요구한다. 나도 마찬가지다. 연기의 최고 경지는 바로 인물의 진실을 몸과 마음으로 표현할 때 발휘

되는 것이기 때문이다. 배우들은 그런 연기를 통해 연출가의 뜻을 관객들에게 전달한다.

공연을 앞두고 연습을 하다 보면 심리적 압박감에 못이긴 배우들이 간혹 연출가에 반항하거나 연습장에 나오지 않는 일이 있다. 그러면 어떤 연출가는 분에 못 이겨 고성이나 폭언으로 대응하기도 한다. 한데 손남목은 이런 관습에서 벗어난 인물로 정평이 나 있다. 긴장된 무대 분위기를 풀어주기 위해 배우들과 늘 웃고 떠들며 행복을 찾는 사람, 그래서 젊은 배우들로부터 존경 1순위라는 말이 나돌고 있으니 나 역시 연출가의 한 사람으로서 부럽지 않을 수 없다.

나는 언젠가 선배 연극인들로부터 과거에 힘거운 환경 속에서 연극의 열정을 불태울 수 있었던 원동력이 '외로움'이었다는 말을 들은 적이 있다. 그처럼 춥고 배고팠던 시절, 대학로의 주인공이었던 연극인들은 주머니를 털어 빈대떡에 막걸리를 마셨고, 마로니에 공원이나 소극장 근처에 둘러앉아 소주병을 앞에 놓고 밤새워 예술을 논했다.

그런데 반세기도 채 지나지 않은 지금의 대학로 주인공은 상가와 음식점과 카페의 주인들과 명품 브랜드 옷을 입고 돌아다니는 손님들로 바뀌었다. 하루가 멀다 하고 변해가는 대학로의 화려함 속에서 연극인들은 소외감과 초라함을 느끼며 연습실과 극장을 들락거린다.

손남목은 이 책에서 자신은 연극인들이 천형처럼 안고 살았던 빈곤을 극복하고 자생력을 키우겠다는 결심을 오늘까지 이어오고 있다고 고백한다. 그러면서 경직되고 상업화 되어가고 있는 대학로의 분위기를 일신하여 세계적인 연극의 메카로 만들고 싶다는 뜻까지 피력한다.

그런 기백이 있었기에 손남목은 오늘날 각종 매체에 빼앗겼던 관객들의 발길을 대학로 방향으로 돌려세우는 데 이바지할 수 있었으리라. 한데 이젠 그들을 대상으로 잦은 토크쇼를 열어 행복을 전해주는 멘토로서의 역할까지 하고 있다. 그는 이제 자신의 인생 설계와 연극 연출을 뛰어넘어 억눌린 청춘들의 비상구가 되려 한다. 나로서는 손남목이 또 하나의 막을 열어젖혔으니 목을 빼고 들여다 볼 수밖에 없다.

당신은 지금 행복하십니까?

나는 청개구리다. 그동안 내가 맡은 일이나 일상생활에서 보통 사람들과는 완전히 반대로 생각하고 반대로 살아왔으니 청개구리란 별명에 정겨운 느낌까지 든다. 덕분에 천직인 연극 무대에서 나름대로의 성과를 거두었고, 그 안에서 사랑하는 아내를 만났으며, 형제 같은 배우들과 무대 위에서 웃고 떠들며 행복을 즐기는 것이 아니겠는가. 그런 의미에서 초등학교 때 읽었던 청개구리 이야기를 잠시 되새겨 보자.

시냇가에 사는 청개구리는 엄마개구리의 반대로만 들었다. 들에 가서 놀라고 하면 산에 가서 놀았고, 이쪽으로 가라고 하면 저쪽으로 갔다. 무슨 말을 해도 거꾸로 하는 청개구리 때문에 엄마개구리는 속상했지만 뾰족한 수가 없어 그대로 두었다.

어느 날 병석에 누운 엄마개구리는 죽음이 다가오자 청개구리에게 자신을 개울가에 묻어달라고 부탁한다. 그러면 청개구리가 늘 하던 대로 숲속에 묻어줄 줄 알았다. 한데 이놈의 자식이 말썽만 피우던 지난날을 반성하면서 엄마개구리의 마지막 소원을 들어주려고 시냇가에 무덤을 만들었던 것이다. 결국 큰비가 내려 엄마개구리의 무덤은 멀리멀리 떠내려가 버렸다. 그래서 청개구리는 요즘에도 비만 오면 개골개골 울고 있다는 것이다.

왜 이런 일이 벌어졌던 걸까? 말썽꾸러기 청개구리는 자기만 생각하고 자기만 옳다고 여긴 결과 그렇게 비극적인 상황을 겪게 된 것이다. 녀석은 엄마개구리의 진심을 알려고도 하지 않았고, 자신의 행동이 어떤 결과를 불러올 것인지조차 고려하지 않았다.

나는 그렇듯 이기적으로 살다가 후회하는 어리석은 청개구리가 아니라 장차 다가올 모진 풍파를 예견하고 미리 대비하면서 가족의 안전과 행복을 지켜나가는 개구리 왕눈이가 되고 싶다. 비바람 몰아쳐도 이겨내고 일곱 번 넘어져도 일어나서 무지개 언덕에 웃음꽃이 피게 하고 싶은 것이다. 그러기 위해 오늘도 나는 거리를 활보하며 뇌리에 남다른 그림을 그려내기 위해 두 눈을 반짝인다.

돌이켜 보면 과거에는 나 자신의 목표만을 위해 살았지만 이젠 타인의 진심을 느끼고 그들과 함께 행복해지고 싶기에 망설임 없이 청개구리 같은 역발상을 시도하는 것이다. 그것은 본래 내 안에 또아리 틀고 있던 쓸모있는 생각들을 꺼내 들고 마음껏 휘두르는 데서 시작된다. 실패자들의 회한이나 넋두리 따위는 생각조차 하지 않는다. 나와 함께 있을 때 웃고 떠들며 행복을 나누는 사람들이 곁에 있기 때문이다.

나는 세상에서 제일 특별한 행운아이다. 내가 좋아하는 일을 일찌감치 찾아냈기 때문이다. 많은 사람들이 잘못된 선택으로 시간을 낭비한다. 기실 시간보다 중요한 것은 올바른 선택이다. 세상에 내가 제일 좋아하고 잘해낼 수 있는 일이 있다는 사실을 믿고 그것을 알아낼 때까지 도전을 멈추어선 안 된다. 단언하건대 자신의 마음과 영혼을 쏟아 부을 수 있는 분야에서 일하면 행복해진다. 힘든 현실을 비관한 나머지 색다른 길을 찾으려 애쓰지 말라. 아무도 걸어 본 적이 없는 그런 길은 없다.

어떤 사람들은 타인에 대해 올바른 충고와 자비를 베풀면서 자신에게만은 무자비한 비판자가 된다. 그런 습관이 자신을 병들게 하고 행복으로 가는 길에 튼튼한 장애물을 만든다. 자신을 사랑하지 않으면 타인에 대한 사랑은 공염불에 불과하다. 두드리면 열리리라. 구하면 얻으리라. 그 시작은 지치고 무기력해 보이는 자신을 사랑하는 데 있다. 특별해 보이는 누군가를 닮으려 정력을 낭비할 것이 아니라 자신을 특별하게 여기라는 뜻이다.

우리는 혼자가 아니다. 자신이 어떤 사람이든 무슨 일을 하던 간에 어깨를 두드려주는 동반자가 있게 마련이다. 나에게도 언제나 엉뚱한 발상을 응원해주고 넘어지면 일으켜주는 많은 선후배와 가족들이 있다. 그들의 따뜻한 체온이 없었다면 오늘날의 나는 존재하지 않았을 것이다. 이것이 바로 세상이다. 그러기에 나는 세상의 고정관념과 육탄전을 벌이면서도 고독한 적이 한 번도 없었다.

최근 나는 어떻게 하면 문화예술계의 첨병인 연극인들이 노고에 대한 정당한 대가를 받고 창의적인 활동에 몰두할 수 있는 방법이 무엇일까 고심하고 있다. 자생력만 갖출 수 있다면 우리 연극인들은 불모지대였던 대학로를 우리나라 연극의 중심지로 키워낸 저력으로 얼마든지 큰 성과를 거둘 수 있으리라 믿어 의심치 않는다.

이 책을 마무리 지으며 감사드리고 싶은 분들이 참 많다. 내게 연극인의 마음가짐을 온몸으로 보여주신 김명곤 선생님, 언제나 조언을 아끼지 않는 나의 정신적 지주 최종원 선배님, 맛있는 음식과 함께 나에게 막말을 막 던지면서 웃음을 주시는 탤런트 이승연 누님, 가연출판사 김성룡 대표님, 어릴 적부터 계속 내 곁에서 나와 함께 그림자처럼 붙어 있는 나의 사랑하는 친형 손수목 형님, 그밖에 항상 곁에서 도와주고 조언을 아끼지 않은 여러 대학로 선후배님들께 감사드린다.

무엇보다도 바쁜 연기생활 속에서 늘 철없는 남편을 믿어주고 감싸주는 내 사랑 최영완에게 최고의 고마움을 전한다. 사랑하는 사람에게는 고맙다는 말을 하지 않는 거라고? 아니, 천 번 만 번이라도 그 마음을 표현할 것이다. 그런 말을 할 때가 나는 가장 행복하다.

2015년 겨울 초입에, 손남목

역행의 진격

행복은 내 안에 있다.
행복해지고 싶다면 목표를 세우고 거기에 자신의 생각을 듬뿍 쏟아 부어야 한다.
불행해지고 싶다면 자기 이외의 일에 마음을 쏟아 부으면 된다.

행복의 나라로 갑시다

'인생에서 가장 아름다운 것들은 볼 수도 없고 만질 수조차 없다. 그것
들은 단지 마음으로 느껴야만 한다.'

헬렌 켈러의 이 말은 예술의 여러 방면에서 차용될 수 있겠지만 나로
서는 가장 연극의 핵심을 꿰뚫고 있다고 생각한다. 무대에 선 배우들은
어둑한 공간 아래 앉은 손에 잡히지 않는 수많은 관객들을 대상으로 쉴
새 없이 어떤 메시지를 던진다. 관객들은 그런 배우들의 움직임과 목소
리를 통해 작품이 묘사하는 창밖의 세계와 그 안에서 소용돌이치고 있는
복잡다단한 인간의 내면을 이해하고 공감하는 것이다.

예술에 있어서는 어느 분야나 마찬가지겠지만 배우와 관객의 소통을
가능하게 하는 것은 가식이 아니라 진심이다. 배우는 기본적으로 주어진
캐릭터를 흉내 내야 하는 존재다. 하지만 그가 자신이 맡은 배역의 역할

을 온전하게 이해하고 혼신의 힘을 다 바쳐 표현해야만 관객들이 반응한다. 연출가는 막이 오르기 전에 그런 배우들의 열정을 자극하고 각자의 특색 있는 연기를 조율함으로써 작품의 최대 가치를 이끌어낸다.

내가 연극계에 들어서게 된 것도 관객으로서 배우들의 연기를 통해 격렬한 충격을 받았기 때문이다. 어렸을 때 대구에서 연극을 하던 누님이 집에 들어오면 종종 내게 연극을 하면 어떻겠느냐고 권했다. 어린 동생이 용모도 예쁘장한 데다 남의 흉내를 잘 냈기 때문이었다. 그럴 때마다 나는 배우가 된다는 것이 괜스레 무안해서 도리질을 치며 밖으로 내달리곤 했다.

당시 나에게 연극이란 참으로 먼 나라 이야기였다. 초등학교 학예회 때도 연극을 해본 적이 한 번도 없었다. 그런데 중학교 2학년 무렵 우연히 세종문화회관에서 공연한 셰익스피어의 〈로미오와 줄리엣〉을 보고 큰 충격을 받았다. 만화나 소설, 영화로 보았던 그 로미오나 줄리엣과는 전혀 달랐다.

"장미는 다른 이름으로 불러도 여전히 향기로울 거야."

로미오의 이런 목소리를 들으면서 내 심장이 요동쳤다. 바로 저거야. 내가 하고 싶은 일, 내가 부르고 싶은 노래를 부르는데 다른 사람의 생각이 무슨 소용이람. 바로 그때 연극이 내 마음속 깊이 들어왔다.

무대 위에서 배우들은 관객들의 코앞에서 뜨거운 몸짓과 천변만화(千變萬化)하는 발성으로 사랑을 노래하고 아픔을 호소했다. 연극의 말미에 나오는 로미오의 처절한 대사는 나의 어린 심장을 파편처럼 흩뜨려놓았다.

"운명이여! 난 너를 믿지 않으련다. 착한 친구여! 부디 잘살게. 안녕! 줄리엣! 오! 나의 사랑 나의 아내! 죽음이 꿀 같은 그대 숨결을 앗아갔지만 그대 아름다움엔 손도 못 댔구려."

공연이 끝나고 배우들이 커튼콜을 하기 위해 무대 밖으로 나오자 관객들은 그들을 향해 환호성을 지르고 박수갈채를 보냈다. 그 순간 배우들의 등 뒤에서 성스러운 오로라가 피어오르는 것만 같았다. 그들의 사소한 몸짓 하나하나에 어린 소년의 피가 끓어올랐다. 불현듯 뇌리에서 이런 목소리가 치오르는 것이었다.

"아, 나도 저 사람들처럼 배우가 되고 싶다."

당시 나는 배우나 탤런트를 구별하지 못하고 돈도 잘 벌 뿐만 아니라 세상의 스포트라이트만 받는 화려하고 행복한 사람들이라고 생각했다. 맛있는 오믈렛을 요리하기 위해서는 달걀을 깨야 한다던가. 그들의 환한 표정 뒤 뼈를 깎는 인고의 노력이 숨어 있으리라고는 상상조차 하지 못했다.

그날 이후 나는 시내의 극단을 찾아다니며 제발 배우가 되게 해달라고 빌었다. 하지만 생면부지에 무대 경험조차 없는 철부지 중학생을 받아들일 극단이 어디에 있겠는가. 나의 꿈은 이렇게 좌절하는가 하며 거의 포기상태에 다다랐을 때 갑자기 기회의 문이 활짝 열렸다. 그 무렵 중학생도 받아주는 청소년 극단이 생겼던 것이다. 소식을 들은 나는 앞뒤 가리지 않고 무작정 입단을 감행했다.

극단에 들어서고 보니 나는 무대 체질이었다. 막내둥이로 주전자를 날라도 별 볼일 없는 배역을 주어도 그저 즐겁기만 했다. 선배들의 다양한 빛깔의 연기를 관찰하는 일도 흥미로웠다. 실제로는 한 번도 경험하지 않은 세계에 들어가 그 안의 인물을 새롭게 분석하고 변용하여 가공의 나를 표현한다는 것은 정말 신비로운 일이었다. 그때부터 나의 일터는 극장이었고, 다른 쪽은 쳐다보지도 않았다. 아르바이트로 다른 일을 해본 적도 없다. 그저 내게 연극이 다가와준 것이 눈물 나게 고마웠다.

물론 배우나 연출가로서 살아오면서 힘들었던 적이 많다. 그러나 내가 사랑하고 좋아하는 일을 하면서 감내해야 할 고통이 있다면 그것은 고통이 아니라 축복이었다. 불굴의 투사였던 대문호 헤밍웨이는 '인간은 죽을지는 모르지만 패배하지는 않는다.'라고 말하지 않았던가. 나 역시 패배란 단어는 지금까지 한 번도 떠올린 적이 없다.

무대에 서면 나는 황제에서 거지까지 어떤 모습으로도 변신할 수 있다. 관객들은 그런 나를 믿어주고 반응한다. 이보다 행복한 상황이 어디에 있단 말인가? 그러니 대학에서 연극을 전공한 것은 당연한 행로였다. 연극이 나의 모든 것이었고, 지금도 마찬가지다.

그렇게 무대에서 오랫동안 연기를 하다 보니 새로운 목표가 생겼다. 이전부터 성격적으로 사람들 앞에 서기를 좋아했던 나는 배우로서 연기만 할 것이 아니라 연출가로서 작품 전체를 나만의 방식으로 해석하여 보여주고 싶었다. 도전하는 자에게 무슨 불가능이 있으랴. 혹여 연출이 내 체질이 아니라면 돌아서면 그뿐이라고 생각했다.

행복이란 가치 있는 목표를 점진적으로 이루어나가는 것이라고 했다. 강한 목적의식은 모든 변화와 발전을 자극하는 핵심 요소이기 때문이다. 어떤 일을 할 때 그것은 방향성과 의미, 긍정적인 기대감을 낳는다. 목적을 하나하나 이룰 때마다 느끼는 성취감은 긍지와 만족, 높은 자부심을 전해준다. 그리하여 내가 지금 얼마나 발전하고 있으며 그 근원이 오로지 나의 노력의 결과라는 사실도 알게 된다. 그러기에 나는 자신을 믿고 연출이라는 하나의 목표에 올인 했던 것이다.

물론 내가 아무런 준비 없이 연출에 도전한 것은 아니었다. 동료들과 함께 극단 두레를 설립하고 여러 작품을 제작하면서 초빙했던 선배 연출가들로부터 많은 것을 배웠다. 연출가는 연극 전체를 관장하며 배우들을 작품에 녹여내야 한다. 그러므로 연출가는 자신이 이끌어가야 할 세계의 분위기와 특성을 이해하고 배우들을 효과적으로 장악하지 않으면 안 된다. 배우들에게 자신이 연출하려는 작품의 방향과 배역의 움직임을 명확하게 설명하고 그에 따르는 연기까지 감독해야 하는 것이다.

풋내기 연출가로서 나는 일천한 지식과 경험을 무기로 과감하게 배우들 앞에 섰다. 다행히 그들은 나와 오랫동안 무대에 섰던 친구들이라 호흡이 잘 맞았다. 그들과 함께 연습장에서 땀 흘리며 각자의 특성에 따라 배역의 움직임을 바꾸고 연극의 방향을 잡아나갔다. 대본도 순간순간 떠오르는 아이디어에 맞춰 수정했다.

스텝들과 함께 무대장치나 소도구를 준비하면서 전체적인 그림을 그려나가는 일도 연출가의 몫이었다. 당시 나는 제작자를 겸하고 있었으므로 작품을 선정하고 어떤 방식으로 홍보할 것인지도 고려해야 했다. 그렇게 걸음마처럼 시작했던 연극 연출이 오늘날의 손남목을 만들어 주었다.

그동안 내가 연출을 하면서 마냥 탄탄대로를 걸었던 것은 아니다. 장애물이 앞을 가로막으면 어떤 방식으로든 헤치고 나아갔을 뿐이다. 가령 작품을 기획하고 오디션을 거쳐 마음에 드는 배우를 만났다 해도 본론으로 들어가면 언제나 이견이 생기게 마련이다. 그럴 때마다 연출가와 배우는 대화를 통해 서로를 설득하며 생각을 좁힌다. 하지만 시간적인 문제가 개입되면 연출자의 권한을 사용해야 할 때가 있다. 그런 과정에서 산처럼 쌓이는 스트레스 때문에 술이나 담배로 헝클어진 마음을 달래기도 했다.

연출가로서 남몰래 속앓이도 많이 했지만 땀 흘린 끝에 공연을 시작하면 배우로서 활동할 때다 훨씬 행복한 느낌을 받았다. 애써 만든 작품에 관객들이 격하게 호응해주면 그 행복감은 몇 배로 고조되었다. 그것은 요리사가 새로운 요리를 개발하여 식탁에 내놓았는데 고객으로부터 최고의 찬사를 받는 느낌과 같을 것이다.

나는 그렇게 배우와 연출가라는 이중의 통로를 거쳐 연극이라는 행복의 나라에 안착했다. 어제 동여맨 신발 끈이 오늘 허술해지기 쉽고 내일에는 풀어질 수도 있다. 그러므로 나날이 신발 끈을 동여매야 하는 것처럼 나도 이 세계를 지키고 가꾸어 나가는 데 게으름 피우지 않을 것이다. 이런 마음가짐으로 우리 함께 청춘과 유혹의 뒷장을 넘기며 행복의 나라로 갑시다.

오늘도 두레처럼

'인간이란 무엇인가? 만일 그의 인생에서 최고의 이득과 거래가 단지 먹고 자는 것에만 있다면 짐승 그 이상일 수 없다. 신은 우리에게 앞뒤를 살필 수 있는 그토록 넓은 판단력을 주지 않았는가. 신과 같은 이성을 쓰지 않고 곰팡내나 풍기라고 주신 건 단연코 아니지 않은가?'

셰익스피어의 희곡 〈햄릿〉 4막 4장에 나오는 독백이다. 신은 인간에게 무언가를 할 수 있는 능력을 주셨지만 그것을 함부로 쓸 수 없도록 고난을 배치했다. 그 경계선을 넘어선 사람만이 더욱 전진할 수 있는 에너지를 얻을 수 있다. 햄릿이 인간이라면 우리도 인간이다. 그가 감내할 수 있는 고통이라면 우리도 충분히 감내할 수 있다.

극단 두레는 이처럼 패기와 야망으로 똘똘 뭉친 젊은 연극인들이 우리나라 연극의 변방이랄 수 있는 부천에서 고고성을 울렸다. 당시 우리들은 전통적인 향약이나 품앗이처럼 공동체의 개념으로 합심하여 극단을 운영했다. 호기롭게 시작은 했지만 자금도 부족하고 경험도 없어서 초기에는 우왕좌왕한 적이 많았다. 하지만 우리는 그런 과정을 당연한 성장통으로 여기고 오히려 즐겼다.

소다 마사히토의 만화 〈스바루〉 중에 이런 말이 있다. '어떤 것이든 마찬가지야. 일도 놀이도, 거기서 뭔가 새로운 것을 시작하려 할 때 지금이 즐거우니까 그것도 해보자와 지금이 힘드니까 다른 걸 하고 싶다는 의미와 결과가 전혀 달라.' 바로 그것이다. 우리는 즐거우니까 연극을 하는 것이고 그래서 의미가 남달랐다.

우리는 누가 알아주지 않더라도 무대 위에서 행복했고 성원해주는 관객들이 있었으므로 수준 높은 작품을 만들기 위해 밤낮으로 땀을 흘렸다. 그러나 열정이 언제나 합당한 보상을 해주는 것은 아니어서 재정상태가 나빠지자 공동체가 흔들리기 시작했다.

초기에는 조금만 참아보자고 서로의 어깨를 두드렸지만 날이 갈수록 모두가 지쳐갔다. 레싱의 비극 〈에밀리아 갈로티〉 1막 2장의 명대사 '예술은 빵을 따른다.'라는 말이 우리에게 현실로 다가왔던 것이다.

"지금이 고비야. 처음부터 이런 시련은 예상하고 있었잖아."

"우리가 언제까지 이렇게 견뎌야 하는데? 정말 굶어 죽겠다."

어떤 조직이든 절망의 끝자락에 닿으면 한계를 느끼고 다른 길을 찾아가는 사람이 나오게 마련이다. 인고의 시간이 흐르면서 동인으로서의 협업체제가 와해되자 어쩔 수 없이 내가 대표로서 전면에 나설 수밖에 없었다. 어떻게 보면 민주주의 체제에서 1인 독재 체제로 역행한 것인데,

우리는 그 과정을 극단이 한 단계 진화하는 계기로 삼았다.

젊은 나이에 극단을 이끌게 된 나는 그동안 굳어진 고정관념을 깨는 데 주력했다. 고전적인 작품, 실험적인 작품 위주에서 벗어나 수익과 흥행을 고려한 작품도 함께 구상했다. 또 부천이란 지역적 틀을 벗어나 전국의 연극제에 적극적으로 참여하면서 우리의 역량을 과시했다.

그 무렵 내가 중시했던 것은 연출가와 배우들의 팀워크였다. 그들이 상하관계가 아니라 한 팀이라는 생각으로 서로를 존중하는 풍토를 만들어나갔다. 또 작품에 참여하는 작가나 번역가는 물론 배우와 스텝들이 모두 가족 같은 분위기에서 일하기를 바랐다. 연극이란 인간의 마음을 움직여야 하는 종합예술이다. 그 안에 따뜻한 온기가 내장되어 있지 않다면 어떤 웃음도 어떤 눈물도 녹여낼 수 없기 때문이다.

우리 스타일에 맞은 작품을 선정하고 이를 무대에서 구현하기 위해 배우들과 연습을 하다보면 그들이 집에 있는 가족들보다 더 가깝게 느껴진다. 어느 집안이나 마찬가지겠지만 살림살이가 버거워지면 부부끼리도 짜증을 내게 마련이다. 그럴 때 서로의 기분을 이해하고 배려해 주어야만 함께 계속 살아갈 수 있다. 진정으로 그런 마인드를 갖지 않고서는 버틸 수 없는 것이 연극계가 아닐까 싶다. 그런 면에서 극단의 이름을 두레로 정한 것은 정말 잘한 일 같다.

그동안 많은 작품을 만들면서 제일 힘든 것이 배우들 관리였다. 무대는 사람과 사람의 숨결이 직접적으로 맞부딪치는 현장이라 무심결에 서로가 말 한마디 잘못 뱉으면 격앙되는 경우도 빈번하다. 연출가가 원하는 그림과 배우가 표현하고 싶은 모양이 달라서 논쟁을 벌일 때도 간혹 있다.

연극무대에서 연출가는 공인된 독재자다. 배우의 섭외나 폐출에 직접적인 권한이 있기 때문에 웬만한 배우들은 속이 뒤틀려도 꾹 참는 경향이 있다. 그러나 노련한 배우들은 연출가의 의도를 알아차리고 기대 이상으로 상황을 이끌어가기도 한다. 때문에 연출가는 그들이 어떤 모습으로 자신의 배역을 소화하고 업그레이드시킬지에 대하여 본능적인 호기심을 품게 된다.

여태까지 나도 그런 관점으로 무대에서 검증된 배우들을 선호해왔다. 그들의 세련되고 특별한 연기를 보노라면 나 자신이 다시 배우가 되어무대에 서고 싶다는 생각까지 들 정도이다. 누구나 그렇겠지만 나는 호흡이 잘 맞는 배우, 진지한 배우, 성실한 배우, 인간미 넘치는 배우를 좋아한다.

아무리 실력 있는 배우라도 성실하지 않으면 팀워크를 깨뜨릴 위험이있다. 인간미가 없다면 완성의 기쁨을 흔쾌히 나누지 못한다. 그러므로배우라면 마땅히 상대를 배려하고 리듬을 맞추려는 희생정신이 필요하다. 물론 그들에게는 특유의 자존심과 끼가 있게 마련이다. 그 점을 인정하지만 자칫 그것이 넘쳐나게 되면 불협화음이 생기기 쉽다.

최근에 나는 노장 선호사상을 버리고 신인배우들에게도 많은 기회를주기로 마음을 고쳐먹었다. 그들의 미숙하지만 참신한 연기와 노련미 넘치는 노장들의 연기가 조화를 이룰 때 플러스알파의 효과를 거둘 수 있을 것이다. 실전에서 개성 넘치는 여러 선배들의 장단점을 고루 접하면서 그들은 자신만의 특별한 빛깔을 띠게 된다.

나의 시작과 현재를 함께했던 두레 정신은 오늘도 생생하게 살아있다. 그리하여 우리는 불안했던 시기를 극복하고 우리나라 연극의 미래를 걱정할 정도로 성장했다. 이제부터는 양적인 차원을 넘어서 질적으로 성장한 모습을 보여주어야 할 때다. 그러기에 오늘도 우리 두레는 환한 웃음 속에서 내일을 깊이 성찰하는 것이다.

서두를 〈햄릿〉으로 시작했으니 말미도 〈햄릿〉으로 장식해 보자. 언젠가 연기를 지도할 때 인용하고 싶었던 대사로 말이다. 셰익스피어가 햄릿의 입을 통해 연기란 어떤 것인가를 설명한 부분을 알려주는 부분인데, 내가 연출가이기 때문에 공감하는 부분이 백 프로이다.

'대사는 내가 아까 자네에게 해보인 것처럼 자연스럽게 하라고. 만약 보통 배우들이 흔히 하는 것처럼 웅변조로 떠들어댄다면 차라리 포고문을 외치고 다니는 전령사를 불러다 내 시를 낭독시키는 게 나을 테니까. 또 손을 톱 삼아 허공만 긁지 말고, 모든 동작을 부드럽게 하란 말이다. 감정이 격화되어 폭포수처럼 쏟아져 나오든가, 혹은 폭풍처럼 날뛰든가, 뭐라고 할까, 회오리바람처럼 일어날 때도 그것을 미끈하게 표현할 수 있는 자제심을 배워서 수시로 활용해야 한단 말이다.'

잘하는 걸 잘해 보자고

나는 배우였다. 그러기에 연기 생활을 하면서 평생 배우로서 살아가리라 마음먹은 적이 한두 번이 아니었다. 극단 두레를 이끌며 연출가로서 초기에 몇몇 작품을 연출했지만 이 바닥에서는 역시 햇병아리였을 뿐이다. 내가 자타가 공인하는 연출가로 인정받은 것은 2000년대에 접어들면서부터다.

내가 연극계에 처음 뛰어들었을 때는 극단의 재정도 빈약하고 인원도 부족해서 배우가 스텝의 일까지 겸해야 했다. 동료 배우가 펑크를 내서 갑자기 단역을 떠맡은 적도 많았다. 삭풍이 몰아치는 한겨울에 연극 포스터 뭉치를 허리춤에 끼고 거리를 쏘다니며 곱은 손으로 전봇대나 게시판에 포스터를 붙이며 돌아다니던 기억, 그러다 지치면 선배들과 함께 공원 벤치에 앉아서 담배 연기를 뿜어댔고, 일이 끝나면 포장마차에 둘러앉아 소주잔을 기울이며 연극이야기로 시간을 보냈다.

그 무렵 나는 연기가 성에 차지 않으면 골방에 틀어박혀 번민하기도 했고, 빌려온 비디오테이프를 닳도록 틀어보면서 어떻게 하면 살아있는 연기를 할 수 있을까 고심했다. 그런 집착과 아집이야말로 배우를 배우답게 해주는 것이다. 덕분에 나도 배우로서 나름의 성격을 갖추게 되었지만 그 길에 정착하지는 못했다. 작품 전체를 직접 관장해보고 싶다는 생각이 스멀스멀 나를 집어삼켰던 것이다.

내가 연출한 첫 작품은 뮤지컬 〈가스펠〉이었다. 기획 단계부터 나의 손을 거쳤고, 대사나 배역도 내 손으로 결정한 터라 별로 부담감을 느끼지 못했다. 게다가 연습을 시작하니 그동안 현장에서 여러 연출가들로부터 배운 것들을 내 방식대로 적용할 수 있었다. 내 안에 연기뿐만 아니라 연출이란 코드도 담겨 있었던 것이다. 이 작품이 운 좋게 흥행에 성공하고 나니 계속 연출을 해도 되겠구나 하는 자신감을 얻었다.

연극 연출은 연출가 혼자 하는 것이 아니다. 연출가가 혼신의 힘을 기울이고 싶은 작품을 기획하면, 배우들이 연출가의 의도를 이해하고 따라주어야 한다. 〈보잉보잉〉을 기획할 때는 남다른 웃음 코드를 만들기 위해 고심했다. 연습 도중에 배우들과 격의 없는 대화를 나누면서 엉뚱한 상황을 만들어내기도 했다. 그러면서 이전의 전제적인 연출 방식보다 나의 개방적이고 자유로운 연출 방식이 훨씬 의미 있는 결과를 자아낸다는 사실을 깨달았다.

연출 경력이 쌓이면서 배우들과의 교감도 깊어졌다. 신인배우들을 발굴하고 조련하는 과정도 즐거웠다. 신인배우가 중견배우로 성장하기 위해서는 일정 부분에서 스스로 자신의 한계를 뛰어넘어야 한다. 한데 그것이 쉬운 일이 아니다. 과거의 나처럼 머리를 싸매고 골방에서 두문불출하든지, 미친 사람처럼 거리에서 중얼거리며 방황하기도 한다. 하지만 선가의 고승들처럼 순간적으로 탁 머리를 깨뜨리는 해답이 나오는 법은 절대로 없다.

누군가의 인격을 대신 표현하는 배우로서 틀 안에 있는 가식을 버리고 자연스러운 모습으로 연기한다는 것이 말이 쉽지 실제로는 매우 어렵다. 바로 그때 미흡하나마 그 고난의 시간을 줄여줄 수 있는 존재가 연출가이다. 연습 과정에서 연출가는 배우에게 마음이 들지 않는 연기가 나오면 잘할 때까지 계속 한 장면을 반복시킨다. 그 장면이 완전하게 마무리되지 않으면 다음 장면으로 넘어갈 수 없기 때문이다. 언젠가 고된 연습에 지치고 화가 치민 배우가 나를 향해 이렇게 소리쳤다.

"그렇게 쉽다면 당신이 직접 해보지 그래."

나는 이런 돌출상황에 매우 익숙한 편이다. 그런 반발이나 충돌 없이 큰 배우로 성장하는 사람은 드물다. 온실의 화초가 어찌 거목을 꿈꿀 수 있겠는가. 디즈레일리는 말했다. 얼굴을 높이 쳐들고자 하지 않는 청년은 발밑만 내려다보고 사는 사람이 될 것이며, 하늘 높이 비약하려고 하지 않는 정신 상태를 가진 사람은 땅바닥에 기어 다니는 운명을 면치 못할 것이라고……. 그러니까 우리는 서로 질문하고 수정하고 타협하면서 한 단계 성장하는 것이다.

"그러지요. 이런 방식은 어떨까요?"

나도 배우다. 내가 가능하다면 저들도 가능할 것이다. 그래서 나는 그 배우가 헤매던 장면을 직접 연기로 보여주었다. 그러자 그 배우의 눈빛이 대뜸 달라졌다. '아, 저 사람이 내게 가능한 걸 시키는구나.' 하는 표정이 역력했다. 그렇게 연출가의 진정성을 겪어본 배우들은 그동안 품고 있던 고정관념을 한 꺼풀 벗겨내게 된다.

나는 여태까지 한 번도 완전무결한 배우는 본 적이 없다. 자신의 장점을 극대화시킨 배우들이 있을 뿐이다. 그들은 자신의 단점을 굳이 메우려 하지 않는다. 자신이 아무리 노력해도 안 되는 것은 과감하게 버리고 잘되는 것을 더욱 잘되게 해야 하는 것이다. 그 장점으로 단점을 못 느끼게 하면 그만이다.

일례로 잘생긴 배우와 못생긴 배우는 관객들의 시선에 직접적으로 비교된다. 배우가 그걸 의식한다면 못생긴 쪽은 당연히 스트레스를 받게 되어 있다. 여기에 대한 내 판단은 이렇다. 어차피 극복될 수 없는 단점이라면 의식하지 말라는 것이다. 자신이 가진 멋진 매너와 자연스러운 인간미를 발휘하면 되는 것이다.

데뷔 시절 너무나 아름다웠던 여배우가 영화나 드라마에서 좀 망가진 역할을 하면 미모는 보이지 않고 친근하고 익숙한 이웃집 아줌마로 느껴진다. 반대로 험악해 보이는 유오성 같은 배우가 주연으로 나서면 갑자기 남다른 개성이 돋보인다. 모든 것이 배우가 어떤 태도를 취하느냐에 달려있다. 괜스레 스트레스를 끌어안을 필요가 없다.

오늘날 거장으로 인정받는 신구나 손숙 같은 배우가 미남 미녀라고 여기는 관객들은 없을 것이다. 그들은 오로지 자신의 장점을 극대화시킴으로써 따뜻한 형님과 누나 같은 이미지를 얻었다. 나 역시 연출가로서 못하는 부분을 강요하지 않는다. 잘하는 것, 특별한 것, 편안한 것을 살리는 쪽으로 가면 된다. 그래서 인기 있는 작품에 여러 명의 배우들이 중복 출연하지만 작품마다 웃음이 다르고 감동이 다르다.

그들의 특징을 연출가가 억지로 만들고자 하면 좋은 결과가 나오지 않는다. 배우들의 심리는 의외로 여리고 순수하다. 나는 배우 생활을 하면서 그들이 어떻게 신명이 오르고 어떻게 상처 받는지를 경험했다. 그러므로 연출가로서 그들이 알을 깨고 나와야 할 때와 장소를 안다. 그것을 고상한 문자로 하면 '줄탁동시(啐啄同時)'란 말이 된다.

알 속에서 자란 병아리가 때가 되면 알 밖으로 나오기 위해 부리로 껍데기 안쪽을 쪼는데 이를 '줄'이라 하며, 어미 닭이 병아리 소리를 듣고 알을 쪼아 새끼가 알을 깨는 행위를 도와주는 것을 '탁'이라고 한다. 병아리는 깨달음을 향하여 앞으로 나아가는 수행자요, 어미 닭은 수행자에게 깨우침의 방법을 일러 주는 스승으로 비유할 수 있다.

지금까지 나를 거쳐 간 배우들과 끈끈한 관계를 유지할 수 있었던 것도 내가 그들의 세계를 가감 없이 겪었기 때문이다. 우리는 그런 줄탁동시를 넘어서 노른자와 흰자처럼 엉겨 붙은 관계이다. 그래서 함께 잘하는 걸 잘하는 데 잘되지 않을 까닭이 없다. 우리가 함께 만드는 작품은 그런 보람의 산물이다.

사람들은 종종 세상이 각박하고 온통 거짓과 불화로 가득 차 있다고 말한다. 그러면 그럴수록 우리들은 따뜻한 사람을 그리워하고 그런 사람에게 손을 내민다. 나에게 씌워진 단단한 껍데기를 쪼아주고 따스한 깃털로 온기를 나누어줄 사람이 필요하다. 이 시점에서 나 자신은 어떤 사람인가를 돌이켜보는 것도 의미가 있을 법하다. 나는 누군가에게 정말 따뜻한 사람이었는지를…….

미친 짓도 당당하게

몇 년 전 연극관련 잡지에 '나를 돌아보며 반성한다.'라는 글을 올린 적이 있다. 현재 우리가 몸담고 있는 대학로 전체에 문제가 있으므로 개선해야 한다는 내용이었지만 실제로는 교묘하게 나의 허상을 떠벌린 것이었다. 내가 대학로를 주도하고 있으므로 뭔가 리더십을 발휘해야겠다는 강박관념의 소산이기도 했다. 돌이켜보면 진짜로 반성해야 할 사람은 글 안의 손남목이 아니라 글 밖의 손남목이었다.

'내가 도대체 무슨 짓을 하고 있었던 거지?'

문득 동화 속의 청개구리가 엄마개구리를 냇가에 묻은 것처럼 나도 퇴행하고 있다는 생각이 들었다. 나름 소신이자 자랑으로 여겼던 역행의 진격이 스스로 설치해둔 지뢰를 밟은 것이다. 역시 물은 오래 고여 있으면 썩기 마련인가보다. 이제 정말 나를 새롭게 바꾸어야 할 때가 되었다.

연극인들의 오래된 관념 중에 하나가 연극이 인간의 내면을 표현하고 사회의식을 리드하는 고급 예술이라고 생각하는 것이다. 다른 예술 작품이 표현하지 못하는 진실을 연극이라는 무대 안의 좁은 세계에서는 얼마든지 에둘러 표현할 수 있고, 시대의 위선을 적나라하게 고발할 수도 있다. 그러기에 연극은 자연히 딱딱하고 고루하며 날카롭고 매서워야 하는 줄로 알았다. 연극 속에 담겨 있는 풍자와 해학은 환한 웃음이 아니라 멍든 가슴을 잠시 잊게 해주는 쓴웃음으로 여겼다.

1990년대 초반 우리나라에 민주주의가 꽃피면서 연극계에도 압제의 사슬이 풀렸지만 사람들은 관객들이 무엇을 원하는지 알려고도 하지 않았다. 여전히 세상은 어지러웠고 심각했으며 인간은 부조리한 사회의 소용돌이에 휘말려 하루하루를 견뎌내는 청맹과니에 불과했다. 때문에 트렌드를 만드는 것이 아니라 뒤쫓기에 급급했던 것이다.

그 무렵 우리 연극 마당에는 아름다운 줄리엣이나 불쌍한 리어왕, 술취한 김삿갓이 들끓었다. 연극은 고상해야 하고 연극인은 가난해야 한다, 돈을 벌기 위해 연극을 해서는 안 된다, 연극인은 예술의 최후 보루여야 한다는 생각이 대세였다. 새로운 상품이 없으니 새로운 수요도 없었다. 그러기에 연극은 의식 있는 지식인이나 부자들의 심심풀이 땅콩일 뿐이었다.

바로 그 시기에 나의 청개구리 심보가 발동했다. 연극인이 왜 가난해야 하고 고상해야 하는가. 먹고살 수 없는 무대에 어떤 배우가 신이 나서 올라오겠는가. 연극이란 예술에 미쳐서, 혹은 이 세계를 지켜야 하는 마징가제트 같은 사명감 때문에? 그럴 수도 있다. 하지만 언제까지 우리가 연극이라는 함정에 치어 찌들고 구차하게 살아야 하는가.

솔직히 거리연극이 일상화된 유럽 여러 나라와 달리 우리나라에서 연극이란 대중에게 가까운 듯하지만 아주 동떨어진 예술 장르다. 유치원이나 초등학교 학예회 때 아동극을 한다고 학부형을 끌어 모으는 것이 전부다. 그 뒤에는 입시니 취직이니 하며 온 가족이 생존경쟁에 올인 하는 상황에서 연극이란 강 건너 저편 이야기일 뿐이다. 그러니 연극 한 편 보자는 말이 편하고 일상적으로 나오지 않는다.

바로 그런 시기에 나는 혼자 미친 생각에 몰두했다. 연인들끼리 '우리 영화 한 편 볼까?'라고 말하는 대신 '우리 재미있는 연극 한 편 볼까?'로 트렌드를 바꾸자는 생각을 했다. 연극도 재미있게 만들면 영화처럼 관객을 끌어 모을 수 있고 얼마든지 돈도 벌 수 있다. 그렇게 해서 자본이 쌓이면 〈레 미제라블〉이나 〈웨스트 사이드 스토리〉 같은 명품도 만들어 연극을 규모 있는 사업으로 발전시킬 수 있는 것이다.

자본주의 사회에서 창조는 자본에서 나오지 개천에서 용 나듯 번쩍 솟아오르는 것이 아니다. 명작이나 문제작은 앞으로도 충분히 감당할 수 있고 지켜나갈 수 있는 부분이다. 물론 이런 나의 주장에 찬동하는 사람은 극히 일부에 불과했다. 하지만 어쩌겠는가. 남들이 미친 짓이라고 하니 나 혼자라도 해볼 밖에.

그때부터 나는 고집스럽게 재미있는 연극 만들기에 몰두했다. 타깃은 대중용, 데이트용 연극이었다. 나도 연극인이라 고상한 작품 당연히 좋아한다. 하지만 그것은 생존권을 사수한 다음의 일이다. 사람에게 밥벌이보다 중요한 게 어디에 있다더냐. 그리하여 나는 연출하는 모든 작품에 웃음 코드를 집어넣기 시작했다.

사람이 화를 내든 폭소를 터뜨리든 세상은 변하지 않는다. 나이아가라 폭포에 물 한 컵 붓는다고 거센 물결이 더 거세지지는 않는 것이다. 하지만 웃음을 선택하면 현재가 즐거워지고, 분노를 택하면 현재가 비참해진다. 따지고 보면 사람들이 웃고 떠드는 시간이야말로 가장 행복하지 않더냐. 나는 관객들에게 연극을 통해 행복을 건네주고 싶었다. 그것이 소위 상업코믹극의 원조가 되었다면 바로 그렇다.

주변 사람들은 나의 성공작으로 〈보잉보잉〉을 꼽는 데 주저하지 않는다. 실제로 이 작품은 나의 모토랄 수 있는 역행의 진격, 청개구리의 습성을 유감없이 발휘한 작품이다. 돌이켜보면 〈보잉보잉〉의 성공은 우연이 아니었다. 이 작품을 알리기 위해 나는 기존 연극계의 관행을 파괴하는 데 주저하지 않았다.

그때까지 배우는 신비로운 존재여서 관객들에게 자신을 드러내지 않았다. 공연이 끝나면 아무리 박수갈채가 쏟아져도 커튼콜 후에는 재빨리 분장실로 사라지는 것이 관례였다. 나도 물론 그래야 하는 줄 알았다. 그런데 학전소극장에서 〈지하철 1호선〉을 보고 나서 깜짝 놀랐다. 연극이 끝난 뒤 출연 배우들이 계단으로 나오더니 관객들과 일일이 악수를 하면서 인사를 나누는 것이 아닌가.

그때까지도 타성에 젖어있던 나는 극단에서 저렇게 배우들을 풀어놓아도 되나 싶었다. 신비감이 사라진 배우는 상업성이 없다는 오랜 관행과 자기세뇌의 결과였다. 그러다 퍼뜩 생각을 바꾸었다. 바로 저것이다. 배우와 관객들과의 소통, 저것이 그동안 연극계에 없었고 대학로에는 더 더욱 없는 것이었다. 그래서 나는 한 발짝 더 나아갔다.

연극을 마치면 깔끔하게 돌아서는 것이 아니라 연출가로서 관객들에게 관극(觀劇) 소감을 묻고 작품에 대한 진솔한 대화를 나누었다. 아울러 배우들과 함께하는 기념사진을 찍어주었다. 이 간단한 서비스에도 관객들의 반응은 폭발적이었다. 재미있는 연극도 보고 방금 무대 위에서 열연하던 스타와 함께할 수 있다니…….

당시에는 스마트폰이 대중화된 시기가 아니었으므로 지인이 선물한 디카를 십분 활용했다. 수천 장을 찍어도 비용이 들지 않으니 서비스 품목으로는 제격이었다. 그렇게 관객들과 배우들이 찍은 사진을 싸이월드에 게시했고, 그 사진을 퍼가기 위해 8만여 명의 관객들이 1촌 관계를 맺기에 이르렀다. 물론 싸이월드의 추락과 함께 그 시절의 영광도 스러졌지만 이제는 페이스북이 그 역할을 대신하고 있다.

〈보잉보잉〉이 인기를 끌자 나는 7시 30분이었던 공연시간을 8시로 바꾸어 직장인들이 편안하게 대학로를 찾아올 수 있게 했다. 최근에는 평일 5시 공연도 하고, 휴일에는 더블, 트리플 공연도 한다. 성수기인 방학 때에는 공연 횟수를 더욱 늘렸다. 그러니 관객이 평소보다 더 많이 찾아왔다. 그 시간에 관객들이 오겠느냐는 연극계의 통념에 일격을 가한 쾌거였다.

관객이 객석을 꽉 채우자 배우들도 덩달아 신이 났다. 응원가 소리가 높으면 선수들의 플레이는 생동감을 띠기 마련이다. 그리하여 관객들은 더욱 알찬 연기를 볼 수 있게 되었다. 미친 짓도 당당하게 하면 종국에는 그렇듯 일상이 된다. 그것이 나름 성공을 거두었으니 앞으로도 나는 적당히 미칠 생각은 없다. 다른 사람들이 나의 미친 짓을 따라하면 어떻게 하느냐고? 그럼 재빨리 정상으로 돌아와야지. 보편은 창의와 공존할 수 없는 법이다.

상업연극이 어때서?

'예술이 뭐 그리 대단한가. 인간에게 하나의 진정제가 되면 되는 것을⋯⋯.'

강렬한 색채와 다양한 형식으로 한 시대를 풍미했던 화가 마티스가 85세의 나이로 죽기 직전 수첩 한편에 써놓았다는 낙서다. 종종 이런 거장의 통찰을 마주할 때마다 나는 가슴이 두근거린다. 우리는 무슨 일을 할 때 언제나 그 안에 담긴 의미를 과장하고 전도하려 한다. 그러다 시간이 지나면 언제 그랬느냐는 듯이 새로운 일에서 또 다른 의미를 만들어낸다. 그런 면에서 내가 '연극이 뭔데? 그저 한바탕 신나게 놀아보는 거지.'라고 말하면 욕을 몇 바가지나 얻어먹게 될까?

'좋은 사람들 만나기에도 시간이 모자랍니다. 거지같은 인간들 어서어서 정리합시다. 은혜를 원수로 갚는 인간쓰레기들도 있는데 겉으로 양의 탈을 쓴 채 허허실실거리는 양아치들도 조심합시다. 검증되지 않은 사람들과는 인간관계 절대 엮이지 않으리. 다시 맹세해 봅니다. 상업연극이란 말. 웃기고 있네. 그럼 상업연극의 반대는 뭐라더냐? 대학로에 있는 모든 연극이 내 눈에는 다 상업연극으로 보이는데?'

얼마 전 페이스북에 이런 글을 올린 적이 있다. 당시 내가 대학로에서 불편한 누군가를 만나고 나서 속이 어지간히 들끓었던 모양이다. 상업연극이라는 화두까지 등장한 걸 보면 순수연극이라는 깃발을 들고 우리가 하는 연극을 은연중에 상업연극이라며 비하했는지도 모르겠다.

왜 이런 불협화음이 일어나고 있는 걸까? 그것은 우리 연극계가 부익부 빈익빈이라는 사슬에서 벗어나지 못했기 때문이다. 그런 현상은 몇십 년 전이나 지금이나 대동소이하다. 창의적이고 대중적인 연극은 관객들의 호응을 받지만 구태의연하게 고차원의 메시지만을 주입하려는 연극은 텅 빈 객석으로 보답 받는 것이다. 그 결과를 두고 순수니 상업이니 하면서 금을 긋는 것은 누워서 침을 뱉는 격이다.

왜 그들은 상업성과 예술성은 공존할 수 없다는 선입견을 버리지 못하는 걸까. 예술은 함축적이고 깊은 뜻이 담겨야 한다고? 그러니 그런 작품을 이해할 수 있는 관객은 소수에 불과하니 상업성과는 거리가 멀다는 뜻인가. 만일 예술성 높은 연극에 백만 천만의 관객이 몰려들면 상업연극이 되어버리는 것인가.

나는 부당한 비평은 대개 흘려버린다. 기실 사람이란 다른 사람의 일에 얽매여 있거나 그 사람의 평판에 별로 관심을 두지 않는 존재이다. 그들은 하루 종일 자신의 생각에 빠져 있다. 텔레비전에서 사고로 누가 죽거나 부상당했다는 뉴스가 나와도 그보다 훨씬 경미한 자신의 손가락의 상처에 더 신경 쓰는 것이다.

우리들도 예외는 아니다. 누군가에게 속임수를 당해도, 바보 취급을 당하거나 옆구리에 칼을 맞아도, 가장 친한 친구가 슬픈 일을 당해도, 그러한 것 때문에 평소 자신의 일을 못하지는 않는다. 이 말은 내가 모든 비평을 무시하겠다는 뜻이 아니다. 부당한 비평을 무시하겠다는 뜻이다. 내 마음속에서 올바르다고 생각한다면 다른 사람의 비평 따위는 신경 쓸 필요가 없다는 뜻이다. 무슨 일을 하든 어차피 욕은 먹는 것이며, 하지 않아도 욕은 먹는다. 왜냐하면 그것이 사람 사는 세상이기 때문이다.

독재정권의 폭압으로 시대가 하 수상하던 1980년대 초반 〈칠수와 만수〉, 〈새들도 세상을 뜨는구나〉류의 사회풍자적인 연극이 유행했다. 당시에는 공식적으로 정권에 대한 비판적 메시지를 표출하면 감옥행을 각오해야 했다. 그런 피폐한 사회에서 연극인들은 자유를 이야기해야 한다는 사명감으로 다양한 시도를 했다.

무내 위에서 5월의 비극적인 상황을 앞장서 전파했고, 외국의 독재자 이야기를 교묘하게 각색하여 관객들의 응어리진 마음을 속 시원하게 풀어주었다. 연우무대를 선두로 하여 수많은 연극인들이 몸 사리지 않고 적극적으로 시대의 부조리를 비판하자 당대의 지식인들이 앞다퉈 박수갈채를 보냈다. 오로지 연극인들만이 할 수 있었던 저항의 몸짓이었다.

한데 6월 항쟁으로 자유를 쟁취하고 나서 상황이 완전히 바뀌었다. 연극계에 봄이 온 것이 아니라 혹한이 몰아친 것이다. 우리가 선점했던 이슈가 전 사회적으로 해소되자 사회비판이나 풍자극은 대중에게 더 이상

의미가 없어졌다.

동력을 잃은 연극계는 새로운 출구를 발견하지 못하고 녹슬어갔다. 그 틈을 비집고 아서 밀러나 테네시 윌리엄스의 작품 같은 문제작들이 반짝 인기를 누렸지만 오래 가지 못했다. 연극계의 불황이 심화되면서 배우들은 가난에 허덕였지만 정부에서는 경제정책에 올인 할 뿐 문화계에는 무관심했다.

내가 연극계에서 깃발을 들고 나선 것은 이런 답답한 상황이 만성화된 시기였다. 나로서는 시급한 것이 연극의 대중화라고 생각했다. 관객들이 극장을 찾아주어야만, 극단이 자체적으로 움직일 수 있는 동력을 확보해야만 연극도 되고 문화도 되기 때문이다.

그와 같은 현상을 불러일으킬 만한 코드를 나는 웃음이라고 보았다. 이제는 웃고 즐겨야 하는 시대가 되었다. 예전에는 울면서 웃었다면 이제는 웃으면서 울리면 되지 않겠는가. 일부 연극인들은 이런 나의 청개구리 같은 발상을 터부시하기도 했지만 나는 꿋꿋하게 밀어붙였다. 그리하여 오늘날까지 롱런하고 있는 〈마술 가게〉, 〈보잉보잉〉 등이 살아남을 수 있었다.

나의 대표작이 된 〈보잉보잉〉과 같은 작품은 오픈 런의 형태로 공연된다. 오픈 런이란 공연 종료 기간이 설정되지 않고 관객의 반응에 따라 공연 날이 무기한 길어지는 형태를 말한다. 장기 공연의 경우 이미 처음에 잡아놓은 틀이 있으므로 부담이 덜하다. 배우나 연출가나 새로운 틀을 구성해야 한다는 스트레스에서 벗어날 수 있다는 장점이 있다. 하지만 매번 똑같은 작품을 올리는 게 아니라 조금씩 수정을 가해야 한다. 일정한 시간이 지나면 배우들도 교체해야 하므로 공연의 스타일도 조정해야 한다.

가장 힘든 것은 오랫동안 같은 작품을 하다 보니 지친다는 점이다. 아무리 맛있는 음식도 계속 먹다 보면 물리는 것처럼 같은 작품을 무대에 올리면 연출가도 피곤하다. 그와 동시에 다른 작품을 구상해야 하므로 정신적으로 그렇다.

연출가는 한번 틀이 잡힌 공연이 길어지면 창작의 고통을 피할 수 있지만 일종의 정체감을 주기도 한다. 새로운 창작극이 서야 할 자리를 너무 오래 점유하고 있는 것이 아닐까 하는 부담감도 든다. 그래도 극단에서는 롱런하는 작품이 있어야 다른 작품을 제작할 수 있다. 경제적인 논리가 개입되는 것이다.

따지고 보면 롱런 작품의 효용도 만만치 않다. 유명세를 탄 작품을 처음으로 접한 관객이 장차 수준 높은 작품의 마니아로 발전할 수도 있는 것이다. 마치 유명작가의 소설을 읽다 보면 톨스토이나 카프카의 소설도 읽어보고 싶은 것처럼 말이다. 그러므로 상업적이네, 가볍네 하면서 배척할 것이 아니라 일반인들도 편안하게 볼 수 있는 작품을 만들어야 관객층을 넓힐 수 있다. 〈보잉보잉〉을 본 관객이 〈고도를 기다리며〉를 보지 않을 것이라는 선입견을 버리자.

모든 문화는 다양성을 존중받아야 한다. 그런 면에서 나는 상업연극이냐 비상업연극이냐는 말 자체가 잘못되었다고 생각한다. 음악이나 미술처럼 연극도 다양한 얼굴을 가져야 한다. 베토벤이나 모차르트가 있다면 비틀즈나 롤링스톤즈도 있다. 피카소가 있다면 낙서화도 있는 것이다.

그런 다양성을 인정한다면 연극을 흥행을 기준으로 나누는 바보 같은 생각은 하지 못할 것이다.

제작자들은 누구나 흥행에 성공하기를 바란다. 배우도 많은 관객들이 자신의 연기를 보기 원한다. 작가나 스텝도 마찬가지다. 연극이란 태생 자체가 공연예술이다. 이제 가식의 옷을 벗어던지고 창의적인 도전으로 자신의 빛깔을 드러내야 할 때다. 나도 최근 대학로에서 공연되는 독창성 있는 실험극에 관심이 많다. 그런 특별한 공연이 몇 회를 못 버티고 막을 내리면 밖에서 바라보는 나도 허무하다.

그들이 실패한 이유는 무엇일까? 한마디로 그 작품이 실험에 그쳤기 때문이다. 관객들은 어떤 연극이 재미있는지도 따지지만 그 안에 무엇이 담겨있는지도 이미 알고 있다. 때문에 처음부터 작품이 관객들의 호기심을 불러일으키지 않는다면 그처럼 사장되고 마는 것이다.

극장에 관객의 발길이 끊어진다는 것은 작품의 기획력이나 연출력이 미흡했다는 증거다. 물론 트렌드를 읽지 못해 실패하는 경우도 있고 너무나 훌륭해서 외면당하는 일도 있을 것이다. 하지만 대부분의 실패작들은 희곡의 완성도 부족, 연출가의 고집, 배우들의 연기력 부족 등이 잘 조화된 덕분이다. 마치 신선하지 못한 재료에 간조차 안 맞은 음식을 내놓고 손님이 몰려들기만을 기다리는 요릿집과 다를 게 없다. 그러므로 나는 면전에서 순수 어쩌고 나발 부는 사람이 있다면 눈을 반짝이며 이렇게 되받아친다.

"상업연극이 뭐 어때서요? 당신도 한번 만들어 보시렵니까?"

꿈은 이루어진다

　오늘도 우리 두레홀은 기분 좋은 상상으로 하루를 연다. 해질 무렵 배우들이 무대에 나서기 위해 쉰내 풍기는 옷을 갈아입고 분장을 시작하면 스텝들은 장비와 소품을 점검하고 객석을 둘러본다. 나도 그들과 함께 극장 이곳저곳을 살피며 행여나 관객들에게 불편한 점이 있지나 않을까 재차 삼차 확인한다.

　매번 두레홀과 손남목이란 이름만으로도 신뢰할 수 있는 연극을 만들겠다고 다짐하고 있지만 관객들이 인정해주지 않는다면 말짱 도루묵이다. 우리들의 작품을 최종적으로 완성하는 것은 관객의 몫이기 때문이다.

　행복은 꼬리가 달려있다고 한다. 그 꼬리를 잡기 위해 고양이처럼 이빨을 드러내고 달려든다면 빙글빙글 쳇바퀴만 돌 뿐이다. 내가 앞장서서 나가면 꼬리는 자연히 쫓아오게 마련인 것을, 긍정적인 마음가짐으로 늘 새로운 하루하루를 살아야 한다.

연극 무대에 발을 들여놓으면서 내가 가졌던 소원 중에 하나는 극장의 주인이 되는 것이었다. 임대료 부담 없이 누구의 참견도 받지 않고 그 안에서 목청껏 소리 지르며 연습하고 우리 작품을 보기 위해 모여든 관객들과 웃고 떠들 수 있다면 얼마나 좋을까.

1990년 12월 경기도 부천에서 극단 두레를 설립한 뒤 가난한 배우들과 함께 냉골을 뒹굴면서도 그 소원 하나만은 잊지 않았다. 극단 두레는 〈바람처럼 강물처럼〉을 시작으로 〈칠수와 만수〉, 〈리타 길들이기〉, 〈아일랜드〉를 공연하면서 폭발적인 호응을 얻었고, 〈나비처럼 자유롭게〉, 〈마술 가게〉 등으로 지역극단으로는 드물게 장기공연에 성공했다.

이어서 우리는 〈궁뎅이를 깐 깜둥이〉, 가족 명작극 〈잠자는 숲속의 공주〉, 〈미녀와 야수〉 등을 공연하며 다양한 장르를 통해 안착을 시도했다. 그 와중에 〈옥수동에 서면 압구정동이 보인다〉로 전국 연극제 경기도 예선에서 수상하고, 〈마술 가게〉로 전북소극장 페스티발에, 〈여선생과 서툰 사람들〉로 거창국제연극제에 참여하는 등 극단 알리기에도 전력을 기울였다.

2000년부터는 뮤지컬 작업도 병행했다. 김정숙 작품 〈우리가 사는 소리〉로 스타트를 끊었다. 젊고 부산한 대표 때문에 배우들은 전국을 휘돌며 땀방울을 흘려야 했다. 그렇게 애쓴 끝에 우리 극단의 작품이 소기의 성과를 거두자 자연히 내 어깨에도 힘이 들어갔다. 그런데 일간지 문화면이나 연극잡지에는 아무런 기사가 올라오지 않았다.

평론가들은 아무런 평을 써주지 않았고 문화부 기자들은 얼굴조차 비치지 않았다. 무명의 지방극단이 감내해야 할 어쩔 수 없는 한계였다. 이대로 우리들의 열정이 묻혀버린다면 극장주는커녕 극단의 존립조차 위태로웠다. 1994년, 나는 고심 끝에 근거지인 부천에서 서울로 활동 영역을 넓혔다. 살아남기 위해서는 어쩔 수 없는 선택이었다. 2001년에 공연한 락뮤지컬 〈가스펠〉이 대학로에서 공연한 최초의 작품이었다. 이어서 창작뮤지컬 〈오디션〉 등을 선보이며 뮤지컬계에 명함을 내밀었다.

연이은 공연 성공에도 불구하고 극단의 사정은 좀처럼 나아질 기미를 보이지 않았다. 그렇지만 하느님은 이 보잘것없는 인간의 땀방울을 외면하지 않으셨다. 2002년 문화일보 홀에서 시작한 코믹극 〈보잉보잉〉이 공전의 히트를 기록하면서 지금까지 350만 명의 관객을 동원하는 기록을 세웠다. 그것이 나에게는 행운이라면 행운이었다.

이 작품으로 재정난에서 벗어난 나는 젊은 날의 꿈이었던 극장주로 거듭날 수 있었다. 2005년 2월 15일 대학로에 100석 규모의 두레홀 1관을 개관한 것이다. 그때 나는 얼마나 좋았던지 싱글벙글하면서 벽에 페인트칠이 벗겨진 데가 없을까, 삐걱거리는 의자는 없을까 날마다 극장 구석구석을 점검했다.

누가 보았다면 나는 분명히 머리에 꽃을 꽂은 남자였을 것이다. 공연이 끝나도 집에 돌아갈 생각을 못하고 무대에서도 자고 객석에서도 잤다. 처음 자동차를 구입한 사람이 마냥 설렌 기분으로 내부에 인형을 달거나 요란한 장식을 하는 것과 마찬가지였다.

〈보잉보잉〉과 〈마술 가게〉는 연일 매진행진을 벌였다. 티켓을 구하지 못한 관객들이 아쉬운 마음으로 발길을 돌리는 사태가 벌어지기도 했다. 배 들어올 때 노를 저으라고 했던가. 그해 8월에는 150석 규모의 두레홀 2관을 개관했다. 그러고 나니 적어도 우리 극장을 찾아온 관객들이 연극을 보지 못하고 돌아가는 상황은 생기지 않았다.

그 무렵 좀 무거운 주제를 다룬 〈염쟁이 유 씨〉를 올렸는데 의외로 관객들의 폭발적인 호응을 받았다. 무대 위에 관을 올려놓고 직접 염을 하는 장면을 연출했으니 재미있다기보다는 으슥한 기분이 들만도 한데, 노련한 배우 유순웅의 천변만화하는 연기와 유머코드가 절묘하게 매치되면서 관객들의 감동을 극대화시켰던 것이다.

매표소에 관객들이 줄을 서니 자연스럽게 돈도 많이 벌어들였다. 넓은 집이 생기고 고급 자동차까지 생겼다. 대체 내게 무슨 일이 일어난 걸까? 갑작스런 성공이 실감이 나지 않아 나는 수없이 볼을 꼬집어보았다. 〈마술 가게〉를 운영하다 보니 마법에 걸린 걸까. 정말 사람 사는 맛이란 이런 거로구나 생각했다.

브라질의 소설가 파울로 코엘료는 《연금술사》에서 '자네가 무언가를 간절히 원할 때 우주는 자네의 소망이 실현되도록 도와준다네.'라고 썼다. 진정 그 말이 맞는 것 같다. 내가 가난한 연극판에서 성공할 수 있었던 것은 나의 모든 생각과 행동을 오로지 연극 하나에 집중했기 때문이었다. 꿈은 이루어진다. 하지만 그것은 노력이 수반되었을 때 받을 수 있는 선물이다. 세상에 공짜 행복은 없다.

비우면 채워지는 것들

2006년 8월, 우리는 〈보잉보잉〉의 전용극장으로 200석 규모의 두레홀 3관을 개관하고, 이어서 비슷한 규모의 두레홀 4관까지 개관했다. 여기에서 극단 아리랑의 엉뚱 뮤지컬 〈러브러쉬, 사랑아 달려!〉를 기획공연으로 시작했고 〈장영남의 버자이너 모놀로그〉, 〈굿바디〉, 〈의자는 잘못 없다〉를 공연했다. 2007년부터는 〈보잉보잉〉을 새롭게 각색한 〈뉴보잉보잉〉을 공연하고 있다. 그래도 밀려드는 관객을 모두 수용할 수 없었다.

다섯 개의 극장을 소유하게 된 나는 엄청나게 바빠졌다. 나를 보는 사람들은 질투 반 격려 반으로 "대학로의 극장은 네가 다 사는구나."라고 농담을 던지기도 했다. 그때부터 나는 대학로에서 연극으로 입신출세(立身出世)한 상징적 모델이 되었다. 심지어 나를 두고 '대학로 대통령'이라고 부르는 사람도 있었다.

그런데 갑자기 이상한 일이 벌어졌다. 극장을 하나 가졌을 때는 세상의 행복이 죄다 내게 몰려온 것만 같았다. 그런데 두 개, 세 개, 네 개……. 판이 커지면서 행복이란 이름의 전차가 제시간에 달려오지 않았다.

그동안 연극에 대한 애정이 식은 것도 아니고 무대에서 배우들과 작품을 하면서 땀 흘리는 것도 똑같은데 처음 극장에 몸담았을 때와 같은 짜릿한 행복감이 들지 않았던 것이다. 행복이란 어디론가 감쪽같이 숨어버렸고 남은 것은 부산한 현실뿐이었다.

'이놈이 도대체 어디로 도망쳐 버린 거야?'

주머니에 돈이 넘쳐나고 배우들도 신이 나서 연기에 몰두했으며 극장 앞 매표소에는 관객들이 줄을 섰지만 나의 얼굴에는 미소가 사라져버렸다. 매일매일 극장에서 일어나는 사소한 사건들을 수습해야 했다. 펑크 난 배역 때우기, 막혀버린 화장실 변기, 고장 난 형광등이 나를 괴롭혔다. 직원들이 늘어나면서 인력 관리하는 것도 피곤했다. 그렇게 복잡한 일상에 대응하다보니 윤기가 반짝이던 머리카락에 새치가 돋아나기 시작했다. 지친 몸짓으로 선후배들과 소주 한 잔 기울이며 푸념이라도 늘어놓으랴 치면 그들은 어림없다는 표정으로 나를 타박했다.

"복에 겨운 소리 하고 있네."

"우리 약 올리려는 거지?"

그들은 이만한 극단의 운영자라면 당연히 겪어야 할 스트레스라고 말했다. 물론 일리 있는 말이었지만 나는 내가 겪고 있는 현실이 이해가 되지 않았다.

극장을 소유하면서 느꼈던 그 엄청난 행복감이 극장을 늘이자 냉큼 도망쳐 버리고 대신 고통이 밀려왔다. 내가 왜 이런 고통을 자초했을까. 나는 행복해지기 위해 살아왔던 것이 아닌가. 내가 모르는 사이에 뭔가 단단히 잘못되었음이 분명했다.

이전에는 내게 정확한 목표, 이루고 싶은 꿈이 있었다. 한데 이제는 그것들이 나를 옭아매고 있었다. 계속 돈을 버니 더 벌려고 하는 일이 당연한 줄 알았다. 돈이 많아지면 행복은 자연히 따라오는 것인 줄 알았다. 한데 그것이 실로 심각한 착각이었다.

꿈의 크기를 늘리려 했던 허튼 욕심 때문에 무엇보다도 소중한 나의 삶이 증발되고 있었다. 야구를 좋아하는 내가 극장의 잡다한 스케줄에 쫓겨 1년에 한 번도 야구장에 가지 못하는 신세가 되어 버렸다. 아내와 손잡고 여행 한 번 할 시간이 없었다. 이런 바보가 어디 있을까. 내가 스스로 조롱 안에 들어와 갇힌 꼴이었다.

나는 자신이 누구인가를 다시 되물었다. 나는 무대에서 배우들과 부대끼며 땀 흘려야만 행복한 사람이다. 그들의 체취가 나의 공기이고 식량이며 무기였다. 잘나가는 CEO로서 매일 자금관리하면서 수입 지출을 따지고 월급 걱정하는 것은 나의 본령이 아니었다. 그런 일은 내게 결코 행복을 주지 않았다. 그때부터 내가 사는 길, 내가 행복해지는 길을 모색했다.

경영인과 연출가의 길은 양립하기 힘들다. 그렇다면 내가 없어도 극단이 원활하게 운영될 수 있는 시스템을 만들어야 한다. 그렇다고 해서 내가 극장에서 완전히 떠난다는 것은 상상조차 할 수 없다. 나는 연극인이고 연출가일 때 가장 행복하고 앞으로도 그럴 것이다. 그렇다면 모든 일에 간여할 것이 아니라 믿을 만한 사람과 업무를 나누고 혼자 도맡다시피 했던 연출도 유능한 인물을 영입하여 무게를 줄이자.

그때부터 나는 용의주도하게 나의 업무를 비워나갔다. 그러다보니 점차 내가 활용할 수 있는 시간이 늘어났다. 친구들과 카페에서 차도 마시고 아내와 함께 쇼핑도 갈 수 있었다. 서가에 쌓아두었던 책도 눈에 들어왔다. 그렇게 해서 나는 가까스로 도망치던 행복의 동아줄 끄트머리를 잡아챌 수 있었다.

그동안 나는 고인 물속에서 살아왔다. 깊은 산 오솔길 옆 자그마한 연못에 물이 가득 넘쳐나니 욕심이 생겨났다. 그래서 더 넓은 연못을 차지하기 위해 욕심을 부리다 상처투성이가 되었다. 대체 그럴 필요가 무엇인지 모르겠다.

일찍이 법정 스님은 '행복의 척도는 필요한 것을 얼마나 많이 갖고 있는가에 있지 않다. 불필요한 것으로부터 얼마나 벗어나 있는가에 있다.'라고 말씀하셨다. 그 교훈을 이제라도 깨닫게 되어 얼마나 다행인지 모르겠다.

이제 나는 나의 삶을 살아갈 것이다. 나는 자신에 있어서 가장 특별한 존재이다. 내가 거쳐 간 길은 그 전에도 없었고 앞으로 없을 것이다. 내가 꿈꿀 수 있는 것을 꿈꾸며 내가 좋아하는 일을 하고 나의 목소리로 누군가를 격려하면서 행복의 길을 걸을 것이다. 내가 겪은 낙담과 후회의 자리에 행복이란 두 글자를 새겨 넣을 것이다.

최근 나는 일주일에 한 번 무대에 올라가 관객들과 대화를 나누면서

나 자신을 돌아본다. 그러면서 배우들, 관객들과 함께할 때 행복하다는 사실을 새삼 확인한다. 한차례 황량한 사막을 헤매다 돌아온 나로서는 그 맛을 완전히 되찾는 데 시간이 좀 필요할 것이다. 하지만 나는 믿고 있다. 나의 행복은 바로 무대 위에 있고, 그것이 나의 전부라는 사실을 말이다.

나는 실수하는 사람

랍비 히야바 아바가 랍비 앗시에게 물었다.

"바빌로니아 학자들은 왜 그토록 화려한 옷을 걸치고 있을까요?"

랍비 앗시는 대답하였다.

"그들은 훌륭한 학자가 아니기에 겉치레로 사람을 압도하려는 것이
다."

그러자 옆에서 듣고 있던 랍비 요나한이 말했다.

"당신은 잘못 알고 있소. 그들이 화려한 옷을 입은 것은 다른 나라 사
람이기 때문이오. 그들이 살던 나라에서는 평판으로 사람을 평가하지만
우리나라에서는 겉치레만으로 사람을 평가하고 있잖소."

겉치레에 관한 《탈무드》의 재담 한 토막이다. 예나 지금이나 사람들은
누군가를 처음 대하면 옷이나 자동차 따위를 보면서 인격이나 능력도 비

슷한 수준일 거라고 예단하게 된다. 뇌리에 그런 첫인상이 각인되면 나중에 상대의 태도가 마음에 들지 않고 기대에 못 미치더라도 관대하게 대해준다.

내가 이와 같은 세상의 통념에 대해서 조소하고 비판한 작품이 〈마술가게〉였다. 한데 연극과 현실은 다른 건가. 시간이 지날수록 나 자신이 그런 속물적인 현실에 전도되는 것을 느꼈다. 행색이 깔끔하고 좀 있어 보이면 별다른 의심 없이 대했고, 상대의 외모가 추레해 보이면 나도 모르게 거리를 두었던 것이다.

'겉치레가 무슨 소용이야. 사람이 중요하지. 누군가에게 네 장점을 보여주면, 그만한 가치를 보여주면 되는 거야.'

사람들 앞에서는 이렇게 떠들면서도 속으로는 전혀 반대로 행동하고 있는 나를 발견하니 정말 당혹스러웠다. 대체 어찌 된 일일까. 나는 한 입으로 두 말하는 사람이 되기 싫은데……. 이성과 감성이 그처럼 따로 놀고 있으니 이중인격자가 된 기분이었다.

일찍이 딴지일보의 총수 김어준이 양복론으로 겉치레의 부당성을 외치는 자들의 이중성을 솔직하게 까발린 적이 있었다. 자신이 외국에 나갔다가 돈이 떨어져서 아르바이트를 하는데 전 재산을 털어 값비싼 명품 재킷을 걸치고 나서니 외국인들도 호감을 갖고 대하더라는 것이다. 있는 사람처럼 보이면 삐끼질을 하더라도 경쟁력이 생긴다는 뜻이다. 그러니까 김어준의 말은 사람들이 명품 찾는다고 타박하지 말고, 정도를 넘은 겉치레도 어떤 면에서는 자신을 적극적으로 선전하는 도구일 수 있다는 말일 테다.

나 역시 그런 경험을 한 적이 있다. 평범한 국산 자동차를 몰다가 외제차를 구입하여 몰고 다니니까 나를 대하는 사람들의 태도가 완전히 달라지는 걸 느꼈다. 우리 극단에 공연을 의뢰하는 사람들, 지방의 공연업자들, 공무원들과 계약을 맺을 때도 이전보다 뭔가 수월해졌다는 느낌을 받았다. 그들 입장에서는 극단 대표가 외제차를 몰고 나타나면 규모가 있고 조직이 튼튼한 극단으로 보이는 모양이었다. 나 역시 외제차 뒷좌석에 앉아 있으니 당당한 느낌이 들었다. 그 덕에 평소보다 많은 계약을 따냈으니 아깝지 않은 투자라고 생각했다. 그래서 사기꾼들이 좋은 차 좋은 옷을 갖추는 걸까. 생각과 행동이 이렇게 한 번 어긋나기 시작하면 걷잡을 수 없다. 누군가에게 보여주기 위해 옷을 입고 누군가에게 과시하기 위해 차를 사고 누군가에게 자랑하기 위해 집을 꾸미고……. 여기에 온전한 자신은 사라지고 남을 위한 자신으로 전락해버린다.

이런 경험은 대인관계에서도 마찬가지였다. 거래처 관계자는 일류호텔이나 유명한 셰프가 운영하는 식당에서 만나려 한다. 선물을 하더라도 상대가 부담스러워할 정도의 명품을 고른다. 길가에서 가볍게 차를 마시며 이야기를 나눠야 할 사람도 애써 고급 프랜차이즈 커피 집으로 데려간다. 그렇게 나를 과시해서 얻는 이익도 있겠지만 내가 상대에게 얼마나 값싸게 보일지는 생각조차 하지 않았다.

어느 날 그렇듯 멋들어진 포장에만 열중하고 있는 나 자신을 깨닫고 얼마나 후회했는지 모른다. 벌써 돌아올 수 없는 다리를 건너고 만 걸까. 저들은 나를 속물로 바라보고 있지는 않을까 걱정이 태산 같았다. 그렇다고 애꿎게 잘 입고 있던 옷을 버릴 수는 없고 잘 타고 있던 자동차를 헐

값에 팔아치우는 것도 우스운 꼴이다. 에라, 그냥 좋아하던 옷을 입고, 꼭 필요할 때 운전대를 잡자. 밥도 동네 식당에서 편안하게 먹고 하면서 남들처럼 평범하게 살자.

그렇게 자책하고 반성하고 위로했지만 사람은 실수를 한 번 하면 계속하게 되는 모양이다. 정말 이상했다. 작심삼일이란 말이 다른 나라 말인 줄 알았는데 그야말로 '오마이갓'이었다. 은연중에 과거의 행태를 답보하고 있는 나를 깨닫자 서러움에 북받쳐 심리상담사를 찾아가고 싶었다. 나는 역시 강호의 장삼이사와 다를 바 없는 인간이었다. 이런 속물 근성이 은연중에 내가 사랑하는 연극에 반영되면 어쩌나 하는 걱정도 들었다.

나이를 먹으면서 나의 두드러진 변화는 게을러졌다는 것이다. 이것 역시 나로 하여금 실수를 자극하는 일부분이다. 치열하게 살았던 예전의 모습으로 돌아가야 한다. 남의 흉내를 내지 않고, 비웃지 않고 언제나 나를 살필 줄 알아야겠다. 조금 앞서 성공했다고 내 몸에 어느새 깊은 티눈이 박여 있었던 것이다.

옛사람의 충고에 다섯 개의 송곳이 있으면 제일 예리한 송곳이 부러지고, 다섯 자루의 칼이 있으면 제일 잘 드는 칼이 제일 먼저 닳아 없어지며, 물맛이 제일 좋은 우물이 제일 빨리 마르고, 제일 곧고 키가 큰 나무가 제일 먼저 베인다고 했다. 세상에 완벽한 사람이 어디 있겠는가. 옹색한 변명은 하지 않으련다. 변명이란 책임지지 않으려는 방어본능이란 걸 안다. 이렇게라도 나의 허물을 솔직하게 털어놓고 누군가의 조언에 귀기울일 수 있는 인내심이나 길러야겠다.

나는 언제나 실수하는 사람이다. 뒤돌아보면 섣부른 판단 때문에 쓸데없는 고집이나 자존심 때문에 실수한 적이 참 많았다. 나는 그 순간을 탓하기보다는 실수의 경험을 잊지 않으려 애쓴다. 다행히 그것은 내가 고쳐야 할 점을 알려준다. 실수가 없다면 뭘 고쳐야 할지 어떻게 알겠는가.

무라카미 하루키는《상실의 시대》에서 인생을 비스킷 통이라고 생각하라고 했다. 비스킷 통에 비스킷이 가득한데 좋아하는 것과 좋아하지 않는 것이 함께 들어있다. 좋아하는 것을 먼저 먹어 버리면 비스킷 통에는 좋아하지 않는 것만 남게 된다. 그러니까 괴로운 일을 겪으면 지금 이걸 겪어 두어야 나중에 인생이 편해진다고 생각하라는 것이다. 참 일리 있는 말이다. 문득 나의 비스킷 통을 들여다보고 싶어진다. 현재 내가 좋아하는 비스킷은 얼마나 남아있을까?

청춘은 무모한 것

연극은 우리에게 인생의 절망이란 없다는 사실을 일깨워준다. 제1막이 끝나면 항시 새로운 2막이 기다리고 있다. 한 편의 연극이 끝나면 또 다른 연극이 시작된다. 그러기에 세상은 살 만한 것이다. 하지만 정체되면 썩는다. 남 보기에도 무모할 정도로 무언가에 집중하고 도전하는 사람만이 자신의 가치를 찾을 수 있다.

나는 젊은 시절부터 사람들에게 무모하다는 이야기를 수없이 들으며 살아왔다. 어쩌면 그것이 나의 트레이드 마크였는지도 모르겠다. 하지만 그저 될 것 같은 느낌만으로 아무 일에나 달려든 것은 아니었다. 세상에 곰곰이 생각해서 해야 할 일이 있는 반면 무작정 고개를 들이밀어야 할 일도 있다. 그러기에 내가 꼭 하고 싶은 것, 내가 꼭 갖고 싶은 것, 내가 꼭 성취하고 싶은 것을 발견하면 일단 손을 내밀어 보았다.

여자 친구를 사귈 때도 늘 같은 방식이었다. 친구들이 깜짝 놀랄 정도로 용감하게 여학생들에게 대쉬한 적이 한두 번이 아니다. 어떻게 하면 그녀의 마음을 사로잡을까, 어떻게 하면 멋지게 나를 소개할 수 있을까를 생각하지 않았다. 내 딴에 그것은 시간낭비였다.

마음에 드는 여학생을 발견하고 이런저런 궁리를 하다 보면 그녀에게 이미 다른 남자 친구가 생겨버린다. 나는 그녀가 이사 가는 날 장독 뒤에서 눈물이나 질질 짜는 삼돌이 꼴이 되고 싶지 않았다. 누군가를 위해 기다려주는 기회란 없다. 찬스가 생기면 재빨리 낚싯대를 들이대고 월척을 잡아채야 한다. 청춘이란 본래 무모한 것 아닌가.

중학 시절, 무모한 손남목은 화젯거리도 참 많았다. 어느 날 수업을 마치고 집에 돌아가는데 버스 안에서 아리따운 여학생을 보고 한눈에 반해버렸다. 새까만 교복차림에 백설처럼 흰 칼라 위로 곱게 땋아 내린 머릿결이 사춘기 소년의 가슴을 뛰게 했다. 하긴 그 위쪽으로는 차마 표현할 수 없는 미모가 반짝이고 있었으니……. 어쩌면 최영완의 어린 시절이 그렇지 않았을까? 흠.

그때 나는 흔들리는 차체 안에서도 꿋꿋하게 그녀를 바라보았다. 인간이 어떻게 이리 예쁠 수가 있을까. 집이 가까워질수록 마음이 바빠졌다. 송창식의 노래 '한번쯤'이 뇌리를 스쳐 지나갔다. '한번쯤 말을 걸겠지. 언제쯤일까, 언제쯤일까. 겁먹은 얼굴로 말을 붙여 오겠지. 시간은 자꾸 가는데, 집에는 다 와 가는데…….' 그러다보니 갑자기 짜증이 확 밀려왔다.

언젠가 김제동 씨가 이런 말을 한 적이 있다. '여자에게 말을 거는 것은 참 괴로운 일이므로 먼저 이야기해 버리는 것이 낫다. 그렇게 공을 여자에게 넘겨버려라. 나를 거절하고 빨리 다른 사람에게 갈 수 있는 기회를 만들어주어라.' 그 말마따나 내가 언제까지 이러고 있어야 하는 건지 성질이 북받쳤다. 이렇게 망설이다가 놓치느니 말이라도 한 번 걸어봐야 될 것 아닌가. 그래서 깨지면 깨지는 거지. 이대로 뒤돌아서면 앞으로 그녀를 찾느라 목이 빠질 것이고, 언제 다시 만날 수 있을까 가슴 조일 것이다. 문득 여학생이 버스에서 내리고 있었다. 우리 집에서 세 정거장 전이었다.

나는 만사 제쳐두고 뒤따라 내린 다음 저만치 걸음을 옮기고 있는 그녀를 불렀다. "야!"라고 거칠게 말했는지 "저기요."라고 얌전하게 말했는지는 기억나지 않는다. 아무래도 후자일 것이다. 예나 지금이나 나는 결코 무례한 인간형이 아니잖은가.

깜짝 놀라 걸음을 멈춘 여학생은 고개를 돌려 의혹에 찬 눈길로 나를 쏘아보았다. 그러거나 말거나 나는 모 중학교 몇 학년 아무개라고 신분을 밝히고 네가 마음에 들었는데 사귀고 싶다면서 가지고 있던 메모지에 집 전화번호를 적어주었다. 용자(勇者)득(得)미인(美人)이라고 했던가. 그녀는 의외로 순순히 메모지를 받아들었다.

그때는 나도 순수한 구석이 있었고 낯짝도 어지간했으니 여학생의 반응도 싫지는 않은 듯 했다. 내친 김에 너희 집 전화번호를 적어 달라고 하니 선선히 들어주었다. 옳다구나. 됐다. 이제 그녀와 후회 없이 사귀어 보면 될 일이다. 나는 춘향이를 얻은 이몽룡처럼 룰루랄라 집으로 돌아왔다. 어찌나 신이 났는지 세 정거장이 코앞이었다.

그 무렵 나는 카사노바 기질도 없었는데 여학생이 마음에 들기만 하면 저돌적으로 달려들곤 했다. 그저 여자 친구 자체에 목이 말랐던 걸까. 며칠 후 나는 교회에서 정말 나와 꼭 어울릴 것만 같은 여학생을 발견했다. 그녀는 버스에서 만난 여학생과 이미지가 비슷해서 더욱 친근하게 느껴졌다.

'어라, 웬일이지? 진짜 내 스타일이네.' 하면서 곧바로 돌진했다. 그런 나의 무모한 대시는 또 다시 성공했다. 알고 보니 그녀는 1년 후배였지만 문제가 될 리 없다. 우리는 서로 메모지에 전화번호를 교환하고 다음 만남을 기약했다.

집에 돌아와 그녀의 전화번호를 확인하며 희희낙락하노라니 뭔가 좀 이상했다. 지난번 여학생과 이번 여학생의 전화번호가 똑같았던 것이다. 알고 보니 두 여학생은 자매였다. 그들도 나처럼 집에서 똑같은 내 전화번호를 보고 깜짝 놀랐다고 한다. 세상에 이런 일이, 우연도 그런 우연이 없었다. 그 덕에 나는 두 자매로부터 욕을 바가지로 먹었지만 편안한 친구가 될 수 있었다. 그래서 새삼 강조하고 싶은 것은 내가 선호하는 여성 스타일이 한결같다는 것이다. 딱 최영완 같은……

이런 일은 우리가 살아가다 보면 종종 겪을 수 있는 즐거운 에피소드 중 하나다. 어쨌든 무모하게 도전하다보면 본의 아니게 문제를 일으킬 수도 있지만 시도조차 해보지 않고 끙끙 앓는 것보다는 낫지 않겠는가. 소기의 성과를 거두지 못할지라도 결과를 단단히 마무리했으니 나름의 성과를 거둔 것이다. 바로 여기에 내 이야기의 핵심이 있다.

청춘이라면 한번쯤 그렇게 도전해 보라는 것이다. 내가 두려워하고 있다면 상대도 마찬가지다. 앞날이 불확실하기 때문에 사람들은 경계하고 두려워한다. 그들이 스타트라인에서 멈칫거릴 때 먼저 뛰쳐나가는 자가 행운의 떡을 입에 물 수 있다.

미래의 공포와 싸워 이기는 방법은 간단하다. 그것들을 내가 먼저 과거로 만들어버리는 것이다. 과거는 두렵지 않다. 무슨 일이든 겪고 보면 생각했던 것만큼 대단하지 않다. 단지 겁을 먹었을 뿐이었다. 시험이 두렵다면 시험을 보면 된다. 합격하든 낙방하든 결과가 나오면 그것은 끝이다. 그로부터 야기되는 최악의 상황이 별 게 아니라는 걸 알면 우리는 얼마든지 무모해도 상관없다는 해답을 얻게 된다. 어쩌면 당신은 내심 실소를 머금을지도 모른다.

"뭐야. 겨우 이 정도였어?"

그러니까 현재의 형편이 좀 어렵다고 해서 너무 평탄한 길을 찾지 않았으면 좋겠다. 우리는 젊다. 새로운 도전을 두려워하지 말자. 남들에게 무모하게 보일 정도로 자신이 좋아하는 일에 정력을 쏟아부어보는 것이다. 시인 스티븐슨의 말대로 청춘은 모든 것이 실험이 아니겠는가.

복잡한 생각은 청춘을 종종 백발로 만든다. 단순한 머리로 애쓰지 않아도 몸은 무언가를 기억한다는 사실을 믿자. 우리는 상상력 외에도 많은 무기를 갖고 있다. 그것들이 일제히 한 길로 집중할 때 나만의 걸작을 거머쥘 수 있다.

Chapter 02

청개구리의 행복론

행복한 일을 생각하면 행복해진다.
가련한 일을 생각하면 가련해진다.
무서운 일을 생각하면 무서워진다.

나는 내일 행복하고 싶지 않다

　행복의 모습은 사람마다 다르다. 나처럼 무대 위에서 배우들과 함께 땀 흘리는 연출가에게도, 창공을 비행하며 구름 속에서 항로를 찾는 비행사에게도, 슬럼가에서 트럼펫을 부는 늙은 음악가에게도, 이른 아침 어선을 몰고 항구를 떠나는 어부에게도 행복은 있다.

　그들은 행복을 애써 찾지 않아도 행복하다. 왜냐하면 자신을 만족시킬 수 있는 아름다운 도구들이 있기 때문이다. 그들은 결코 행복을 미루지 않는다. 나 역시 내일 행복하고 싶지 않다. 그러기에 자신의 한계에 허우적거리지 않고 현실 속에서 행복을 느끼려 한다. 당신도 마찬가지다. 끊임없이 호기심을 자극하며 자유롭게 도전하라. 얽매임으로 마음의 감옥을 만들어서는 안 된다. 행복은 열려있는 당신 안에서 늘 뛰쳐나올 준비를 하고 있다.

요즘 세대들은 행복 강박증에 시달리고 있다고 한다. SNS를 통해 바라보는 남들의 과시적인 행복감에 박탈감을 느끼고 있는 것이다. 그 때문에 경쟁적으로 자신의 삶을 각색하는 이상한 현상까지 벌이지고 있다. 거짓 행복에 자신을 치장할 것이 아니라 자신의 참모습 속에서, 또 그것을 가까이에서 바라보고 있는 사람들과의 관계 속에서 진정한 행복을 찾아야 한다.

잘생기고, 공부 잘하고, 돈 많고, 건강한 사람만이 행복하라는 법은 없다. 중국 최고의 부자로 군림하는 중국 알리바바의 마윈 회장은 91위안(약 1만6000원)의 월급을 받고 교사로 일할 때가 가장 행복했다고 했다. 당시 그는 몇 달만 더 버티면 자전거 한 대를 살 수 있겠다는 희망으로 살았다고 한다. 나는 그의 진정성을 이해할 수 있다. 누가 뭐라 하건 자신의 꿈을 이루기 위해 무언가를 하고 있다면 그는 진정 행복한 사람이다.

그런 면에서 행복이란 대체 무엇인가를 다시 한 번 자문자답할 필요가 있다. 앞서 나는 역행의 진격이라는 주제로 청개구리처럼 남다른 시도를 통해 성공했지만 그 성공에 안주하거나 다른 세계를 기웃거리지 않고 나만의 우물 안에서 또 다른 도전을 이어가고 싶다는 뜻을 피력한 바 있다. 그것이 나를 계속 행복하게 하는 기제이기 때문이다.

나는 줄곧 행복이란 꿈을 보다 크게 갖고 일에 매진하면 자동적으로 찾아오는 선물이라고 여겼다. 어린 친구들에게 '공부를 열심히 하면 행복해지는 거야.'라고 국정교과서 같은 발언을 하기도 했고, 20~30대 청년들에게는 '욕심을 내려놓아라.', '괜찮다. 삶에 부담을 갖지 마라.'는 식의 말을 하기도 했다.

이런 나의 일방적인 주장이 연애, 결혼, 출산 세 가지를 포기했다는 이른바 삼포세대가 들끓는 헬조선에서 얼마나 설득력이 있는지 확신할 수 없다. 그들에게 싸워서 이기라는 선동이나 견디다 보면 좋은 날이 올 거라는 식의 방관적인 발언은 하나마나한 헛소리라는 걸 잘 안다. 그래서 가끔은 나도 혼란스럽고 고통스럽다.

어쨌든 나는 대학로에 쌍쌍이 손잡고 연극을 구경할 만한 연인들의 눈높이에 맞추어 나만의 행복론을 피력하고 있다. 일단 그들을 우리나라의 보편적인 청년 수준으로 상정하고 그들이 행복할 수 있는 방식을 권하는 것이다.

일상적인 이야기를 해보자. 요즘 서울에서는 지하철이나 버스 등 대중교통이 발달해 있지만 수입이 어지간한 청년들은 어느 정도 자금이 생기면 자동차를 갖고 싶어 한다. 출퇴근용으로도 유용하지만 여가에도 그렇고 연애할 때도 자동차는 매우 유용한 도구이기 때문이다. 그래서 자동차를 사기로 결심하고 나면 신이 나서 자동차 전문잡지를 뒤적이고 전시장에 가서 직접 핸들을 쥐어보기도 하고 친구나 주변 사람들의 차를 면밀히 살핀다. 그토록 오랜 궁리 끝에 마음에 드는 차종을 결정하고 나면 가슴이 뛴다. 그 차를 타고 연인과 함께 도로를 질주하는 자신을 상상하며 희열에 젖는다. 그런데 막상 대리점으로 가서 계약을 하려고 하니 걸음이 떨어지질 않는다. 여태까지 아껴 모아두었던 돈을 보증금으로 다 써버린 뒤에 혹시나 집주인이 전세금을 올려달라고 하면 어떡하나, 부모님께서 편찮으신데 병원비도 도와드리지 못하는 신세가 되면 어떡하나 등등 여태까지 생각지도 않았던 온갖 폭탄들이 눈앞에 아스라이 펼쳐지는 것이다.

나는 그런 후배들을 보면 단도직입적으로 말한다. 네가 곧 자동차를 살 계획이 있다면 그때까지 기다릴 필요 없이 당장 구입해라. 보증금이 부족하다면 빌려서라도 사라. 어차피 그에 따른 비용을 치를 자신이 있으므로 그런 생각을 한 게 아닌가. 그러면 대개 이런 볼멘소리가 나온다.

"그 말이 맞는 것 같기는 한데 그 뒤에 고생길이 훤히 보이는 것 같아요."

이 말에는 중대한 오류가 있다. 나는 무작정 저지르라는 것이 아니라 세워둔 계획을 앞당기라는 것이다. 그렇게 하면 여러 가지 장점이 있다. 우선 남자에게는 짐을 실어주면 초능력이 생긴다. 할부금을 갚아야 하기 때문에 어떤 일이든 효율적으로 신속하게 하려고 애쓰게 된다. 그래도 돈이 부족하면 이전에는 거들떠보지도 않던 부업을 할 수도 있다. 그것을 고통스런 족쇄로 여긴다면 자동차는 행복의 원천이 아니라 불행의 씨앗이 된다.

자랑스럽게 완장을 차고 바쁘게 자신을 선동하라. 그것이 새로 껴안은 행복감에 치러야 할 당신의 필연적인 대가이다. 그런 상황은 자신의 일에 더욱 열중할 수 있는 동기를 부여해 주기도 한다. 행복의 파랑새는 언제 내 곁을 떠날지 모른다. 그러므로 행복을 당겨 쓸 수 있을 때 기회를 놓치지 말고 움켜쥐어라.

물론 허영은 파멸을 부른다. 회사에서 승진하고 봉급이 올랐다고 해서 고물차를 팔아버리고 외제차를 구입하는 사람이 있다. 값비싼 의상을 구입하고 고급레스토랑에서 식사를 하고 애인에게 명품을 선물하여 짜릿한 감사의 키스를 받는다. 연말이 되어 통장을 확인해 보니 예나 지금이나 살림이 나아진 것이 없다. 월급이 오를수록 그는 더 많이 쓰게 되니 그는 언제나 가난뱅이다. 나는 그런 허풍선이가 되라는 것이 아니다.

자신에게 필요하지 않은 물건을 사는 것은 바보다. 그러나 2, 3년 뒤에 살 것이 아니라 3개월, 6개월, 1년 정도 가시적인 시기 안에 저지를 일이라면 그 기간을 끌어당기라는 뜻이다. 그만큼 당신은 행복을 길게 누릴 수 있다. 그 몇 개월 동안 고민하면서 잃어버리는 정력이 아깝지 않겠는가. 몇 달치의 행복을 먼저 사용하고 그에 걸맞은 책임을 지면 된다.

그 몇 개월을 미루면서 목돈을 모으다보면 그 돈에 집착하여 아무 일도 못할 수도 있다. 더 좋아 보이는 물건에 대한 욕심이 생기기도 하고, 다급한 친구에게 빌려줄 수도 있으며, 또 다른 아름다운 유혹에 넘어갈 수도 있다. 그리하여 많은 사람들이 이렇게 탄식하는 것이다.

"어휴, 그때 자동차를 샀어야 했는데……."

만일 그 결심을 망설이지 않았다면 애인과의 관계가 진일보했을 수도 있다. 기동력이 생겼으니 남보다 더 많은 실적을 올릴 수도 있다. 휴일에나 홀로 호젓한 바닷가나 산봉우리에 올라가 UFO를 만날 수도 있는 것이다. 그러므로 오늘 할 일을 내일로 미루지 말라는 명제를 내일 할 일을 오늘 당겨서 하라는 것으로 바꾸어 보라.

세상은 참으로 공평해서 무언가를 얻으면 무언가를 잃는다. 기왕이면 얻었다는 느낌을 먼저 즐기는 것이 낫다. 행복을 미루지 않는다는 것은 내가 적극적으로 행복한 상황을 만들어간다는 뜻이다. 어쩌면 이런 나의 생각은 청춘이므로 무모한 도전을 할 수 있다는 앞서의 논리와 상통하는

지도 모른다.

　세잎클로버의 꽃말은 행복이고 네잎클로버의 꽃말은 행운이다. 그런데 사람들은 네잎클로버를 찾기 위해 세잎클로버를 짓밟는다며 한탄한다. 하지만 나는 그럴 수도 있다고 생각한다. 행운을 끌어당기다 보면 행복의 줄기나 이파리에 약간의 상처가 남겠지만 뿌리까지 뽑히는 것은 아니잖은가.

'안 돼'라고 말하지 마

　사랑하는 사람과 의사소통이 안 되는 것처럼 괴로운 일은 없다. 사회에서든 가정에서든 남녀가 관계를 맺고 영혼의 교감을 하는 것은 서로의 의사를 정확하게 전달하고 받아들이는 과정이 있기 때문이다. 그런 의사소통에 문제가 생긴다면 관계가 지속될 수 없다.

　의사소통에 있어서 가장 중요한 점은 긍정적인 사고방식인 것 같다. 어떤 문제가 생겨 분쟁이 생겼을 때 부정적인 말보다 긍정적인 말로 상대를 대해야만 마음에 여유가 생기고 한 걸음 양보할 수 있는 통로가 생긴다. 특히 사랑하는 부부나 연인 사이라면 더욱 절실한 것이 바로 그것이다.

　'사랑이란 손바닥 위에 있는 모래와 같다. 손바닥을 편 채 가만히 있으면 흘러내리지 않지만 더 꽉 잡으려고 움켜쥐는 순간, 모래는 손가락 사이로 흘러내리고 만다. 사랑도 그렇다. 두 사람이 서로를 존경하고 조금의 여유를 주면 사랑은 오래 머문다. 하지만 너무 강한 소유욕으로 서로를 꽉 움켜쥐면, 사랑은 어느새 두 사람 사이를 빠져나가 영영 돌아오지 않는다.'

카릴 재미슨의 책 《한 모금 이론》에 나오는 의미심장한 구절이다. 사랑은 쥐는 것이 아니라 품는 것이라는 뜻이다. 그렇다면 나는 어떤 방식으로 사랑을 품고 있을까?

나는 아내와 대화할 때 '안 돼!'라는 말을 쓰지 않는다. 그녀가 뭔가 내게 요구하거나 부탁할 때는 반드시 '예스!'를 앞세운다. 뭔가 걱정스러운 상황이 예측되더라도 우선 긍정적인 답변을 전제로 해야만 상대로부터 정확한 내용을 전달받을 수 있기 때문이다. 그런 점은 아내도 마찬가지다.

일례로 촬영이 밤늦게 끝난 아내가 전화로 동료들이나 스텝들과 회식이 있어서 새벽녘에나 집에 들어올 수 있다고 하면서 허락을 구할 때가 있다. 물론 난 "예스."다. 내가 아무리 그녀를 절실하게 보고 싶더라도, '안 돼'라는 말을 하지 않는다.

그런 상황에서 "안 돼. 빨리 들어와."라고 닦달하면 공연히 역효과만 나게 된다. 그런 상황을 알렸다는 것은 그녀가 스스로 원하고 있기 때문이다. 그런데 일찍 들어오라고 강요하면 기분만 상할 뿐이다. 어쩌면 "당신은 매일 늦으면서 모처럼 중요한 자리여서 참석하겠는데 왜 그렇게 까다롭게 굴어요?"라는 카운터펀치를 맞을 수도 있다. 그래도 곡진한 마초 의식을 발휘해서 보챈 끝에 그녀가 새벽 두 시, 세 시에 들어온다고 해서 내가 행복해지는 것이 아니다. 그렇게 상대방의 의지를 꺾는 것은 배려가 아니라 폭력이다.

언젠가 아내가 뜬금없이 친구와 2박3일의 여행을 통보했다. 사전에 아무런 언질이 없었으므로 내심 당황했지만 나는 선선히 고개를 끄덕였다. 부부가 함께해야 할 특별한 스케줄이 있는 것도 아니었고, 달리 의심해야 할 거리도 없었기 때문이다. 하지만 장소나 일정 등은 체크해서 불편해질 일이 없는지 위험하지 않는지 정도는 확인하는 것이 남편의 권리이자 의무이다. 이미 오케이 사인이 내려졌는데 그 정도의 참견을 거부하는 부부라면 이미 부부가 아니다. 주변에 부부 관계에 금이 간 사람들을 보면 대부분 충돌의 계기가 '안 돼.'라는 한마디였다.

아내가 갑자기 무언가를 남편에게 요청하고 허락을 구할 때는 충분히 설득할 만한 이유가 있기 마련이다. 전혀 말이 되지 않는 것을 요구하지 않는다. 그녀가 어렵사리 입을 뗄 때는 허락을 받을 수 있다는 확신이 90% 이상일 것이다. 그 마음을 100% 받아들여주면 내심 고마워하지 않겠는가.

남편이 그런 상황에서 무작정 반대하면 아내는 일시적으로 굴복할지라도 이후에는 진심을 가슴 깊이 묻어두고 거짓말할 궁리를 하게 될 것이다. 상대가 도저히 거부할 수 없는 완벽한 알리바이를 만든 다음 회심의 미소를 짓게 된다.

어쩌면 그녀는 남편에게 똑같은 방법으로 복수할지도 모른다. 그런 어리석은 게임에 빠지면 안 된다. 사람은 자신이 절실하게 원하는 것이라면 누구에게 애써 허락을 구하지 않는다. 기왕 그렇게 될 거라면 쿨하게 들어주고 감사의 키스를 받는 것이 좋다.

'안 돼!'라고 말하지 않는 습관은 남녀 관계에도 굉장한 플러스 요인으로 작용한다. 연인과 데이트를 할 때 여자가 '나 오늘 좀 빨리 들어가야 해.'라고 말하면 '안 돼. 좀 더 오래 같이 있고 싶어.'라고 대응하는 것이 남자의 솔직한 애정 표현이라고 착각해서는 안 된다. 그녀의 표현에는 수많은 이유가 내포되어 있다. 몸이 좋지 않다든지, 집안에 일이 있다든지, 극단적으로는 남자의 행동이 마음에 들지 않아서일 수도 있다.

그런 경우 헤어지기 싫다는 애타는 심정이 있다면 그녀의 집까지 데려다 주면 된다. 남녀관계는 장소도 중요하지만 함께하는 과정이 더 깊이 마음에 새겨지는 법이다. 거기에 안전까지 고려해준다면 실수가 좀 있더라도 상대를 감동시키게 마련이다.

주변의 후배들은 내게 이런 방법을 전해 듣고 용감하게 실천해 보니 정말 부부관계가 좋아졌다고 고백했다. 물론 이 방법은 부부나 연인 등의 남녀 관계에만 통용되는 개똥철학이다. 직장이나 사회에서 예스를 남발했다가는 남다른 곤욕을 치르게 될 것이다.

'행복한 가정은 모두가 똑같은 이유로 행복하지만 불행한 가정은 저마다 다른 이유로 불행하다.'라는 말이 있다. 행복의 조건은 명확하지만 불행의 조건은 수없이 많다는 뜻이다. 누구나 행복을 말하지만 저마다 이야기하는 행복은 모두 다르다.

누군가에게는 로또가 행복이고 누군가에게는 승진이 행복이며, 누군가에게는 건강이 행복이고 또 다른 누군가는 내 집 마련을 행복이라 여길 것이다. 어쨌든 그런 행복의 목적을 향해 한발자국씩 꾸준히 나아가다 보면 또 다른 행복의 목적이 생길 것이다. 행복이란 정상이 아니라 끝없이 나아가야 할 계단이기 때문이다.

사람들은 행복을 원하면서도 막상 그것을 적극적으로 가지려는 노력에는 몹시 게으르기 짝이 없다. 행복은 평범한 데 있지만, 게으름뱅이에게는 결코 평범한 게 아니다. 트럼프나 당구가 재미없다는 사람들을 살펴보면 대부분 모험심이 부족하고, 룰 자체에 아무런 흥미를 가지려 들지 않는 특징이 있다. 어떤 게임이든 아는 만큼 재미있게 마련인데 그들은 그 과정 자체가 귀찮아서 아예 포기하고 만다. 이런 경향은 야구나 음악이나 미술에 관해서도 마찬가지다. 하물며 연극은 말해 무엇 할까.

그들은 행복이란 얼마간의 절망과 흥미, 땀으로 얻어지는 생생한 기쁨임을 알지 못하는 사람들이다. 학문도 마찬가지다. 멀리서 바라보면 멋지게 느껴지지만 막상 뛰어들어보면 어떤 노역보다 지겹고 끈질긴 인내심을 필요로 한다. 하지만 규칙적인 노력과 집념을 통해 결과를 얻게 되면 무엇과도 바꿀 수 없는 보람을 얻게 되는 것이다.

언젠가 내가 트위터에 날렸던 젊은 부부에게 던지는 한 가지 팁.

'선물은 특별한 날만 하는 게 아니라 선물하는 그날이 특별해지는 날이 될 것이니라. 토마스 손남목의 명언이다. 손남목, 최영완 알콩달콩하게 살기. 풉! 닭살인가?'

행복의 기준은 바로 나

　우리들 각자의 삶 속에 펼쳐져 있는 행복의 지평이란 크게 다르지 않을 것이다. 한 사람이 평생 동안 취할 수 있는 행복의 총량도 마찬가지다. 문제는 자신이 그것을 느낄 수 있는 능력을 갖추고 있느냐 없느냐이다. 행복의 유무는 우리가 일상에서 마주치게 되는 행복에 얼마나 마음을 열어놓고 있는가에 좌우된다는 말이다.

　나는 여태까지 연극에만 매달렸을 뿐 그 이외에는 해본 것도 아는 것도 거의 없다. 집에서 형광등 하나 갈아 끼우지 못한다. 벽에 못도 박아본 적 없다. 왜 그렇게 되었느냐고 묻는다면 어느 시인의 언어처럼 그저 웃을 수밖에……. 굳이 대답해야 한다면 내가 좋아하는 연극을 제대로 공부하는 일만 해도 시간이 부족했다. 그렇게 연극만 아는 인간이 된 탓에 현재까지 연극계에 머물고 있는지도 모르겠다.

내가 연극 이외에 다른 분야에 흥미를 느꼈다든지 다른 재주가 있었다면 아주 힘들고 고달팠던 시점에서 이 바닥을 떴을 것이다. 좋아하는 일을 한다고 해서 늘 행복하리란 생각은 버려라. 무슨 일이든 내가 너무나 좋아하기 때문에 너무 사랑하기 때문에 좀 더 실망하고 좀 더 미워할 때가 있지 않은가. 하지만 탈출하고 싶어도 탈출구 자체가 존재하지 않았으므로 그 자리에 머물러 있어야 했다.

체격이라도 크고 힘이라도 셌으면 막노동판이라도 갔을 것이다. 한데 내 작은 몸피와 저질체력으로는 그런 동네에서 반나절도 버티지 못하리란 걸 안다. 그러니까 연극이란 녀석이 내 목덜미를 잡아채고 놓아주지 않았던 것이다. 세월이 지나 생각해보니 그토록 부실한 나의 육체가 행운을 가져다주고 일종의 승리를 안겨준 셈이 되었다.

지금 당장 힘들더라도 남보다 무식하고 뒤처져 있다고 해도 우리에게는 그처럼 남다른 면이 있다. 다재다능한 친구들을 부러워하며 그들을 닮으려고 애쓰다보면 앞서가는 사람들의 머슴밖에 될 수 없을 것이다. 조금 부족한 듯 보여도 나의 장점을 키우며 사는 것이 현명하지 않을까? 그러니까 한 가지 일에만 집중하면 먹고사는 데 아무 지장이 없다는 이야기다. 해병대를 나온 친구들이 말하지 않던가. 견딜 수 없으면 즐기라고.

한동안 연극판에서 허기에 시달리다보니 그 허기조차 즐기고 있는 나를 발견했다. 떠나지 못하니 견디는 힘이 생긴 것이다. 그러다 보니 일이 잘 풀리지 않고 연습도 신명이 나지 않으면 후배들과 이런 농담을 주고받는다.

"어휴, 이 바닥에서 너무 오래 있었나 봐. 이젠 그만 해야겠다."

"그럼 뭐할 건데요? 다른 거 할 줄 아는 게 있어요?"

"……없지. 휴, 그냥 연극이나 해야겠다."

무릇 한 분야에 오랫동안 종사해온 사람이 생소한 다른 분야에 진입하려면 가혹한 통과의례를 거쳐야 한다. 일터도 바뀌고 거래처도 바뀌고 생활리듬도 바뀌고 동료도 바뀐다. 그 미지의 세계에서 생초보로서 숱한 경쟁자들과 사투를 벌여야 한다. 그렇게 모험의 마을에서 마구마구 바꾸다 보면 애초의 나는 사라지고 서툰 일개미들 중에 하나가 된다. 평생 도시에서 직장인으로 살다가 은퇴한 뒤 귀농했던 사람들이 농촌에서 몇 해를 못 버티고 도시로 돌아오는 것도 바로 그런 이유 때문이다.

언젠가 나는 대학로를 답답하게 느낀 적이 있다. 이 공간에서 어느 정도 성공을 거두자 버럭 자만심이 생겨버린 것이다. 〈보잉보잉〉으로 개척한 새로운 패러다임을 후배들에게 가르쳐주면서 어깨가 으쓱해졌다. 그 외에도 기획이나 제작, 연기에 이르기까지 온갖 자문을 해주다보니 이 세계에서는 뭔가 다 이루어낸 것만 같았다. 연극계에서는 손남목이라는 이름만으로 행세할 수 있게 되었으니 목에 힘도 바짝 들어갔다.

오만은 객쩍은 야심을 불러일으키게 마련이다. 연극에서의 성공을 바탕으로 영역을 좀 넓혀보기로 한 것이다. 그래서 조정의 고관대작들을 만나고 장안의 사업가들과 교유하면서 코에 바람이 잔뜩 들어갔다. 내가 그렇게 딴 생각을 품으니 기다렸다는 듯 사방에서 유혹의 손길이 다가왔다.

그렇게 해서 시작한 것이 연극잡지 《월간 두레》였다. 잡지에 우리 극단의 공연 소식과 작품에 대한 각계각층의 비평이나 소감을 싣고 연극인

들의 이모저모를 소개하면서, 우리 두레의 찬란한 비전까지도 널리 알리
겠다는 아름다운 취지였다. 한데 그것이 만용이라는 것은 금세 증명되었
다. 내가 잡지계의 실정을 몰라도 너무 몰랐던 것이다.

잡지의 본문을 유능한 기자와 필자들이 작성한 멋진 기사와 사진들로
채우는 것은 별로 힘들지 않았다. 문제는 영업이고 광고였고 사람이었
다. 뒤표지 광고 하나 섭외하는 데 온갖 복잡한 절차가 필요했고 스폰서
와 밀고 당기는 협상이 지루하게 이어졌다. 나로서는 그런 줄다리기가
도대체 적응이 되지 않았다. 발행인이 일에 재미를 느끼지 못하는데 제
대로 된 잡지가 나올 리 없었다. 결국 잡지사는 3호를 끝으로 간판을 내
려야 했다.

한 번의 실패는 병가상사라고 했던가. 잡지사에 이어서 연기학원에도
도전했다. 수강생에 대한 연기 지도는 내 전문영역이었으므로 자신이 있
었다. 하지만 내가 학원 경영에 문외한이라는 사실을 간과했다. 경험도
없이 강사 초빙에 강의시간 관리, 어색하기 짝이 없는 수강료 독촉까지
해야 했다. 게다가 학생과 학부모를 상대로 진학상담까지 해야 하는 상
황에 봉착하니 죽을 맛이었다. 허가 굳고 피가 마르는 것만 같았다. 당연
히 아웃될 수밖에 없었다.

그 뒤에도 나는 욕심을 버리지 못하고 화장품 사업에 뛰어들었다가 본
전도 찾지 못한 채 일을 접었다. 그런 식으로 하나만 더, 하나만 더 하면
서 열심히 망가졌다. 한동안 그렇듯 자신의 일에 집중하지 못하고 높은
곳만 바라본 결과 책상 위에 쓰레기 같은 서류만 산처럼 쌓였다. 실로 망
상의 퍼레이드였다.

송충이는 솔잎을 먹고살아야지 갈잎까지 욕심내다간 번데기조차 되지 못한다. 숱한 실패를 답습하고서야 나는 행복에 겨워서 그 행복에 곁가지까지 치려했던 나 자신을 깊이 반성했다. 실로 부질없는 욕심이었다. 세상의 갑남을녀와 마찬가지로 집 떠나 고생해보니 집보다 더 편한 곳이 없다는 걸 알았던 것이다. 참담한 뒤끝이었지만 나는 그 경험을 긍정적으로 생각했다. 따가운 예방주사를 좀 일찍 맞았기에 나의 길이 얼마나 소중하고 가치 있는 길인지를 깨달았다.

돌이켜보면 연극으로 성공한 내가 그것을 기반으로 더 큰 성공을 거두고 싶다는 욕망에 사로잡혔던 일종의 방만기였다. 물론 그게 모두 잘못되었다는 뜻이 아니다. 그 과정에서 내가 행복하고 좋아하는 일에 소홀했다는 점이 문제였다.

나는 극단 두레의 대표로서 식구들을 최우선으로 생각해야 했다. 한데 그들을 내 야망의 뒤편으로 떼어 놓았던 것이다. 제정신이 들자 두려움이 왈칵 몰려들었다. 저들과 헤어지면 도대체 무슨 재미로 이 세상을 살아간단 말이냐. 문득 나는 절대로 망해서는 안 된다는 절박감까지 들었다. 예전에는 그런 생각을 한 적이 없었는데, 광야에서 방황하던 탕아가 집에 돌아와 보니 생각 자체가 좀 바뀌었던 것이다.

지금도 나는 자신이 우선 행복해야 주변도 행복하다고 믿는다. 내가 힘겨우면 저들도 힘겹다. 내가 즐거워야 아내도 즐겁다. 행복의 기준은 나로부터 시작된다. 그러므로 나는 배우들이나 가족들에게 미안하다는 말을 하지 않는다. 그 순간 내가 불행해지고 그들 역시 불행해지기 때문이다. 우리들은 서로 희생하는 관계가 아니다. 서로가 맡은 일에 책임을 다하고, 그 안에서 우러난 자신감으로 당당하게 어깨를 펴고 산다. 그러다보면 보너스처럼 행복이란 녀석이 다가와 슬그머니 팔짱을 낀다.

지금 당장 행복하자

'인간은 이야기를 만들고 이야기는 인간을 만든다.'

2014년 남산예술센터와 극단 백수광부가 공동제작했던 연극 〈즐거운 복희〉에 나오는 대사다. 연극을 이야기할 때 나는 이 대사를 차용하여 '연극은 행복을 만들고 그 행복이 연극을 만든다.'라고 말하고 싶다. 연극을 보고 관객들이 행복감을 느껴야 연극에 좀 더 친근하게 다가설 수 있고, 연극인들은 그들의 동력을 바탕으로 의미 있는 작품을 지속적으로 생산할 수 있기 때문이다. 이 작품의 부제가 '난 슬픈 복희는 싫어요.'이다. 나 역시 행복한 연극이 좋다. 그 안에 숱한 눈물과 애달픔이 담겨 있을지라도 종국에는 해피엔딩이길 바란다.

최근에 나는 코미디언 이정수 씨와 함께했던 〈당신이 행복했으면 좋겠습니다〉라는 토크쇼에서 관객들에게 행복에 대하여 말한 적이 있다.

그때 나는 우리가 느끼고 있는 행복의 실체가 대체 무엇인지 더듬어보았다. 행복은 직장일까? 돈일까? 시간일까?

우선 전제를 해 보자. 여러분 중에 누군가가 쌈짓돈을 꺼내든지 부모님께 도움을 받든지 해서 간신히 작은 식당을 열었다. 다행히 음식 맛이 좋다는 소문이 돌아 손님들이 몰려든다. 급기야 한 달에 순수입이 몇 백만 원을 넘어서니 직장이고 전공이고 취미고 다 제쳐둔다. 열심히 일하고 그만한 대가를 손에 쥐게 되니 행복하지 않을 까닭이 없다.

문제는 이제부터다. 식당 앞에 매일 손님들이 줄을 서서 차례를 기다린다. 심지어 외국 관광객들까지 지도를 들고 찾아온다. 그 탓에 재료 준비하랴, 청소하랴, 서빙하랴 눈코 뜰 새가 없다. 아침 열시부터 밤늦게까지 일해도 쉴 틈이 없다. 그래도 수입이 기하급수적으로 늘어나니 너무나 행복하다.

식당이 잘되니 세상이 내 손 안에 쥐어진 것 같은 기분이다. 그러다보니 이제는 어엿한 사업가가 되고 싶다. 재벌이 바로 눈앞에 있는 것 같다. 그리하여 당신은 충천한 자신감으로 명동에 2호점, 압구정동에 3호점, 일산에 4호점을 낸다. 이젠 본점에서 소소한 노동을 하는 것이 아니라 외제차를 타고 다니면서 지점의 종업원들 교육하고 재료 관리하고 거래처 사장들과 만나 골프도 친다. 아침부터 한밤중까지 그렇게 사장님, 혹은 회장님 소리를 들으며 바쁘게 움직인다.

이쯤 되면 자신의 불행을 한탄하며 남몰래 눈물을 쥐어짜던 자신은 어디론가 사라져버렸다. 아내에게 뭉텅이 돈을 가져다주며 으스대고 값비싼 선물공세를 펼치고 최고급 요릿집을 들락거린다. 누가 봐도 그 정도면 대단히 행복한 사람이 되어 있다. 바로 이 지점에서 나는 묻고 싶은 것이다. 과연 당신은 행복하십니까? 그렇게 문어발식으로 일을 펼쳐놓고 갈퀴로 긁어모은 돈이 정말 당신에게 필요한 것일까? 쉼 없이 돈과 연애하면서 흘러가는 세월이 아깝지 않은가? 부자가 되어 사람들이 자신을 우러러보고 칭송하고 그 비결을 배우려고 쫓아다니는 상황이 진정 행복해진 걸까?

이것은 바로 나의 이야기이기도 하다. 상황은 약간 다르지만 나도 그런 과정을 밟으며 세상에서 제일 행복한 줄 알았다. 그런데 어느 날 갑자기 벼락을 맞았다. 내가 정말 소중한 것을 놓치고 있는 것이 아닌가 하는 자성의 쇠망치가 백회혈(百會穴)을 내리쳤던 것이다.

내가 소위 행복한 세상이라고 착각하고 있던 바로 그때 진정으로 함께하고 싶었던 사람이 곁에 없었다. 사랑하는 아내는 밤늦게까지 귀가하지 않은 남편을 기다리느라 속병을 앓고 있었으며, 형제들의 목소리는 언제 들어봤는지 기억조차 나지 않았다. 내 곁에 수많은 '슬픈 복희'가 있었지만 귀먹고 눈멀어 알아채질 못하고 있었던 것이다.

이제 와서 후회한들 무슨 소용인가. 얼마 전 미안한 마음에 아내와 함께 연애할 때 종종 들렀던 롯데월드에 갔다. 그런데 빙글빙글 돌아가는 기구를 탔다가 어지럼증에 구토 증세 때문에 두어 시간을 고생했다. 깨달음에 이르는 그 긴 시간 동안 체력이 방전되어 버렸던 것이다. 청춘의 기억에 집착하며 현실의 나를 방치하다가 맞이한 낭패였다.

그날 아내는 핫바지가 되어 버린 남편이 불쌍해 보였는지 집으로 가자며 손을 끌어당겼다. 자기 일에 미쳐 광야를 쏘다니던 남편은 마음 고쳐

먹고 회개했다 해도 마냥 그 짝이라는 걸 알았을 것이다. 몹시 미안했지만 나로서는 어쨌든 성의를 보여주었다 싶어 가슴을 쓸어내렸다.

나중에 행복해지자고 젊었을 때 돈만 좇다 보면 나이 들어 아내와 손잡고 해외의 멋진 유적지에 가더라도 체력이 떨어져 꼭대기에 올라가지도 못하고 여행책자를 펼쳐든 채 가이드의 설명을 듣게 된다. 마음먹고 떠난 길에 그런 신세가 되느니 차라리 집 안에서 여행전문가들이 잘 찍어놓은 전경을 고선명 HD-TV로 감상하는 편이 나을 것이다.

세월은 사람을 기다려주지 않는다. 사랑도 기다려주지 않는다. 그러기에 나는 행복은 지금 당신의 눈앞에 있는 사람과 함께하는 것이라고 믿고 있다. 지금 당장 행복하자.

나랑 밥 한 끼 하실래요?

요즘 TV를 켜면 먹방이 대세인 것 같다. 유명한 셰프들이 각종 음식 프로그램에 등장해서 한식에 양식, 중식 일품요리를 선보인다. 또 누군가는 요리에 서툰 남자들도 집 밥을 간편하고 맛있게 만드는 방법을 자상하게 알려준다. 그런 화면을 자주 접하다 보니 무심결에 요리를 만들어 보고 싶어지기도 한다.

어느 날인가, 점심때가 되었는데 아내가 외출해서 나 혼자였다. 이때다 싶어 씩씩하게 주방에 들어가 쇠고기무국을 만들어 보려고 칼을 들었는데 칼질이 몇 차례 어긋나자 손아귀가 부르르 떨렸다.

눈으로 보기에는 참 쉬워보였는데 무 쪽 몇 개 써는 것도 어려운 것이었구나. 에잇, 그냥 밖에 나가서 맛있는 음식이나 사 먹자. 근데 혼자 먹기는 좀 그러네. 그래서 가까이 사는 친구에게 전화를 한다.

"우리 밥 먹자."

"오케이. 근데 다른 친구 불러도 되지?"

"물론 당근이지."

그렇게 해서 간단한 점심 한 끼가 정다운 사람들의 식사모임으로 바뀌게 된다. 이럴 때면 나는 신이 난다. 개중에는 친한 친구도 있고 처음 보는 사람도 있어서 처음에는 어색하기도 하지만 웃고 떠들다보면 모두가 십년지기처럼 가까워진다. 그들의 다양한 이야기들을 듣고 있노라면 곁에 있는 내가 얼마나 자랑스럽고 뿌듯한지 모른다.

나는 요즘 이런 방식으로 나누는 밥 한 끼의 행복감에 빠져 있다. 점심이든 저녁이든 간에 불현듯 누군가에게 전화를 하고 그들과 빙 둘러앉아 잡담을 나누며 부지런히 숟가락과 젓가락을 휘두르는 것이다. 그러다 술이라도 한 잔 곁들이게 되면 그동안 감추어두었던 정까지 새록새록 배어나온다. 술이 머리로 들어가면 비밀이 밖으로 새어나온다는 충고도 있지만 그 정도로 심각한 사람이라면 우리 같은 갑남을녀와 동석할 일이 없을 것이다.

따뜻한 사람들이 함께하는 식사는 단순히 끼니를 때우는 일이 아니라 삶의 희로애락을 공유하는 일이다. 평생의 라이벌이 한 끼 식사만으로 평생의 지기가 되는 것은 결코 우연이 아니다. 여기에 밥 한 끼에 얽힌 의미심장한 일화가 하나 있다.

1970년대 초 베이징에서 미국 닉슨 대통령의 특사인 헨리 키신저와 중국의 저우언라이 총리가 비밀회담을 하고 있었다. 하지만 양국의 입장 차이로 분위기는 냉랭해져만 갔다. 바야흐로 회담이 결렬될 위기에 처하자 저우런라이가 키신저에게 제안했다.

"장관님, 우리 일단 식사부터 한 다음 다시 이야기합시다."

오랜 밀당에 지친 키신저도 고개를 끄덕였다. 이윽고 미국과 중국의 요인들이 원탁을 앞에 놓고 빙 둘러앉았다. 베이징 카오야와 마오타이주가 올라왔다. 저우언라이는 키신저에게 직접 오리구이를 서빙해 주면서 먹는 법을 알려주고 술을 따라 주었다.

"베이징 카오야는 황제도 즐겨했던 요리입니다. 화덕에 구운 고기를 무 쌈에 싸서 드시면 맛이 일품이지요."

"아, 그렇습니까? 우리도 이런 훈제오리를 즐겨 먹습니다."

"마오타이주는 향을 먼저 음미하고 드십시오. 우리 건배 한 번 할까요?"

"좋습니다. 아, 정말 향이 부드럽습니다. 참 좋은 술이네요."

그때부터 몸이 훈훈해지고 일상적인 대화가 오가면서 두 사람은 딱딱한 회담의 상대자가 아니라 오랜 친구처럼 가까워졌다.

이윽고 식사가 끝난 다음에 이어진 회담 분위기는 완전히 딴판이었다. 그 결과 몇 달 뒤 닉슨 대통령이 중국을 전격 방문함으로써 두 나라는 오랜 냉전을 끝내고 핑퐁외교라는 새로운 국면으로 접어들었던 것이다.

이런 에피소드에서 볼 수 있듯이 한 끼 식사는 우리들의 삶과 사회를 변화시키는 첫걸음이기도 하다. 뭔가 거창한 조건이 아니더라도 '우리 밥 먹자.'라는 말은 '우리 소통합시다.'라는 뜻에 다름 아니라는 말이다. 학자들은 여기에 런천 효과(luncheon effect)까지 담겨 있다고 한다. 함께 음식을 먹은 사람에게 호감이 생기고 공감하게 된다는 것이다. 여럿이 함께 나누는 밥 한 끼가 얼마나 인간관계의 묘약으로 작용하는지 학문적으로도 증명된 셈이다.

'나와 밥 한 끼 해요. 내게 21분 30초만 내줘요. 커피도 마셔주면 좋겠지만, 그 정도로도 괜찮아요. 그대가 좋아하는 음식은 나도 그날만큼은 전부 좋아할게요. 브런치, 치즈퐁듀, 까르보나라 매일 내가 먹던 거예요. 그대가 좋아할 거리도 미리 알아놨어요. 대가 원한다면 나 계속 노래해 줄게.'

윤현상의 행복 러브송 '밥 한 끼 해요'의 가사다. 노래는 이어서 당신이 좋아할 만한 식당도 미리 알아놓았고, 영화도 같이 본다면 좋겠지만 그 정도로 충분하다고 너스레를 떤다. 날씨도 참 좋아서 그대와 무엇을 함께 먹어도 내 입에는 딱 맞을 거라는 아부도 보탠다. 그러면서 말미에 당신을 좀 더 알고 싶다고 고백한다.

시작은 '밥 한 끼 먹자.'였는데 결론은 데이트 신청인 것이다. 이 노래는 밥 한 끼의 힘이 인간관계를 얼마나 멋지게 변화시키는지를 묘사하고 있다. 이렇게 한 끼 같이 먹다보면 평생 끼니를 함께하는 사이로 발전하게 된다. 그래서 가족의 다른 말이 식구인 것이다.

밥 한 끼 때문에 다시는 보고 싶지 않은 사람도 있다. 애써 맛있는 식당에 데려갔는데 음식 맛이 별로라고 타박하거나 값이 비싸다는 등 투덜거리거나 열심히 일하는 종업원에게 함부로 대하는 사람들은 정말 밥맛이다. 부르지도 않은 모임에 안면이 좀 있다고 해서 일행을 몇이나 데려와 바가지를 씌우고 당연하다는 듯 나가버리는 사람도 있다.

이런 괴한들은 나의 행복한 식탁 목록에서 무조건 제외된다. 아랍 속담에 '까마귀에게 안내를 부탁하면 개가 죽어 있는 곳으로 데려간다.'는 말이 있다. 이들은 그처럼 자신의 만족을 위해 남의 소소한 행복을 빼앗는 사람들이다. 그런 면에서 혹시 나는 누군가에게 그런 불청객 노릇을 한 적이 없었는지 한번쯤 되돌아볼 일이다.

'그 사람을 모르거든 친구를 보라.'라고 했던가. 누군가 자랑스럽게 언급하는 친구, 혹은 사랑하는 사람, 존경하는 어른을 보면 그 사람의 실체가 어렴풋이 보인다. 그가 행복하게 느끼는 것이 무엇인지 알게 되면 나와의 거리가 어느 정도인지도 대략 짚게 마련이다. 식탁에 마주앉은 잠깐의 만남에서도 우리는 많은 것을 감지할 수 있다.

먹기 위해 살지 않고 살기 위해 먹는 사람이라면 밥 한 끼에도 마음을 담아야 한다. 먹는 것이 바로 삶의 일부분이기 때문이다. 어떻게 먹느냐에 따라 하루의 기분도 달라진다. 행복을 멀리서 찾지 말자. 바로 곁에 있는 사람과 당장 따뜻한 밥 한 끼 나누자. 그런 소소한 행복들이 모이고 모여 행복한 삶으로 승화되는 것이다. 그런 의미에서 나도 오늘 저녁 이승연 누님이 운영하는 홍대입구 '식후경'에서 좋은 사람들과 밥 한 끼 해야겠다.

바람처럼 자유롭게

'완벽이 아니면 모두 소용없다.'란 격언을 한 단어로 줄이면 무엇이라고 할까? 윈스턴 처칠은 '무기력'이라고 단언했다. 최선을 다하라는 말은 항상 누군가를 움츠러들게 한다. 우리들은 살아가면서 최선을 다해야 무엇인가 이룰 수 있다는 것을 알고 있다. 그래서 전력을 기울이다 보면 그 잘해야 한다는 강박관념 때문에 넘어지는 경우가 허다하다. 무슨 일을 해야 한다면 자유롭게 즐겁게 하자. 그러다보면 완벽해지기도 할 것이다. 여기, 작가 엘렌 코트의 '초보자에게 주는 조언'이 있다.

시작하라. 다시 또 다시 시작하라.

모든 것을 한 입씩 물어뜯어 보라.

또 가끔 도보 여행을 떠나라.

자신에게 휘파람 부는 법을 가르치라. 거짓말도 배우고,

나이를 먹을수록 사람들은 너 자신의 이야기를

듣고 싶어 할 것이다. 그 이야기를 만들라.

돌들에게도 말을 걸고

달빛 아래 바다에서 헤엄도 쳐라.

죽는 법을 배워 두라.

빗속을 나체로 달려 보라.

일어나야 할 모든 일은 일어날 것이고

그 일들로부터 우리를 보호해줄 것은 아무 것도 없다.

흐르는 물 위에 가만히 누워 있어 보라.

그리고 아침에는 빵 대신 시를 먹으라.

완벽주의자가 되려 하지 말고

경험주의자가 되라.

동기부여는 남이 해주는 것이 아니라 스스로 하는 것이다. 누군가의 강제에 의해 완벽을 추구하다보면 어떤 일이든 당사자의 창의성이 말살되고 지겨운 노동이 되어버린다. 바람처럼 자유로운 마음으로 무언가를 하다보면 완벽에 가까운 결과물이 나올 수 있다. 또 완벽이 아니면 대순가. 즐거웠으면 됐지.

나도 작품을 준비할 때면 내심 완벽을 기하려 하지만 배우들을 재촉하지는 않는다. 배우들도 열의를 다해 대사를 외우고 연기에 임하지만 자칫 한 호흡을 놓치면 스토리가 뒤죽박죽이 될 때가 있다. 그래도 마음에

여유가 있다면 얼마든지 극복할 수 있다. 또 동료들의 도움으로 위기를 넘길 수 있다.

우리는 언제나 혼자가 아니다. 자신의 가치를 실수로 평가해서는 안 된다. 자기비하는 전염병과 같아서 자신은 물론 함께하는 사람들까지 병들게 한다. 불현듯 그런 생각에 사로잡히더라도 현재 자신이 있는 자리에 오기까지 얼마나 많은 땀을 흘렸는지를 되새겨보라. 그 노력이 누군가에게 인정받았기에 당신이 여기에 있는 것이다. 실수가 앞으로 나아가기 위한 과정임을 안다면 어떤 경우에도 겁먹지 않게 된다. 그리하여 함께 리듬을 맞추다보면 멋진 교향곡을 연주할 수 있는 것이다.

나도 사람인지라 실수를 반복하면 주변 사람 보기에 안쓰럽고 부끄러워서 스트레스가 많이 쌓인다. 그럴 때면 차를 몰고 고속도로에 가서 음악을 크게 틀어놓고 몇 시간이고 내달린다. 내 뺨을 세차게 후려치는 바람을 상대로 마음껏 고함을 지른다. 눈물이 나면 엉엉 울어버리고 웃고 싶으면 미치광이처럼 웃는다. 그렇게 한동안 나를 풀어놓다 보면 격정의 고비를 넘어서는 순간 마음이 편안해진다. 그것은 자연이 주는 힐링 그자체이다.

그러고 보니 우리나라 남자들이 참 불쌍하다는 생각이 든다. 우리는 철들기 전부터 어른들에게 남자는 울면 안 된다고 강요받는다. 돌부리에 걸려 넘어져 무르팍에서 피가 철철 나도 마찬가지다. 우리들의 삶은 처음부터 그렇게 통제당하며 살아왔다. 물론 사회활동을 하면서 치오르는 눈물을 꾹꾹 눌러야 할 때가 있지만 그러지 않아도 될 때가 있다.

울지 말라, 웃지 말라 하는 식의 감정 통제는 정신건강에 실로 좋지 않다. 이제부터 자신을 단순화시키는 연습을 좀 하는 것이 어떨까. 고마우면 고맙다고 말하고 예쁘게 보이면 예쁘다고 말하자. 외국인들의 감정 표현방식을 배우자. 그네들은 '원더풀', '굿', '땡 큐'를 입에 달고 사는 것 같지 않은가.

우리의 경우는 좀 비참하다. 친구들끼리 놀다가도 너무 좋아서 '아, 행복해.'라고 하면 '오버하지 마, 새꺄.'란 말이 곧바로 날아온다. '우후! 너 참 멋지네.' 하고 감탄사를 토하면 '놀리냐, 새꺄.' 하면서 머리통을 휘갈긴다. 이런 판국인지라 진짜 감탄사를 잘 쓰는 한국인은 보기 힘들다. 애초부터 훈련이 되어 있지 않은 것이다. 우리는 언제나 이성적으로 행동하고 말하기를 강요하는 딱딱한 환경 속에 살고 있다.

언젠가 일간지에 뮤지컬 〈명성황후〉가 브로드웨이에서 공연을 마치자 10분 동안 기립박수를 받았다는 기사를 보았다. 국내 뮤지컬이 연극의 본고장에서 대성공을 거두었다는 소식은 참으로 반가운 뉴스였다. 한데 내 눈에 옥의 티가 보였다. 서양에서는 어떤 공연이든 막이 내리면 커튼콜에 휘파람과 함께 기립박수를 보내준다. 앉아서 박수갈채를 보내는 것은 애쓴 배우들에 대한 예의가 아니기 때문이다. 그러니까 그 기사에서는 기립박수보다 〈명성황후〉의 작품성에 대해 좀 더 많은 지면을 할애했으면 어떨까 싶었던 것이다.

일반적으로 국내 무대에서는 관객들의 기립박수 장면이 참으로 희귀하다. 나도 그런 장면을 본 적이 손에 꼽을 정도이다. 한두 명이 감동에 복받쳐 벌떡 일어나 박수갈채라도 보낼 양이면 오버한다고 손가락질한다. 혹여 많은 사람이 우르르 일어나도 몇몇 사람들은 쭈뼛쭈뼛 주변의 눈치를 보다가 마지못해 허리를 편다.

대체 왜 그런 걸까? 한마디로 즐기는 습관이 되어 있지 않기 때문이다. 공연이란 혼자 둘이 조용히 감상하고 나오는 것으로 알고 있는 것이다. 그러니 극장 문을 나설 때 아무리 감동받았어도 "괜찮았어.", "좋았어." 정도이다. 마치 식당에서 음식을 먹고 나서 "맛있었어.", "먹을 만하네."라고 말하는 것과 다를 바가 없다.

그런 버릇 때문에 공공장소나 식당에서 부당한 대우를 받아도 자신의 권리를 주장하지 못한다. "다음에 여기 다신 안 온다." 정도다. 용기를 내 따지기라도 하면 주변사람들로부터 "네가 왜 나서는 거야.", "좋은 분위기를 망치지 말라." 식의 힐난을 받기 일쑤다.

우리가 이처럼 감정 장애인이 된 이면에는 초등학교 시절의 고답적인 교육환경이 있다. 스스로 문제를 내고 풀게 하는 방식이 아니라 사지선다니 오지선다니 해서 정답을 확정해놓고 찍어내는 시험 때문에 학생들은 창의력을 잃었다. 생각을 키워주지 않은 주입식 교육으로 인하여 우리는 쉽사리 궁금증조차 표현할 수 없는 절름발이가 된 것이다.

초등학교 때 나는 〈춘향전〉을 읽고 나서 고개를 갸우뚱했다. 암행어사 이몽룡의 불법 편법 탈법적인 권력 행사는 눈감아주면서 왜 변학도의 책임이나 권리는 외면하는 걸까. 춘향이는 퇴기 월매의 딸이니 분명 기생이어야 하는데 왜 관장의 분부를 거역하는가. 이렇게 어떤 장면을 다르게 해석할 수 있는 힘을 키워주는 것이 창조적인 교육 아닌가.

이제부터라도 우리는 표현하는 사람이 되자. 남자라고 말을 많이 못하고 울면 안 되고 웃어도 안 되는 세상에서 뛰쳐나오자. 그것이 바로 엑서 더스, 영광의 탈출이다. 감동을 감동답게 표현한다고 해서 바보가 되는 것이 아니다. 어린 코끼리의 발목에 쳐진 쇠사슬을 풀어내고 자유로운 사고의 행복, 자유로운 영혼의 춤을 추어보자.

나의 주장은 사내가 머리 풀고 치마 입겠다는 소리가 아니다. 공공의 예의를 지키면서 자신의 감정을 자유롭게 표현하겠다는 뜻이다. 배우들에게도 그렇게 개성을 지켜주면서 감정표현을 잘할 수 있도록 하고 있다. 그런 자율 속에 행복한 땀 냄새가 배어 나온다. 배우들은 나와 연습할 때면 행복하다고 말한다. 그들과 마음이 같으니 나도 늘 행복하다. 우리가 행복하지 않다면 왜 함께 무대에 서겠는가.

행복은 현재 진행형

우리는 평생 불확실한 내일에 대비하라는 잔소리를 귀에 달고 살아왔다. 저축을 해야 하고 보험에 가입해야 한다. 수시로 건강검진을 받아야 하고 쌓아둔 연금도 확인해야 한다. 노후를 즐겁게 보내기 위해 버킷리스트도 만들어야 한다. 그런 유비무환의 자세가 없는 사람은 가장으로서 부적격자로 낙인찍힌다.

이런 강박이 과연 옳은 것일까? 나는 달리 생각한다. 현재의 재산을 좋은 일에 기부하거나 자식에게 물려줄 생각이 아니라면 열심히 자신의 행복을 위해 써야 한다는 쪽이다. 죄의식을 가질 필요가 없다. 차를 사고 싶으면 사고 명품을 입고 싶으면 입어라. 행복하면 그만이지 거기에 구실을 붙여 자꾸 미루어 두어야 하는가.

우리 사회는 무엇이든 다 할 수 있는 청년들에게 미생이니 뭐니 하면서 스펙 쌓기만 강요하고 면접 한 번 잘못 보았다고 낙오자 취급을 한다. 이런 세태 속에서 은연중에 주눅이 든 청년들은 힘들게 일해서 지갑을 채워도 자신을 위해 쓰지 않고 꽉 막힌 골방에 자신을 가둔다. 스스로 날개를 접는다.

나는 그들에게 이렇게 말하고 싶다. 지금 날개를 펴지 못하면 앞으로도 계속 그런 신세가 된다. 돈이 생기면 영화도 보고 연극도 보고 즐겁게 여행도 떠나자. 여태까지 두려워서 못하고 있었던 일이 있다면 당장 해보자. 노는 것도 젊었을 때 해야 한다. 나이 들면 시도조차 못하게 되는 것들이 너무나도 많다. 그런다고 해서 당신이 루저가 되는 것은 아니다. 그것이 제대로 사는 것이다.

가혹하고 냉정한 세상의 감옥에 자진하여 들어가지 말라. 그 안에 우리들을 밀어 넣으려 하는 사람들의 목소리에 귀를 막아라. 나는 종종 자동차 안에서 팟캐스트를 통해 이 시대의 여러 행복전도사들의 강연을 듣는다. 한데 어떤 사람은 노련한 입담으로 진실을 윤색시키면서 청중들을 현혹하고 있었다. 예를 들면 〈죽은 시인의 사회〉에 나오는 키팅 선생님의 대사 "찢어 버려라. 찢어 버려. 이건 교과서지 성경이 아니야. 이런 걸 찢는다고 지옥에 가진 않는다. 무엇을 두려워하는 거지?"를 꺼내들며 현실에 순응하라고 강요하는 것이다. 세상에 가슴 뛰는 일은 없으니 '가슴이 뛸 때까지 그 일을 하라. 그 일에 죽기 살기로 올인 하면 언젠가는 가슴이 뛸 것이다.'라는 것이다.

'이 사람은 영화를 제대로 보기나 한 건가? 도대체 독해력이 있는 거야 없는 거야?'

그 말을 듣고 울화가 훅 치올랐다. 키팅 선생님의 말은 교과서로 상징하는 세상의 통념에 얽매이지 말고 자신만의 행복을 찾으라는 뜻이 아닌가. 그러기에 이어지는 대사가 '그 누구도 아닌 자기 걸음을 걸어라. 나는 독특하다는 것을 믿어라. 누구나 몰려가는 줄에 설 필요는 없다. 자신만의 걸음으로 자기의 길을 가거라. 바보 같은 사람들이 무어라 비웃든 간에.'가 아니었던가.

물론 세상살이는 사람마다 제각각이라 그의 현실 순응주의가 맞아떨어지는 경우도 있을 것이다. 생각이 다른 남녀도 자주 만나다보면 정들고 가슴이 뛰는 순간이 오겠지. 갑질에 얼룩진 일터도 오래 참고 견디다보면 내 집 같은 생각이 들기도 할 것이다. 옛날 어른들은 신랑신부의 얼굴도 보지 않고 결혼했지만 아들 손자 잘 낳고 잘 키우며 행복하게 살았다. 인간문화재로 대접받는 장인들은 코흘리개 시절부터 스승 밑으로 들어가 밥 짓고 빨래하는 등 갖은 고생을 하면서 기술을 전수받아 거장이 되었다.

냉정하게 생각하면 그 강사의 말이 틀린 것은 아니다. 어떤 면에서는 참으로 교훈적이고 멋진 구석이 있다. 하지만 나는 그 말이 전혀 이해가 되지 않았다. 젊은이들에게 꿈을 북돋워주고 행복을 성원하는 자리에서 무한한 인내와 희생을 강요하는 것만 같았다. 더군다나 좋아하는 일을 찾아 열심히 하라는 것이 아니라 부당한 현실에 맹종하고 굴종하다보면 가슴이 뛸 것이라니 그 말이 똥인지 된장인지 구분이 되지 않았다.

'설마 저 사람은 나처럼 가슴 뛰는 일을 해본 적이 없었던 걸까?'

나로선 그분의 말에 반박할 수 있는 사례가 너무나도 많았다. 학교에서 거리에서 수많은 사람들이 자신이 좋아하는 일을 밑바닥부터 즐겁게 배우고 있지 않은가. 특히 문화계 쪽은 그런 사람들이 99%라고 해도 과언이 아니다. 우리들이 일하는 연극계만 해도 그렇다.

우리는 연극을 접하는 그 순간부터 너무나도 가슴이 뛰기 때문에 무대에 오른다. 실력이 되도 좋고 안 되도 좋다. 다만 내가 이 자리에 있기에 무한한 행복을 느낀다. 그 와중에 시련이 다가오면 시련을 즐기고 행복이 다가오면 행복을 즐기는 것이다. 이것은 나만의 생각이 아니다. 대학로의 모든 사람들이 그렇다. 그들은 날마다 설레는 가슴을 안고 이 거리에 들어선다. 힘들어도 무시당해도 우리는 끈질기게 버티고 표현하며 하루하루를 보낸다. 이런 우리의 삶이 얼마나 가치 있는지는 미국의 유명한 성공 전도사 나폴레옹 힐이 보증해 준다.

'자기가 가장 좋아하는 일에 종사하는 사람은 두 가지의 혜택을 받는다. 첫째, 그런 일을 함으로써 가장 위대한 보상인 행복을 얻는다. 둘째, 장기적으로 그는 많은 금전적인 보상을 누리게 된다. 왜냐하면 자신이 좋아하는 일이라면 통상의 일보다 더 잘해낼 수 있기 때문에, 단지 돈만을 위해 일하는 사람보다 결국에는 더 높은 수익을 올릴 수 있는 것이다.'

행복이란 바쁜 시간을 쪼개고 아껴 무언가를 많이 쌓으면 찾아오는 것이 아니다. 내가 좋아하는 일을 하면서 행복해지면 돈도 벌고 창조적인 발상도 잘 떠오른다. 몸과 마음이 편안하고 즐거워야 요리도 감칠맛이 나는 법이다.

제발 누군가의 선동에 속아 넘어가 피곤한 육신을 달래기 위해 들어간 찜질방에서 전공서적을 읽고 업무기획 따위를 하지 마라. 왜 에너지를 비축해야 할 자리에서 남은 에너지까지 쥐어짜며 자신을 학대해야 하는가.

우리는 종종 어떤 일에 몰두하여 지친 친구에게 '너 자신에게 선물을 주어봐.'라면서 휴식을 권하기도 한다. 내 말이 바로 그것이다. 고생한 심신에 휴식이라는 꿀맛을 선물하는 자리에서 더 강퍅한 노동을 강요하는 것은 자신에 대한 예의가 아니다. 하물며 그런 짓을 남에게도 권유하는 것은 냉혹한 피라미드 마케터와 다를 바 없다.

우리는 덜 열심히 살아도 된다. 불안하지 않아도 된다. 빈둥거리면서 시간을 즐기자. 쇼핑을 잘못해서 물건을 바꾸러 가야 한다면 친한 친구를 불러 손잡고 가라. 그럴 때 흔쾌히 동행해주는 친구가 있는 당신은 정말 행복한 사람이다. 함께 백화점을 점령하고 달콤한 아이스크림을 핥으며 하느님이 내게 주신 아름다운 친구를 미치도록 찬양하라.

그 친구는 하릴없이 당신을 따라다니며 시간을 낭비하는 루저가 아니라 평생 당신의 편이 되어줄 고귀한 존재이다. 그는 자신을 믿어주고 동반하고 싶어 하는 당신 때문에 또 행복해진다. 그러기에 나는 오늘도 대학로 골목에서 서로의 목소리에 귀를 기울이는 청춘들을 바라보며 흐뭇한 미소를 짓는 것이다.

나뭇가지는 흔들려야 한다

　세 마리의 개구리가 우유 통 속에 빠졌다. 첫 번째 개구리는 "모든 것은 하느님의 뜻에 달렸다."라면서 발을 모아 붙이고 신의 뜻을 기다리다가 죽었다. 두 번째 개구리는 "이 통에서 빠져나간다는 것은 도저히 불가능하다. 아무래도 방법이 없다."라면서 비관하다가 죽었다. 세 번째 개구리는 "이거 일이 잘못되었구나. 어떻게 해야 하지?" 하면서도 두 개의 뒷다리를 계속 열심히 휘저었다. 시간이 얼마나 지났을까. 문득 딱딱한 것이 발에 닿았다. 우유를 계속 휘젓자 버터가 만들어졌던 것이다. 그 덕에 세 번째 개구리는 굳어진 버터조각을 딛고 우유 통 밖으로 무사히 탈출할 수 있었다. 이것이 우리가 계속 헤엄쳐야 하는 이유이다.

　얼어붙은 설원에서 고립되면 아무리 졸음이 몰려오더라도 무거워지는 눈꺼풀을 치뜨고 걸음을 옮겨야 한다. 마찬가지로 행복을 누리기 위해서는 약간의 근심이나 정념, 고통을 감수해야 한다. 순간의 상실감 때문에 더 큰 것을 포기해서는 안 된다.

무엇이든 힘든 과정을 통해 얻어야 보람이 있다. 장애물을 뛰어넘을 때마다 우리들의 피는 끓어오르고 불길은 치솟아 오른다. 쉽사리 얻을 수 있는 것이라면 아무도 올림픽 금메달을 탐내지 않을 것이다. 결코 질 염려가 없다면 아무도 카드놀이를 하지 않을 것이다. 행복이란 바로 그런 것이다.

우리는 누구나 성공을 꿈꾸지만 그 영역은 제한되어 있다. 아무리 다재다능한 사람이라도 모든 분야에서 일등을 할 수는 없기 때문이다. 미국 메이저리그 선수들의 경력을 살펴보면 음악가, 화가, 변호사, 미식축구선수, 농구선수 등 실로 다양하다. 하지만 그들은 젊은 날 갖고 있던 여러 가지 재능을 야구란 종목 단 하나에 집중시켰다.

그들은 자신이 제일 잘하는 포지션에서 수많은 라이벌을 물리치고 메이저리그 무대에 섰다. 하지만 선수들 사이에 경쟁은 은퇴할 때까지 계속된다. 마이너리그에서 올라오는 루키들을 의식해야 하고, 갑작스런 부상도 주의해야 한다. 훈련을 게을리 하여 컨디션을 잃으면 주전에서 제외될 뿐만 아니라 치욕적인 방출까지도 감수해야 한다. 그럼에도 불구하고 메이저리거들은 그 활화산 같은 그라운드에 서게 된 자신을 몹시 자랑스럽게 여긴다. 어렸을 때는 오로지 메이저리그에 진출하는 것이 목표였다. 하지만 이제는 그곳에서 살아남기 위해 자신과 싸울 수 있어 행복하다. 투수판을 밟을 때마다, 타석에 서서 방망이를 휘두를 때마다 쌓이는 기록들이 자신의 인생이 된다.

내가 몸담고 있는 연극계도 저들과 별로 다르지 않다. 지금도 숱한 루키들이 대학무대에서 지방극단에서 자신을 조련하며 중앙 무대로의 진출을 꿈꾼다. 그들에게 프로 배우들이 활동하고 있는 대학로는 메이저리그나 다름없다. 그런 친구들에게 '현재를 즐겨라.', '행복을 미루지 말라.'는 식의 충고는 다소 엉뚱하게 들릴지도 모른다.

'당신이 대학로에서 성공하고 살 만하니까 그런 소리 하는 거 아냐? 마이너리그에서 뛰고 있는 우리가 지금 얼마나 서럽고 아쉬운지 알기나 하는 거야?'

물론 그런 반발이 나온다 해도 충분히 이해한다. 나 역시 눈물 젖은 빵을 먹어본 적이 있으니까 말이다. 그래도 한마디 해 보자면, 자신의 분야에서 일가를 이룬 대가들도 도제 시절 너무 힘들어 도망치고 싶은 적이 많았다고 한다. 찰리 채플린이 그랬다. '내가 왜 이리 고독한가, 왜 이리 힘들게 살고 있는가?'라고 느낄 때 만든 작품이 많은 이들의 사랑을 받았다는 것이다. 하지만 대학로의 많은 배우들이 그 고비를 넘기지 못하고 지친 어깨를 주무르며 안녕을 고한다.

당신이 배우 지망생으로서 진정으로 무대가 좋아서 뛰어들었고 연극에 깊은 애정을 갖고 있다면 이 세계에서 능동적으로 행복을 찾아야 한다. 선배 연출가나 동료 배우에게 하소연을 해서라도 자신을 행복한 존재로 만들어야 한다.

'나는 밀폐된 방에 갇혀 있다. 나의 고독은 희망조차 거부하고 있다. 돌멩이로서 돌멩이 외의 다른 것이 되는 게 아니다. 그러나 우리 돌멩이는 서로 협력함으로써 서로 모여 성전으로 탈바꿈할 수 있다. 나는 백성들과 하나가 됨으로써 비로소 변화하고자 하는 열정에 불꽃을 피우기 시작하였다. 이것이 바로 신의 표적이다. 그렇다. 공동체에서 벗어난 개인은 실로 하찮은 존재일 뿐이다. 스스로에게 만족하지 못하는 바람 같은 존재……. 그러므로 자신을 그 자리에 그대로 있게 하라. 곳간 속에서 겨울을 보내는 씨앗과도 같이, 그는 봄이 오면 초록의 새싹으로 돋아나올 것이다.'

지치고 힘든 후배들에게 들려주고 싶은 생텍쥐페리의 독백이다. 너무나 배고프고 힘들어서 누구와도 말하기 싫고 대문 밖으로 나가는 것도 귀찮을 때 용기를 내어 몇 발짝만 떼면 나를 사랑하는 친구들, 나를 감싸주는 동료들이 있다는 사실을 믿어야 한다. 그렇게 겨울 들녘을 건너면 푸른 새싹이 움트는 밀밭이 바로 자신의 것이라는 것을 알게 된다.

우리는 지금 행복하기 위해 여럿이 함께 연극을 하고 있지 홀로 진흙탕에 엎어져 있는 게 아니다. 사람이 모든 사람과 함께 살아갈 수는 없지만 혼자 살아가는 것도 불가능하다. 그와 같은 섭리를 알게 되면 친구가 정말 소중해지고, 경쟁자라도 함부로 미워하거나 따돌리지 않을 것이다. 그러기에 행복은 목표가 아니라 방향이라고 하는 것이다.

'한 번 말하면 충고요. 두 번 말하면 강조지만 세 번째부터는 잔소리'라는 말이 있다. 아무리 좋은 말이라도 상대방이 받아들이지 않는다면 잔소리가 된다. 기실 이런 충고는 뼈저린 한 번으로 족하다. 그로 인하여 변화하지 않는 사람이라면 두 번도 많다.

나의 이런 개똥철학은 다른 분야에서도 마찬가지로 적용된다. 일례로 스시 집 막내는 식칼을 건네며 무채를 썰라는 사부의 말 한마디에 가슴이 뛸 것이다. 바리스타 지망생은 조심스럽게 내린 커피가 손님의 호평을 받으면 남다른 행복감을 느낄 것이다. 그렇게 스스로 노력하여 얻어낸 능력은 평생토록 자신을 지켜주는 자산이 된다.

어떤 분야든 이처럼 초보자의 행복이 있고 그 일을 마스터하고 관조할 줄 아는 전문가의 행복이 있다. 한데 행복하지 않은 일을 생존 때문에 마냥 견뎌내야 한다면 얼마나 비극적인가. 그렇게 쫓기듯 살아가다 보면 일차 업그레이드되는 과정에서 반드시 맞닥뜨리게 되는 깔딱 고개를 넘지 못하고 지쳐 쓰러지고 만다.

'가지 많은 나무에 바람 잘 날 없다.'라는 말이 있지 않은가. 우리 삶의 나뭇가지에는 그렇듯 폭풍우가 몰아쳐야 한다. 거센 고난의 바람, 고통의 바람을 견뎌내야 나무는 단단한 열매를 맺는다.

여러분, 웃을 준비 되셨나요?

사람의 마을에 몇 십 년 머물다보니 웃음보다 더 좋은 것이 없어 보인다. 고된 연습을 마치고 맥주 한 잔 기울이며 터뜨리는 웃음은 정말 아름답다. 그럴 때의 웃음은 지갑의 두께와 관계없이 가장 쉽게 즐길 수 있는 우리들의 사치인 것 같다. 피곤하지만 뜨겁게 달구었던 일상을 그렇듯 해맑은 웃음으로 정화하고 나면 무엇이든 해낼 수 있다는 의욕이 샘솟는다. 집에 돌아와 거울 속에서 오늘 하루 열심히 살아낸 나 자신을 비추어 보며 환하게 웃어 보이면 그만큼 키가 웃자란 듯한 느낌을 받는다.

세상에서 성공했다는 위인들의 초상화를 보면 온화한 미소 속에서도 진한 외로움이 느껴진다. 그들은 죽을 때까지 얼마나 실컷 웃어보았을까. 어쩌면 그들은 권력이든 부유든 간에 자신이 안고 있는 삶의 무게에 짓눌려 안면근육이 좀 굳어진 게 아닌가 싶기도 하다. 그러기에 우리 극장에서 배꼽이 빠질 정도로 폭소를 터뜨리는 관객들을 보면 나 자신까지도 후련해진다.

개그콘서트에서 관객들을 웃음으로 맥질하게 하는 개그맨들은 막후에서 웃고 있을까. 절대 그렇지 않다. 남에게 웃음을 주는 사람은 스스로 웃을 수 없다. 웃음 뒤에는 그 웃음을 만들기 위한 처절한 훈련과 반복이 전제된다. 그들은 웃음이라는 작품을 선사하기 위해 치열하게 고뇌하고 아파한다. 그들의 웃음은 항상 관객들의 뒤편이다. 오늘 객석에서 얼마나 폭소를 터뜨렸는가에 따라 뒤풀이 자리에서 그들이 웃을 수 있는 것이다. 그런 면에서 어떤 배역이든 소화해야 하는 전문적인 배우와 천성적으로 남을 웃기는 능력을 가진 개그맨들과는 유형이 다른 것 같다. 물론 배우들도 직관적으로 관객들의 눈물샘을 자극할 수 있는 천부적인 자질을 가지고 있다. 다만 그들은 극적인 상황에서 꼭 필요한 연기를 하는 것이다. 그러기에 남을 웃긴다는 것은 천부적인 자질 외에도 남다른 노력이 필요하다.

일반적으로 유머러스한 사람이라고 하면 누구나 예상할 수 있는 평범한 상황에서 전혀 예기치 않은 발상으로 전환하는 능력을 가진 사람이다. 사람들은 내심 엉뚱하고 기발하다는 느낌을 받으면서 웃음을 터뜨리는 것이다. 그러다보니 마음이 열려있지 않은 사람은 유머를 구사할 수도 없고, 마음이 좁은 사람은 유머를 접해도 웃지 못한다.

《탈무드》에는 '울어도 웃어도 눈물이 나온다. 그러나 웃어서 눈물을 흘리다 눈이 붉게 충혈 되는 사람은 없다.'는 말이 있다. 웃음이나 조크는 압박에 대한 해방의 상징이다. 평소에 신앙이라든지 도덕관념이라든지 지위라든지 등의 굳게 채워져 있던 족쇄가 한순간에 풀리면서 나타나는 자유이다. 오늘날의 중생들은 돈과 명예와 취직과 육아에 억눌려 마음껏 울고 웃는 인간의 본성을 잃어버리고 있다. 그러니 지친 하루의 부역을 마치고 돌아가는 길에 극장에 들러 웃음 한 번 크게 웃어볼 수 있다면 얼마나 행복하겠는가.

웃음은 용서의 기능도 있다. 어떤 일을 대하든 어떤 상황에 처하든 허허 웃을 수 있는 사람은 진실로 너그러운 사람이다. 심리적으로 얼어붙은 사람은 웃지 못한다.

코믹극을 연출하면서 관객들의 웃음보를 터뜨리는 것은 의외로 어렵다. 60년대 방식으로 마구 넘어진다든가 바보짓을 해서 억지로 웃음을 유발하는 시대는 지났다. 웃음 속에도 고통과 고뇌를 담아야 하고 눈물 속에서도 행복이 물결쳐야만 관객들이 반응하기 때문이다. 그러기에 코미디 작품은 다가서면 다가설수록 어렵고 매력적이다.

유교문화권인 우리나라에서는 코믹극이 정당한 평가를 받지 못하고 있다. 그래서인지 자꾸만 진지한 방향으로 흘러가려고 한다. 하지만 나는 개인적으로 코믹극을 하는 배우들을 높이 평가한다. 그들은 극본이나 캐릭터 자체의 표현에 좌우되는 정극과 달리 관객들의 호응이라는 제3의 과제를 떠안아야 하기 때문이다.

그런 면에서 나는 작품에 사랑 코드가 담겨있는 연극을 선호한다. 사랑을 통해 자연스러운 웃음이 나오고, 그 와중에 현실과 흡사한 갈등과 눈물을 끌어낼 수 있다. 그렇게 관객들을 확실히 웃기느냐, 확실히 감동을 줄 수 있느냐의 측면이 연출가로서의 능력이기도 하다. 죽느냐 사느냐 이것이 문제가 아니라 웃기느냐 울리느냐 이것이 내겐 문제이다.

따지고 보면 유머는 웃을 준비가 되어 있는 사람에게만 효과가 있다. 열려있는 마음의 창문을 통해 유머가 들어오고, 바로 그 틈을 통해 스트레스가 날아간다. 같은 자극을 받아도 유머감각이 있는 사람은 덜 아프다. 그 이유가 통증을 느끼게 하는 신경전달물질을 기쁠 때 분비되는 다른 신경전달물질이 차단시켜 주기 때문이란다. 곧 웃음 속에서 행복과 쾌락을 전해주는 도파민, 마음을 차분하게 해주는 세로토닌, 천연 진통제 역할을 하는 엔도르핀이 생성된다는 것이다. 그로 인해 혈액순환이 좋아지고 체온이 올라가 면역기능까지 생긴다.

자지러지는 웃음은 대장운동과 복근운동을 자동으로 해주므로 뱃살도 빠지게 한다. 또 운동효과처럼 심장박동을 촉진시키고 심근운동을 시켜주니 심장마비를 예방해준다. 믿거나 말거나 이것이야말로 〈보잉보잉〉이 관객에게 주는 행복한 서비스의 정체다.

'울어본 적이 없는 청년은 야만인이요, 웃으려 하지 않는 노인은 멍청이'란 말이 있다. 세상은 충분히 재미있고 살 만하다는 믿음을 갖자. 지나치게 비뚤어진 시선으로 오늘을 보지 말자. 그것은 자신에게 투여하는 독약일 뿐이다. 객석에 앉아있는 그 순간만큼은 유유자적하면서 오늘을 즐기라고 말해주고 싶다. 괴테의 조소처럼 이성의 눈으로만 본다면 인생은 나쁜 병과 같고, 세상은 정신병원 같아 보인다. 그러므로 우리에게는 유머가 있는 삶 자체가 가장 중요한 것인지도 모른다.

Chapter 03

터놓고 이야기합시다

인생의 목표로 삼아야 할 두 가지가 있다.
하나는 자신이 원하는 것을 소유하는 것, 또 하나는 자신이 원하는 것을 즐기는 것.
현명한 사람들은 후자를 선택한다.

막장 남편의 넋두리

　젊은 시절 내가 연극에 미쳐 밖으로 나돌 때는 가족이 눈에 보이지 않았다. 밤낮으로 극장에서 배우들과 부대끼며 행복에 겨운 듯 보였지만 어쩌다 집에 돌아오면 나는 외로운 한 마리 늑대에 불과했다.

　시간이 지나 원하던 목표를 어느 정도 달성했다고 생각했을 때 내 곁에는 진정으로 나의 성공을 기뻐해주고 성원해주는 누군가가 곁에 없었다. 행복은 나누면 두 배, 불행은 나누면 반쪽이라 했던가. 나름 멋쩍었지만 어슬렁거리며 식구들을 찾아가자 그렇게 마음이 편할 수 없었다. 그들의 사소한 관심, 걱정, 배려가 나를 저절로 미소 짓게 했다.

　결혼한 뒤에는 아내의 사랑과 격려가 정말 큰 힘이었다. 아내에게는 진심이고 뭐고 따질 필요가 없었다. 그녀는 내 눈빛만 봐도 뭐가 필요한지 어떤 행동을 취해야 할지 금세 알아차리기 때문이다. 각자 배우와 연출가로서 바쁜 나날을 보내고 있지만 우리는 태어나기 이전부터 한 몸이었던 것처럼 화음이 잘 맞았다. 언제나 내 꿈을 알아주고, 나의 실수나 잘못을 이해해 주며, 남들에게는 차마 꺼내기 힘든 이야기를 털어놓을 수 있는 존재가 있다는 것이 얼마나 고마운 일인가.

밖에서나 안에서나 아내는 늘 나를 추켜세워 주었으므로 나 자신이 최고의 남편인 줄 알았다. 착각은 자유, 꿈보다 해몽이라던가. 나의 망상은 몇 차례의 예능 프로그램에 그녀와 함께 출연하면서 산산조각이 나버렸다. 그때의 일을 고백하자니 이마에 땀이 차오르는 것 같다.

우리 부부는 2011년 SBS '스타부부쇼 자기야'에 함께 출연하여 부부가 함께 살아오면서 겪은 몇 가지 에피소드를 공개했다. 그때 아내는 내가 서운하게 했던 일로 신혼 초에 남편의 귀가시간이 일정하지 않아 몹시 외로웠다고 말했다.

당시 나는 아내를 위한답시고 호프집을 차려주었는데 그녀는 집안일과 배우 생활에 가게 일까지 하려니 너무나 힘들어 한 달 만에 접었다는 사실까지 털어놓았다. 게다가 남편이 시시때때로 공연이 끝난 한밤중에 회식 차 배우들을 끌고 오는데 주방에서 안주를 만들고 있노라니 몹시 처량했다며 투덜거렸다.

내가 궁지에 몰리자 패널들은 모두 고소하다는 듯한 표정을 지었다. 배우 송창의는 괘씸하게도 내가 어여쁜 여배우들과 자주 회식을 해도 최영완 씨가 바가지를 긁지 않고 잘 참아주니 참 부럽다며 너스레를 떨었다. 그때 나는 아내가 단군신화의 웅녀처럼 두 달만 버텼다면 호프집 사장으로 성공했을 텐데 겨우 한 달 만에 폭발했다고 말했다가 패널들의 따가운 눈초리를 받았다.

그들은 앞다투어 나의 엉뚱한 아내 사랑법을 질타했다. 아내를 사랑하는 방법은 그런 식으로 일을 떠넘기는 것이 아니라 좀 더 집에 일찍 들어오도록 노력하고 좀 더 많은 대화의 시간을 가져야 한다는 것이었다. 아무렴, 내가 그걸 모를까. 내가 볼멘 표정을 짓자 사회자는 이번 방송을 계기로 서로의 입장을 잘 이해하고 보듬는 두 분이 되길 바란다며 상황을 얼버무렸다.

그날의 방송에서 나는 약간 엉뚱한 남편으로 등장했을 뿐 별다른 오해는 받지 않았다. 우리 부부는 나란히 손잡고 스튜디오를 나오면서 우리가 시청자들에게 어떤 모습으로 비쳤을지 궁금해 했다. 내가 공중파에 짓궂은 남편으로 시청자들에게 어필한 첫 방송이었다.

그로부터 2년 뒤인 2013년 11월 22일, 나는 추석 특집으로 기획된 MBC '기막힌 남편스쿨'에 출연했다. 이 프로그램은 가족들이 옹기종기 모여 텔레비전을 시청하는 시간대에 방송되어 엄청난 반향을 일으켰다. 바로 그날 손남목은 막장 남편의 대표주자로서 대한민국 천만 아내들의 공적이 되고 말았다.

이 프로그램의 본래 기획 의도는 '좋은 남편 만들기'였다. 이 땅의 불량 남편들이 개과천선하여 아내와 함께 백년해로를 누리게 해주겠다는 아주 고상한 취지였지만, 실상은 집 안팎에서 아내를 무시하고 제멋대로 행동하는 그들의 행각을 보여줌으로써 시청자들의 관심을 끄는 것이 목표였다. 그런 면에서 나는 못된 남편 행세를 적절히 실감나게 수행해야 했다.

118

당시 메인 MC는 코미디언 정준하였고, 이창훈, 박준규, 홍록기, 윤형빈, 크리스 존슨 등이 출연했다. '간 큰 남편들의 아침밥 이야기'로 시작한 방송은 출연자들의 아침 식사 장면을 생생하게 보여주었다. 그때 박준규 씨는 부인이 아침식사를 준비하는 동안 안마의자에 앉아 으스대는 모습을 보여주며 자신은 라면이나 끓일 줄 알지 부엌일은 절대 안 한다고 큰소리를 쳤다. 이창훈 씨는 부인이 만들어 온 음식을 일일이 검사하며 잔소리를 늘어놓았다. 내가 봐도 짜증나는 남편들의 모습이었다. 하지만 이날 방송의 히로인은 바로 나였다.

나는 패널들과 대화하는 도중 나는 태어나서 한 번도 밥을 안 해 봤고, 전기밥솥이 어떻게 생겼는지도 모른다며 아내가 준비하는 음식이 세상에 제일 맛있다고 자랑했다. 그 증거로 내보인 화면 속에서 아내는 진수성찬이 가득한 식탁을 앞에 두고 자신은 아침에 입맛이 까다로운 남편을 위해 늘 대여섯 가지 음식을 준비한다며 행복한 표정을 지었다. 그런데 내가 아내와 식사하던 도중 전이 먹고 싶으니 좀 부쳐달라고 하자 아내는 망설임 없이 주방으로 들어갔다. 바로 그 장면에서 시청자들의 울분이 폭발했다.

게시판에 '진짜 사랑과 전쟁이군.', '밉상이다.', '밥상머리에서 부인을 종 부리듯 전 달라, 물 가져와라 상전이 따로 없네. 저런 것도 남편이라고……. 부인이 가져온 물을 면상에 확 끼얹고 싶더라.' 등의 악성 댓글이 줄을 이었다. 어떤 시청자는 그런 댓글 자체에 화를 내면서 '남편을 죽이는 방송'이라고 일갈하기도 했다.

익히 예상했던 반응이었지만 그래도 좀 씁쓸했다. 내가 막장 남편으로 낙인찍히는 것은 괜찮았지만 아내까지 싸잡아 비난을 받으니 가슴이 먹먹해졌다. 본래 이 프로그램의 섭외를 받고 나서 아내와 나는 많이 망설였다. 이전에 '스타부부쇼 자기야'를 통해 악당으로 등록되어 있는 내가 또 다시 뻔뻔스런 남편 역할을 맡게 된 것이 부담스러웠기 때문이다. 그런데 곰곰이 생각해보니 나는 연극 연출가이고 아내는 배우이자 탤런트였다. 부부가 공히 연예계에 몸담고 있는데 공중파 방송 출연을 거절한다는 것은 문제가 있었다.

"기왕 나가는 거 우리 한번 확실히 해보자."

우리 부부는 방송 출연이 확정된 그날부터 어떻게 하면 시청자들을 즐겁게 해줄 수 있을지 궁리했다. 그러다가 논란이 된 가부장적인 장면을 떠올렸던 것이다. 나는 진짜로 요리에 재능이 없어서 늘 아내의 손맛에 기대는 사람이라 조금만 현실감을 보태면 충분히 가능한 사건이었다. 아내도 그런 일이 벌어지면 자신도 정말 화가 날 것이라며 대본에 찬성했다.

그 아이디어를 들고 프로그램의 작가들과 상의해보니 매우 재미있어했다. 그리하여 나는 태어나서 밥이나 설거지를 한 번도 안 해 본 사람으로서 아침식사 때 전을 내놓으라고 강요하는 막장 남편이 되었던 것이다. 솔직히 까놓고 말해 함께 아침식사를 하다가 아내에게 '전 부쳐와.', '물 가져와.' 할 사람이 어디 있겠는가. 진짜 그런 남편이 있다면 미친놈이라고 욕을 먹어도 할 말이 없을 것이다. 과연 방송이 나가기가 무섭게 시청자들의 질타가 이어졌다. 한 순간에 댓글이 무려 3천 개가 올라왔던 것이다. 역시 방송의 힘은 무서웠다.

'막돼먹은 놈', '자기가 좀 잘산다고 아내를 그렇게 부려먹어?', '돈 때문에 그런 설움을 참다니 너도 지독한 년이다.' 쉴 새 없이 이어지는 악성 댓글을 보면서 우리 부부는 억울하고 속상해서 눈물을 흘렸다.

막장 남편 '손남목'은 그날 하루 종일 네이버 실시간 검색어 1위를 오르내렸다. 그처럼 통렬하게 욕을 먹어본 것은 생전 처음이었다. 며칠 후 대학로를 걸어가고 있는데 한 여고생이 내 어깨를 툭 치면서 이렇게 소리치고 달아나기도 했다.

"아저씨, 언니한테 잘하세요!"

예기치 못했던 봉변을 당하자 쓴웃음이 나왔다. 나는 본래 강한 사람이다. 그러지 않다면 전쟁터와 같은 대학로 연극판에서 살아남지 못했을 것이다. 그렇지만 아내는 활달하면서도 내면은 꽃대궁처럼 여리다. 때문에 그녀를 겨냥한 악성댓글이 등장하면 내가 더 흥분했다. 그러면서도 시간이 약이려니 하면서 우리 부부는 꿋꿋하게 버텨냈다.

내가 당신을 지켜줄게

우리 부부는 방송으로 얼굴이 많이 알려진 탓에 행동거지가 늘 조심스럽다. 거리에 나서든 실내에 앉아있든지 간에 반드시 누군가의 시선을 받게 되어 있다. 그러니까 함부로 화를 내서도 안 되고 마음껏 떠들지도 못한다. 혹시나 우리가 사소한 말다툼이라도 벌이면 순식간에 SNS를 통해 '손남목 부부 불화', '방송을 보아하니 그럴 줄 알았다.'와 같은 내용이 전파될 것이다. 우리는 남들처럼 자유로운 영혼이고 싶은데 성공이란 놈 때문에 늘 스나이퍼의 조준선 위에 놓여 있는 신세가 되었다.

우리는 친구나 선후배와 소통하는 페이스북 화면에서도 맥 빠지거나 어두운 모습을 보일 수가 없다. 보는 눈이 많으니 자칫 말 한마디 잘못하면 흉흉한 소문이 돈다. 그래서 페친들에게 일상생활의 편린을 보여주고 새로운 작품을 홍보하면서 중간중간 아내를 일부러 출연시키기까지 했다. '여보, 행복한 표정!' 그런 가식을 달고 살아가야 하는 현실이 처량 맞을 때가 있지만, 우리는 행복하니까 그만이다.

사연 많았던 한해를 넘기고 돌아온 2014년 연초, 방송국에서 또 다시 설 특집 '기막힌 남편스쿨'에 출연해 달라는 요청이 들어왔다. 시청자들이 도대체 손남목이라는 연출가가 어떤 녀석이기에 그렇듯 조선시대 양반처럼 집안에서 위세를 부리며 사는지 궁금해 한다는 것이었다. 어라, 이번엔 상황이 달라진 것 같았다. 호기심이란 일종의 애정이기 때문이다. 나의 외모나 신장 때문이었을까? 어쨌든 시청자들은 나에 대한 예전의 치열했던 거부감이나 비호감을 잊어버린 느낌이었다.

담당 PD는 이번 방송의 콘셉트는 악동들의 갱생 과정이라며 날 안심시켰다. 그럼에도 불구하고 지난번에 아내를 울렸던 경험 때문에 비장감에 사로잡힌 나는 정중하게 나는 아무리 밟혀도 좋으니 아내만은 천사 이미지로 내보내 달라고 부탁했다.

나는 공중파에 아무리 악한으로 낙인찍히더라도 연극 연출하는 데 지장 받지는 않을 것이다. 또 나 하나 때문에 관객들이 연극을 외면하지도 않을 것이다. 이대로 계속 나아가다 보면 나의 진심이 드러날 것이고 철부지 남편이 부디 갱생했다는 점을 시청자들이 이해하게 될 것이었다. 이제 와서 보면 당시 그토록 비장하지 않아도 될 것을……. 댓글을 보며 흘린 아내의 눈물 때문에 마음이 흔들렸던 탓이었다.

시청률이 광고수급에 직접적으로 영향을 끼치는 예능 프로그램에서는 잉꼬부부를 좋아하지 않는 것 같았다. 최수종 하희라처럼 행복하게 잘사는 부부가 나오면 시청자들은 곁에 있는 아내나 남편을 보고 '넌 왜 저렇게 못하냐?'면서 싸울 것이다. 하지만 나처럼 고약한 남편 모델을 내보내면 '차라리 우리 남편이 낫네.' 하면서 위안을 삼지 않겠는가. 그러다 보면 시청률도 올라가고 광고주가 줄을 서게 된다. 내가 연극계에서 웬만큼 팔뚝이 굵었지만 방송의 완력은 상상 이상이었다.

2014년 1월 31일, 설 특집 '기막힌 남편스쿨'에는 아나운서 전현무의 사회로 세상 어디에도 없는 독불장군 박준규, 로맨티스트에서 잔소리꾼으로 거듭난 이창훈, 간 큰 남편의 대명사가 된 손남목의 기막힌 모습이 안방을 들썩였다.

'남편 길들이기'를 주제로 진행된 방송은 저절로 폭소를 불러일으켰다. 하루 종일 아내의 입장이 되어 생활하는 미션을 수행한 박준규 씨는 도중에 스트레스가 쌓여 울분을 터뜨린 나머지 패널들의 거센 비난을 받았다. 또 이창훈 씨는 아토피인 딸을 위해 전원주택으로 이사하는 과정에서 20년 넘게 모아둔 물건들을 버리지 못해 하염없이 망설이는 속 좁은 남편으로 변신했다.

나는 전에 살고 전에 죽는 '모닝 전 마니아'로서 결혼 전에 비해 급격히 불어난 몸매 때문에 아내로부터 전 금지령을 선고받고 눈물겨운 다이어트를 감행하는 독특한 미션을 수행해야 했다. 당시 나는 살을 빼기 위해 피트니스센터에 들어가 땀을 뻘뻘 흘리면서도 친구들에게 페이스북을 통해 근황을 보여주는 등 한껏 여유를 부렸다. 어느새 방송 체질이 되어 버린 것이다.

촬영 직전에 나는 PD에게 내가 연극인이라는 사실을 어필할 수 있게 해달라고 부탁했다. PD는 선선히 나의 요구사항을 들어주었지만 방송이

나간 후 시청자들은 연출가 손남목보다는 '사랑과 전쟁'의 인기탤런트 최영완의 남편으로 기억했다. 역시 텔레비전 시청자들은 강력한 내용만 기억한다. 그 사실을 깨닫고 나서 나를 홍보하겠다는 미망을 미련 없이 포기했다.

어쨌든 좀 착한 남편으로 남고 싶었는데, 그런 기대도 곧 허사가 되었다. 두 번째 방송이 나가고 나서 얼마 후 PD로부터 프로그램이 폐지되었다는 연락이 왔던 것이다. 그동안 내 이미지가 어느 정도 회복은 되었지만 완전한 명예회복의 기회가 영영 사라져버린 것이다. 그렇게 나는 나쁜 놈이자 적당히 귀여운 녀석으로 시청자들의 뇌리에 남았다.

그해 3월에는 JTBC '화끈한 가족'이라는 프로그램에서 출연요청이 들어왔다. 이전의 여러 프로그램과 비슷한 콘셉트였다. 이미 방송에서 바보 취급을 받는 데 익숙해진 나는 아내와 함께 열심히 바보가 되었다. 아내에게 엄마처럼 기대는 철부지 남편이 되었고, 아내는 그런 나를 존경할만한 큰 사람으로 추켜세워 주었다. 그 무렵 읽은 이케다 다이사쿠의 《청춘대화》에는 이런 문장이 나온다.

'야단맞더라도, 남에게 바보 취급받는 일이 있더라도 생긋 웃으며 전부 나를 큰 인물로 만들어주고 있구나, 나에게 커다란 마음을 만들어 주고 있구나, 라고 생각하는 것입니다. 그러한 괴로움을 경험했을 때, 비로소 타인의 마음도 살 수 있는 것입니다.'

실로 당시 나의 상황에 꼭 들어맞는 글이었다. 방송이 나간 직후 아내에 대한 칭찬이 쇄도했다. 철부지 남편을 키우고 있는 아내의 착한 마음씨가 시청자들의 마음에 쏙 들었던 모양이다. 그렇게 아내가 칭찬을 받고 착하다는 소리까지 들으니 내가 더 기분이 좋았다.

그해 6월에는 김원희, 신현준 씨가 진행하는 SBS의 '백년손님 자기야'에 게스트로 출연해서 열심히 나쁜 남편이 되어 주었다. 내가 딸이 없어 딸 바보는 되지 못했지만 아내 바보만큼은 확실한 것 같다. 나를 사랑해 주는 아내가 늘 곁에 있다는 사실만으로도 나는 정말 행복한 남편이다.

풀하우스의 쇠망치

옛날에 가려움증이 심한 사람이 있었다. 어느 날 그가 등이 너무 가려워서 아들에게 가려운 곳을 찾아 긁게 했다. 아들은 세 군데를 긁었지만 가려운 곳은 찾지 못했다. 짜증이 난 그 사람은 아내를 불렀다. 아내는 다섯 군데를 긁었지만 역시 가려운 곳을 찾지 못했다. 성이 난 그는 "마누라와 자식은 나를 가장 잘 알고 위해주는 사람인데 어째서 가려운 데 하나 못 찾는단 말인가?" 하면서 제 손으로 가려운 곳을 벅벅 긁었다.

나도 그랬지만 젊었을 때는 이 짜증나는 남자처럼 나 자신밖에 보이지 않는다. 그 시기에는 고뇌하고 번민하면서 극복해야 할 문제란 것이 대부분 자신의 문제다. 그밖에 친구나 동료, 애인의 문제는 아무리 절실한 척해도 실은 부차적이다.

내가 만일 결혼하고 나서까지 그런 방식으로 살고자 했다면 진작 집안에서 쫓겨났을 것이다. 옛말에 '자기 집 춥고 더운 것은 그 집 사람만 안다.'고 했다. 남편으로서 자기만의 비밀, 자존심, 자신감, 자립심 등을 지키고 싶다면 그와 똑같이 아내의 권리도 존중해 주어야 하는 것이다.

행복한 가정을 유지하려면 남편은 아내를 인정하고 그녀의 관점에서 상황을 바라보아야 한다. 아울러 그녀의 이야기를 잘 들어주는 것이 중요하다. 아내도 마찬가지다. 아무리 자신의 말이 옳다고 생각되더라도 따발총처럼 쏘아대서는 곤란하다.

남편이란 존재는 아내의 따가운 잔소리 한 발만으로도 숨이 멎는다. 인간은 이성적 동물이 아니라 편견이 끓어 넘치는 자존심 센 동물이다. 하물며 함께 살을 맞대고 사는 부부끼리는 어떠하겠는가. 잘난 체 입바른 소리를 늘어놓았다가는 천추의 한을 남기게 된다.

2014년 6월과 10월, 두 차례에 걸쳐 KBS의 '부부의 품격 풀하우스'에 아내와 함께 출연했다. 이경규 씨와 이정민 아나운서가 진행하는 이 프로그램은 부부들끼리 진솔하게 서로의 마음을 풀어놓고 패널들의 평가와 전문가들의 조언으로 마무리하는 전형적인 커플 엔터테인먼트였다. 나는 이전에 여러 채널을 통해 가부장적이면서도 악동 남편으로 낙인 찍혀 있는 상태였으므로 캐릭터에 대한 부담은 없었다.

6월 13일 방영된 첫 번째 방송에서 사회자는 우리 부부의 주례를 서주신 최종원 선배에 대한 멘트를 부탁했다. 그때 나는 "선생님의 황제 같은 기운을 받아 결혼 생활을 잘할 것이다."라면서 "선생님의 주례사에 사랑은 주는 것이라 해서 끊임없이 주다 보니 이젠 부도가 날 지경"이라고 너스레를 떨었다.

그 말은 이 프로그램에서 최종원 선배가 매우 보수적인 가부장의 대표로 나섰기에 내놓은 맞춤형 멘트였다. 이어서 최영완은 남편과 나이 차가 9살이나 나지만 집에서는 네다섯 짜리 아이 같다며 눈을 흘겼다.

사회자는 이전에 나의 품위를 바닥으로 끌어내렸던 MBC '기막힌 남편 스쿨'의 물 타령과 전 타령 장면과 함께 촬영을 마치고 지친 모습으로 집에 돌아온 아내에게 어깨 마사지와 부항을 요구하는 장면을 자료화면으로 보여주었다. 그러자 출연자들은 너나 할 것 없이 내가 황제처럼 살고 있다며 어떻게 그럴 수 있냐며 손가락질했다. 이미 그런 공세에 이력이나 있었던 나는 "주례 선생님의 명언에 따라 황제처럼 살려다 보니 나타난 약간의 부작용"이라고 으스댔다. 그러자 대학로에서 〈대박포차〉라는 연극을 공연하고 있던 개그맨 이광섭이 현재 자신도 제2의 손남목을 꿈꾸고 있다고 하여 좌중을 웃음바다로 만들었다.

그날의 화두는 부부 일심동체라는 신화에 얽매여서는 안 된다는 것이었다. 남편과 아내는 평생손님이므로 서로 구속하는 관계가 아니라 존중하는 관계여야 한다. 손뼉도 마주쳐야 소리가 나는 것처럼 부부도 각자의 개성을 살려주어야 행복해진다는 것이다.

부부끼리 어느 정도까지 사생활을 공개해야 되는지도 논란이 되었다. 서로가 완전히 오픈된 삶을 살면 편할지는 모르지만 어떤 면에서 그것은 강박이고 부담이 될 수도 있다는 것이다. 누군가 말했다. 어린 시절 엄마가 제일 무서웠던 때는 야단칠 때가 아니라 가만히 지켜보고 있을 때였다고. 부부도 마찬가지다. 참견하고 다그칠 때보다 입을 다물고 먼 산 보듯 할 때가 가장 위험하다. 대화하는 부부는 정상적인 부부다. 대화의 방법도 남녀가 다르듯 부부도 다르다. 서로가 애정 어린 시선을 보낼 때 피천득 시인의 표현처럼 늘 오월에 살 수 있고, 그런 싱그러움을 유지할 수 있는 것이다.

그동안 나는 아내에게 사랑을 다 쏟아 부었다고 생각했지만 당사자는 그렇게 생각하지 않았다. 그녀에게는 내가 전혀 알지 못했던 채워지지 못한 부분이 있었던 것이다. 그런 상태에서 나는 가정을 위해서 당신을 위해서란 명목으로 집에 늦게 들어오고 밖에서 떠돌면서 남자로서의 삶을 이해해 달라고 강요했던 것이다. 남들에게 굽실거리는 것이, 밤늦게 일하고 돌아오는 것이 오로지 가족을 위해서라고 말하면서 은근히 희생하는 나를 과시하기까지 했다. 그 사이에 아내는 외로움에 눈물 흘리고 있었다. 그렇게 나는 두 마리 토끼를 다 놓치고 있었던 것이다.

그날 나는 출연자들의 다양한 경험과 사례를 들으면서 많은 것을 배웠다. 사랑이란, 행복이란 결코 혼자서 누릴 수 있는 것이 아니다. 자기를 낮추고 상대를 받들면서 끊임없이 에너지를 공급해야 한다. 풀하우스의 쇠망치는 그처럼 나를 부서뜨린 것이 아니라 튼튼하게 단련시켜 주었다.

사랑에 가슴 저릴 때

10월 8일에 방영된 KBS의 '부부의 품격 풀하우스' 두 번째 방송에서는 자기관리가 요점이었다. 아내는 자료화면으로 보여준 나의 옛날 사진을 가리키며 한때 날렵하고 샤프했던 내가 어느새 살이 찌고 행동이 둔해졌다며 한숨을 내쉬었다. 주위를 둘러보니 출연자 대부분이 결혼하고 나서 그 부분에 소홀한 상태였다. 궁지에 몰린 나는 당신과 결혼하고 나니 요리의 신세계가 펼쳐졌고 날마다 맛의 향연이 벌어지는데 어찌 살이 찌지 않을 수 있겠냐며 맞받아쳤다.

그날 방송의 요점은 부부싸움을 하면서 벌어지는 남녀의 관점 차이에 대한 것이었다. 아내는 직설적으로 불만을 토로하는 자신에게 늘 논리적으로 대응하는 남편에 대하여 솔직하게 불만을 털어놓았다. 그리하여 스튜디오에서 잠시 아내 최영완과 남편 손남목 주연의 '사랑과 전쟁' 한 페이지가 펼쳐졌다.

"내가 학생이야? 난 당신의 와이프야. 왜 자꾸만 가르치려 들어요. 이러려면 이혼해요!"

"당신은 너무 감정적이야. 진정하고 차분히 이야기합시다."

아내 최영완은 내게 서운한 점이 있으면 앞뒤 잴 것 없이 바로 말해 버린다. 한데 나는 그녀와 의견충돌이 일어나면 굳이 상황을 논리적으로 설명하려 한다. 그러다 내 생각이 받아들여지지 않으면 제풀에 지쳐 방에 들어가 버린다. 그러다가 방 안에서 아내에게 문자를 보내 재차 선생님처럼 힐난하는 것이다.

'당신, 지금 뭐하는 행동이지? 감정적인 태도는 나도 용납할 수 없어.'

그 뒤에 다시 얼굴을 마주한 우리가 주고받은 대화는 대개 이랬다.

"아, 짜증나."

"이 말투는 뭐지? 그런 식으로 말하지 말랬잖아."

"당신은 내 말을 들으려고도 하지 않잖아요."

상황이 이런 방식으로 전개되면 애초의 대화 주제는 날아가 버리고 서로가 다른 생각으로 흥분해 버린다. 아내는 나의 반응에 분통이 터져 눈물을 흘린다. 그런데 승리감에 도취한 나는 그녀의 어깨를 두드리며 태연하게 밥 타령을 한다.

"그만 울어. 우리 맛있는 거 먹으러 나가자."

"나 싸워서 기분이 좋지 않아."

"우리가 언제 싸웠다고 그래?"

아내와 내가 재현한 부부싸움 장면을 두고 패널들의 견해가 많이 엇갈렸다. 남편의 입장을 지지하는 측은 부부싸움을 할 때 아내들이 당장 섭섭한 마음을 표현하는 것은 이해하지만 대개 본질에서 벗어나 지난 일을 들춘다거나 반복적으로 실수를 강조함으로써 상황을 악화시킨다는 것이었다. 반대로 아내의 입장을 지지하는 측에서는 남편의 지나친 이성적 대응이 문제라고 지적했다. 남편이 그런 방식으로 대응하려 하면 당장의 문제는 해결될 수 있지만 앙금이 남는다는 것이다. 아내에게는 학년이 없다. 그녀는 늘 신입생이니 돌봐주어야 한다. 그녀가 성장하기를 바란다면 우선 칭찬과 격려, 배려라는 성장에너지를 투여해야지 운동해라, 공부해라, 생각해라, 그렇게 다그쳐서는 안 된다.

부부싸움에는 공소시효가 없다. 일사부재리의 원칙도 없다. 가정은 법정이 아니다. 아내의 의도는 과거에 있었던 불만도 해결이 되지 않았으므로 그렇게 쌓인 것을 해소하자는 것이지 그것으로 남편을 겁박하려는 뜻이 아니라는 것이다. 아내도 사람이다. 흥분해서 잘못 말한 것이 있더라도 마음이 가라앉으면 자연히 깨닫는다. 그런데 남편이 그걸 지적해서 부부싸움에 유리한 고지를 점령하려는 것은 잘못이라는 것이었다.

한 패널은 나의 이성적인 대응이 불난 집에 부채질하는 격이라고 지적했다. 남편의 아내에 대한 태도가 마치 항의하는 고객을 응대하는 차분한 상담원 같다는 것이었다. 고객은 불만에 휩싸여 있는데 상담원이 웃으며 응대하면 괜히 화가 치미는 것과 같다. 그럴 때는 무엇보다도 아내의 감정을 달래주는 게 우선이라는 의견이었다.

또 다른 패널은 '기쁠 때 기뻐하지 않고 슬플 때 슬퍼하지 않으면 내 몸속의 다른 장기가 대신 울고 웃는다.'라는 영국 속담을 예로 들면서, 남편이 아내의 감정 표현을 이성적으로 막는 것은 그녀를 병들게 하는 것이고 감정을 억제하면 자율신경의 균형이 망가져 신체장애, 면역력 저하 등의 증상이 나타난다며 지극히 의학적인 진단을 내려 좌중을 웃겼다.

상황이 대충 정리되자 아내는 비로소 나에 대한 소회를 밝혔다. 결혼 초기에는 연극 연습이니 회식이니 하면서 늦게 들어오는데 전화 통화도 잘되지 않았다. 남편이 전화를 받지 않고 문자를 즐겨하기 때문에 자신 역시 문자로 소통하는 것이 버릇이 되었다는 것이다.

그녀는 배우로서 바쁜 남편의 생활을 이해하고 있었으므로 충분히 그런 생활을 이해했다. 그런데 7년 쯤 지나니 집에 일찍 들어오기 시작했고, 내가 바빠 죽겠는데 안 놀아준다고 타박을 한다. 친구들의 모임에도 자진해서 쫓아온다. 갑자기 부담감이 생겼다. 살이 쪄서 여배우들로부터 외면당하나 하는 생각까지 들었다고 고백했다.

그런 이야기를 들으면서 나의 단점까지도 사랑해주는 아내가 참 예뻐 보였다. 하지만 나는 또 다시 이성적으로 그녀를 추궁했다. 내가 과거에 잘못 행동했다면 그것을 고치려는 게 잘못은 아니지 않으냐. 범죄자가 새 출발하겠다는 데 격려해 줘야지 다그치면 안 되지 않느냐. 참회하면 받아주라. 나쁜 남자가 갑자기 좋은 남자가 되려니 적응하기 어렵겠지만 있는 그대로 지켜봐 달라고 말했다. 그러면서 귀여운 협박도 곁들였다.

"여보, 나 다시 옛날처럼 살까?"

나는 그때까지 세상의 모든 것을 다 알고 있다고 자부하고 있었다. 하지만 여자의 감성, 아내의 입장을 진정으로 이해하지 못했던 졸장부였다. 내가 그렇게 깊이 반성하는 모습을 보이자 아내는 방송 말미에 나를 적극적으로 변호해 주었다. 시청자들에게 남편이 또 다시 악당으로 비쳐질까봐 눈물지으며 걱정하는 것이었다. 아, 나는 정말 복 받은 남자였다.

나의 공중파 방랑기는 여기까지다. 문화 예술인의 한 사람으로 대중 속에 뛰어 들어갔던 일은 여러 모로 의미가 있었다. 단점이라면 얼굴이 알려져 행동거지에 제한이 생기고 한 가지 이미지로 각인된다는 것이지만, 장점으로는 어디선가 본 것만 같은 친근감을 준다. 더불어 저 사람이 만든 작품이라면 재미있겠다는 신뢰까지도 확보할 수 있다.

그렇지만 공중파에 매진하다보니 나의 정체성까지 모호해졌다. 언젠가 '문화가 산책'에 출연하여 40~50세대가 누릴 수 있는 문화 상품을 개발해야 한다는 취지로 패널들과 대화를 나누는데 여태까지 가부장적이고 코믹한 모습으로 등장하던 사람이 갑자기 고상한 연극을 논하는 것이 어색해 보인다는 시청자의 댓글이 올라왔다.

나 역시 뭔가 낯선 느낌이었다. '아하, 그동안 내가 균형감각을 잃고 있었구나.' 하는 자책감이 밀려왔다. 그때부터 나는 본업인 연극에 집중하면서 방송 출연 스케줄은 최소한으로 했다. 나름대로 신선하고 나의 색다른 의욕을 자극하는 방송프로그램을 외면하고 싶지는 않았던 것이다.

이런 현실론은 지금도 마찬가지다. 방송이란 내가 자신을 잃지 않고 뚜렷한 정체성을 지켜나가기만 하면 언제나 참여할 수 있는 즐거운 게임 같은 것이다. 그것은 이미 내게 대중들과 가까이할 수 있는 기회를 주었고 그들과 소통하게 해주었다. 그 또한 내게 다가온 여러 가지 행복 중에 하나라고 믿고 있다.

연출가와 배우 사이

연출가(director)는 사전적으로는 '연극, 영화, TV 드라마 등에서 전반적인 사항을 총괄하는 사람'이다. 연출가는 대본 선정과 해석, 배우 선발, 연기 지도 등 극에서 연기에 관련된 전반적인 사항에 대해 관장한다. 이와 똑같은 일을 하는 사람을 영화에서는 '감독'으로, 연극에서는 '연출가', 방송에서는 'PD'라고 한다. 그러니까 연극에서 연출가는 작품이나 배우의 선정과 연기까지 작품이 완성되는 전 과정을 총지휘하는 사령탑이다.

한마디로 연출가는 무대의 하느님 같은 존재이다. 그래서 예나 지금이나 매우 특이한 인간형들이 많다. 나 역시 연출가로서 함께하는 배우들을 동족으로 보지만 어떤 배우들에게는 내가 외계인처럼 느껴질지도 모른다.

연출가는 하나의 작품을 책임지면서 무대 안의 연기는 물론 무대 밖의 홍행까지 신경 써야 하는 존재이기 때문에 개별적인 스트레스는 상상을 초월한다. 그런 상황 속에서 만들어낸 작품이 실패라도 하고 나면 새로운 기회가 언제 주어질지 알 수 없다. 그런 면에서는 충무로의 영화감독들도 비슷한 처지일 것이다.

그런 척박한 환경 속에서 연출가들은 자신도 모르게 사이코나 독재자가 된다. 배우들의 연기가 마음에 들지 않으면 자신도 모르게 욕설을 퍼붓거나 곁에 있는 집기를 집어던지기도 하고 치오르는 성질을 못 이겨 극장 밖으로 뛰쳐나가기도 한다. 그런 폭거에 상처받고 실망한 나머지 연극계를 떠난 배우들도 있다. 우리 주변에는 그처럼 가까이 있으면서 상대방의 기운을 빼앗고 쓸모없는 비생산적인 사고에 정신을 빼앗기게 하는 마이너스의 인간들이 간혹 있다.

반대로 기운을 북돋워주고 내면에 숨겨진 참모습을 일깨워줌으로써 무엇인가를 성취할 수 있는 힘을 주는 사람도 많다. 그들은 사람들로 하여금 자신이 속한 조직을 위해 최선의 노력을 다하도록 돕는다. 아울러 사람들이 하고 싶어 하는 일을 찾아 자신이 가진 최고의 능력을 발휘하여 그것을 행하도록 동기를 부여해 준다.

사람에게 일을 시키는 방법은 그가 원하는 일을 주는 것이다. 사람에게 일을 잘하게 하는 방법 역시 당사자가 스스로 하게 하는 것뿐이다. 물론 상대의 가슴에 권총을 대고 협박하면 상대는 시계를 건네지 않을 수 없다. 파면시킨다고 협박하면 종업원들은 협력할 것이다. 하지만 그것은 얼굴을 마주했을 때뿐이다. 이런 거친 방법은 반드시 거친 결과를 초래한다.

언어폭력은 상대방에게 흉기 이상의 고통을 줄 뿐만 아니라 자기 자신까지 해치는 치명적인 독이다. 작품으로는 인도주의를 논하고 자유와 평등을 노래하면서 한 손에 대본, 한 손에 칼을 들고 설친다면 그처럼 이율배반적인 장면도 없을 것이다.

부모가 진정으로 자식을 사랑한다면 사랑의 매란 있을 수 없다. 마찬가지로 연출가가 진정으로 연극을 사랑하고 배우를 사랑한다면 자신이 쥐고 있는 기득권을 내려놓고 진심으로 승부해야 한다. 내게 권위가 있다고 우기고 챙기고 내세우는 순간 그의 권위는 땅바닥에 떨어지고 만다.

선후배의 관계도 마찬가지다. 선배가 후배에게 '너, 왜 내게 인사 안 하니?'라고 말하는 순간 그는 평생 선배 대접을 받지 못하게 된다. 그런 상황에 놓이면 후배는 고개를 숙이고 인사를 하겠지만 돌아서면서 욕설을 내뱉을 것이다. 당사자가 그 사실을 알게 되면 얼마나 참담하겠는가.

사랑받는 선배가 되려면 내가 먼저 아는 체하고 내가 먼저 사랑을 베풀어야 한다. 가는 정이 고와야 오는 정이 곱다. 길을 가는데 후배가 뒤에서 당신의 이름을 부르며 달려와 인사하는 선배가 되어야 한다. 그것이 성공이고 행복이다. 그것은 내가 연출가로서 평생 배우들과 함께 만들고 싶은 세계이기도 하다.

배우는 달덩이고 별덩이다. 연출가는 그들의 특성에 따라 할 수 있는 일을 시켜야 한다. 억지춘향으로 안 되는 일을 뽑아내려 해서는 안 된다. 달고나처럼 별 모양, 달 모양의 틀 속에 그들을 부은 다음 굳히는 것이 아니라 그 본연의 모양대로 둥글이나 하트를 표현하도록 하는 것이다.

나는 극단 두레의 작품이 지방기획사에서 초청받으면 무작위로 배우

를 선정한다. 물론 초청하는 측에서는 극단에서 제일 잘하는 배우를 보내
달라고 부탁하지만 내겐 그런 기준이 없다. 오히려 그들에게 묻고 싶다.

"어떻게 해야 제일 잘하는 배우라는 거죠?"

내가 우리 배우들과 고락을 나누는 것은 그들이 뭔가를 정말 잘한다고
믿기 때문이다. 〈보잉보잉〉을 연기하는 세 개의 팀 가운데 제일 잘하는
팀은 없다. 나는 그들의 우열을 가릴만한 능력이 없다. 그들이 다른 팀보
다 잘 웃기는지, 정말 충실한지를 어떻게 알겠는가.

웃기는 능력은 그들보다 개그맨이 더 잘할 것이다. 좀 덜 웃기더라도
자신의 역할에 충실하면 된다. 한 장면에 웃음 코드가 부족하다면 다른
장면에서 뭉클 코드가 발휘되었으리라 믿는다.

그 사람의 장점을 생각하면 단점이란 그야말로 사소한 것이다. 신은
인간에게 모든 것을 주지 않았다. 포기할 것은 포기해야 한다. 신은 내게
탁월한(?) 연기와 연출의 능력을 주셨지만 중학교 이후 성장판을 거둬
가셨다. 그런 점에 연연하여 인생을 망칠 필요는 없는 것이다.

무대는 사각의 링

연극을 하다 보면 예기치 못한 사건이 종종 벌어진다. 그럴 때마다 허겁지겁 위기를 넘기고, 시간이 흘러가면 즐거운 에피소드로 남지만 당장에는 낯이 벌겋게 오를 정도로 당황하기도 하고, 더 큰일이 벌어지지나 않을까 가슴을 두근거리며 제발 시간이 빨리 지나가버렸으면 하는 경우도 있다.

지방에서 단기공연을 할 때의 일이다. 한 차례 공연이었으므로 세트를 해체하기 쉽도록 간단히 설치했다. 한데 그날따라 폭발적인 관객들의 반응에 신이 난 배우가 과감한 액션을 하면서 문제가 생겼다. 연극을 지켜보고 있노라니 갑자기 시선이 비뚤어진 느낌이 들었다.

"어, 내 눈이 이상해졌나?"

자세히 살펴보니 세트가 약간 기울어져 있었다. 깜짝 놀란 나는 암전이 있을 때 재빨리 무대 뒤로 달려가 스텝들에게 세트를 꼭 붙잡고 있으라고 알렸다. 배우들에게도 절대로 세트를 두드리지 말라고 신신당부했다. 그래도 마음이 놓이지 않아 연극이 끝날 때까지 가슴을 졸였다. 빨리 공연을 마치고 돌아가겠다는 얄팍한 생각이 불러온 위험상황이었다.

뭐든지 쉽게 가려 하면 사고가 생기는 것 같다. 한번은 선배 여배우가 흔들의자에 앉아 열연하고 있는데 오래된 의자 다리가 부러지면서 그녀가 뒤로 벌렁 나동그라지는 웃지 못 할 사고가 벌어지기도 했다. 치마가 머리 위로 훌렁 넘어가버리고 팬티까지 드러났는데 세트 사이에 끼어버린 그녀는 옴짝달싹 못하게 되었다.

관객들은 그 사고가 극중의 코믹한 장면이라고 여겼던지 폭소를 터뜨렸지만 돌발 사태를 당한 나로서는 죽고만 싶었다. 아니 흔들의자 자체를 죽여 버리고 싶었다. 다행히 노련한 배우들 덕분에 얼렁뚱땅 넘어갔지만, 나는 소품에 극도로 민감해지는 후유증을 겪었다. 그때 나는 선배 여배우에게 제발 흔들의자를 믿지 말고 살살 흔들어달라고 부탁하기도 했다.

〈마술 가게〉에서 벌어졌던 명품 훼손 사건도 기억에 삼삼하다. 경비원으로 분장한 배우가 의상실의 옷을 훔치다가 돌발적으로 객석 맨 앞줄에 앉아있던 여성 관객의 명품 가방도 탐이 난다고 달려들었다.

"어, 이거 샤넬이네. 돈이 제법 되겠는걸."

그러면서 배우가 가방을 냉큼 가로채려 하자 그녀 곁에 있던 남편이 깜짝 놀란 표정으로 샤넬 가방을 끌어안고 못 주겠다고 버텼다. 장난기가 동한 배우는 진짜 도둑놈처럼 가방을 잡아당기자 남편은 빼앗기지 않으려고 더욱 힘을 주어 끌어당겼다.

그렇게 두 사람이 옥신각신하던 도중에 기어코 사고가 일어났다. '우두둑' 하는 소리와 함께 가방 손잡이가 뜯어져 버렸던 것이다. 당황한 배우는 "에이, 불량 제품이네. 안 가져간다. 안 가져가."하고 손을 휘저으며 물러서고 말았다.

며칠 후 극단에 법률사무소에서 보낸 소송예고장이 들이닥쳤다. 변호사였던 그 남편이 가방 수리비와 함께 정신적인 배상금을 요구하겠다는 것이었다. 처음 겪는 일인지라 우리는 어찌할 바를 몰랐다. 그런데 이튿날 가방 주인이었던 여성 관객으로부터 전화가 걸려왔다.

자신은 예전부터 우리 극단의 오랜 팬인데 난생 처음 연극을 접한 남편이 코믹극을 이해하지 못해서 그런 거니 이해해 달라면서 가방 수리비는 몇 만 원에 불과하니 신경 쓰지 말라는 것이었다. 감동한 나는 진정으로 그분께 사과드리면서 감사의 마음을 전했다. 사건이 일단락되자 나는 그 배우에게 타박 아닌 타박을 늘어놓았다.

"어휴, 마술 가게에서는 제발 옷만 훔치세요. 가방까지 탐내시면 어떡합니까?"

위에 폭로한 에피소드는 극을 좀 더 실감나게 하기 위한 즉석 연기였는데 안타깝게도 관객의 오해(?) 때문에 실패한 경우다. 이런 사고는 소극장에서 어쩌다 한 번 일어나지만 마당놀이에서는 시시때때로 벌어진다고 한다.

그처럼 연극 무대는 현장에서 모든 것을 다 표현하는 장소인지라 언제 무슨 일이 일어날지 예측할 수가 없다. 그 때문에 나는 배우에게 있어 무대는 언제 강편치를 맞고 쓰러질지 알 수 없는 사각의 링이라고 생각한다. 그 안에서 믿을 수 있는 사람은 자신뿐이다. 자칫 평정심을 유지하지 못하고 공포심에 휩쓸리기라도 하면 게임은 끝난다. 그러기에 어느 분야나 마찬가지겠지만 늘 기초체력을 강조하는 것이다.

연극의 주인은 관객이다

　하나의 작품을 준비할 때마다 나는 극단의 대표, 연출가, 배우로서의
세 가지 시각을 늘 염두에 둔다. 물론 각각의 입장마다 다르겠지만 모두
가 공통적으로 고려해야 할 부분은 역시 관객이다. 관객들이 편안하게 느
끼는 극장, 관객과 함께 즐기고 느낄 수 있는 작품, 관객들을 감동시키거
나 최소한 뭔가를 가슴에 품고 돌아갈 수 있는 상황을 만들어 내야 한다.

　내 작품에는 항상 '웃음'이라는 코드가 들어있다. 웃음이야말로 낯선
상대끼리 벽을 허물 수 있는 도구이기 때문이다. 그 외에도 부담스럽지
않게 관객을 극에 동참시킴으로써 그들도 연극의 구성원임을 자각하게
한다. 그러면서 마지막에 진실을 담는 것이다.

　연극이 아무리 재미있다 해도 진실이 빠져 있으면 뭔가 뒤돌아설 때
왠지 속은 듯한 느낌이 들게 마련이다. 그러기에 무대와 객석에서 서로

신나게 웃고 장난을 치더라도 그 안에는 철저하게 계산된 진실이 담겨져 있다.

우리 극단의 베스트셀러인 〈보잉보잉〉은 내가 처음부터 각색하고 연출을 맡은 작품이다. 오랜 세월 공연하다보니 사회적인 이슈에 따라 대사도 많이 바꾸었다. 여객기 승무원에 얽힌 에피소드도 집어넣고 화산 폭발 이야기도 집어넣는 등 현실감 있는 요소를 추가하는 것이다. 그렇듯 연극에서 보여주는 여러 가지 상황이 현재의 트렌드와 어울리기 때문에 관객들은 이 작품이 최근에 만들어진 것처럼 느끼게 된다.

배우들은 신이 나면 관객들을 상대로 즉석 애드리브를 펼칠 때가 있다. 자신의 눈이 정우성을 닮았다는 객석의 반응을 유도한 다음 수시로 정우성 흉내를 내면서 객석을 웃음바다로 몰아가기도 한다. 그러나 대부분은 의도적인 연출의 결과이다.

연극이 시작되면 연출가의 포지션은 객석이다. 영화나 드라마 같은 컷이 없으므로 배우들은 연출가의 통제에서 벗어나 있는 것처럼 보이지만 실제로는 반대다. 연극은 철저하게 연출가와 배우들의 약속에 따라 움직인다. 어느 정도 자율성을 보장하지만 한도가 있다. 그와 같은 룰에서 벗어나게 되면 극의 통일성이 사라지고 신뢰성을 잃게 된다.

관객들은 연극을 보고 나서 무슨 말을 하는가. "그 배우 정말 예쁘더라.", "진짜진짜 재미있어.", "아아, 정말 실컷 웃었네." 등일 것이다. 그 가운데 '재미있게'를 가장 강조하는 사람이 연출가이다. 그 웃기는 상황을 만들기 위해 기발한 방법으로 관객을 속이고 현혹시킨다. 연출가는 웃음을 빚어내는 마술사이기도 한 것이다.

연극은 현장 예술이다. 그러기에 연출가는 극중에 메시지의 효과를 높이기 위해 음악과 조명을 넣고 온갖 장치도 꾸민다. 메시지가 전혀 드러나지 않고 배우의 이미지만 남는다면 그 연극은 뭔가 핀트가 어긋난 것이다. 그것은 연극이 아니라 TV드라마나 코미디일 것이다.

연극에서는 배우가 아무리 일관성을 지키려 해도 실수가 나오게 마련이다. 관객 때문에 생기는 실수도 종종 있다. 〈보잉보잉〉 같은 코믹극의 경우 연극을 처음 보는 관객들이 많기 때문에 난감한 상황이 자주 발생한다.

한번은 공연 도중 배우가 "화장실에 다녀올게." 하면서 퇴장한 적이 있다. 〈보잉보잉〉에서는 배우가 화장실에 가는 장면이 몇 차례 있다. 그런데 관객 한 분이 진짜로 세트 안쪽에 화장실이 있는 줄 알고 무대로 올라가더니 배우가 사라진 쪽 문을 벌컥 열고 안으로 들어가 버렸다. 무대에서 공연하던 배우들이나 밖에서 지켜보던 연출가는 기겁을 했다. 관객들도 영문을 몰라 어리둥절한 상황이다. 그래도 공연은 계속되어야 하므로 배우들은 천연덕스럽게 애드리브를 펼친다.

"야, 뭐가 지나간 것 같아. 혼령인가? 넌 봤어?"

"못 봤는데. 너 요즘 밤에 무리하더니 헛것도 보이니?"

그런 식으로 위기를 모면하려 하는데, 세트 뒤에서 화장실을 찾지 못한 그분께서 다시 나오더니 무대를 가로질러 반대쪽 문으로 들어갔다. 급기야 멘붕 상태에 빠진 배우들이 횡설수설하기 시작했다.

"아, 미칠 것 같아. 도대체 저 혼령은 무얼 찾아 헤매는 거야?"

"나도 보약을 좀 먹어야 할 것 같아. 뭐가 눈앞에서 자꾸 어른거리네."

146

그때쯤이면 객석에서도 상황을 알아차리지 않을 수 없다. 도대체 상황이 어떻게 돌아가는 거야? 숨죽이며 무대를 바라보고 있던 관객들이 폭소를 터뜨렸다. 더 이상은 곤란하다. 결국 대기하고 있던 배우가 그분을 분장실로 데려간 다음 밖에 있는 화장실로 안내해 드렸다. 일을 순조롭게 마친 그분께서 객석으로 돌아오실 수 있는 통로는 어쩔 수 없이 무대 위다.

이윽고 그분께서는 객석으로 복귀하면서 만장하신 동료 관객들의 박수갈채를 받았다. 연극이 코믹극이었으니 웃음으로 얼버무릴 수 있었지만 긴장감 있는 고전극이었다면 일순 연극 자체를 망쳐버릴 수 있는 엄청난 사건이었다.

연극이 끝난 뒤 무대 앞에 선 나는 이번 사건이 연출가로서도 처음 겪는 일이라면서 그분께 다시 박수갈채를 보내 드렸다. 어쩌면 이런 극적인 상황이 연극의 매력이고 공장제품이 아니라는 증거이기도 하다.

코믹극은 이렇듯 배우와 관객들이 맞아떨어져야 한다. 그렇지만 관객을 공연에 끌어들이는 경우 리스크를 각오해야 한다. 자칫 연극을 처음 접하는 보수적인 관객이 걸려들면 난감한 상황에 봉착하는 경우도 있다. 그분이 "나 안한다니까요. 싫어요."라고 고함이라도 지르면 코믹극이 아니라 삭풍이 몰아치는 겨울참극이 되어버리기도 한다.

그처럼 연극의 성패는 관객이 휘두르는 일검에 좌우되기도 한다. 그럼에도 불구하고 내가 연출한 작품에는 배우와 관객의 무대를 넘나들며 소통하는 장면이 많다. 내가 그런 상황을 즐기기 때문이다.

손남목의 연극은 사랑과 웃음을 빼고는 말할 수 없다. 그 과정을 통해 관객들이 많이 웃을 수 있고, 마지막에 그들로 하여금 눈물 한 방울 툭 흘리게 할 수 있는 작품, 그것을 일컬어 손남목류라고 하면 좋겠다.

한 편의 연극을 마치고 나면 늘 배우는 게 있다. 연극은 인생의 축소판이라는 것, 대본이 나오면 끌리는 배역이 있지만 원한다고 해서 그 역할이 주어지지 않는다. 그것은 온전히 연출가의 몫이다. 나이나 목소리, 성격 등 종합적인 면에서 검토하기 때문이다. 자신의 마음에 맞지 않더라도 연출가의 경험과 판단을 존중하고 긍정적으로 받아들이는 사람, 그들이 바로 명배우가 된다.

배우는 날마다 새로워진다

배우들은 무대 위에 섰을 때, 관객과 함께 혼연일체가 되는 느낌, 이마에 내리 꽂히는 눈부신 조명의 짜릿함에 중독된 관심병 환자들이다. 연극이 끝나고 무대가 철거될 때 느끼는 씁쓸한 기분도 그런 증상 중 하나이다. 하지만 그들은 텅 빈 객석에서 밀려오는 허전함까지도 사랑하는 사람들이다.

배우들은 무대에 오르기 전에 자신을 돌이켜볼 기회가 많다. 인물이나 성격이 전혀 다른 사람들의 연기를 접할 수 있기 때문이다. 신인들의 어설프지만 뜨거운 열정에 깜짝 놀라기도 하고, 대가들의 노련한 연기를 보면서 자신의 키를 가늠해 보기도 한다.

세련된 연출가들은 배우들의 수준을 첫눈에 알아볼 수 있지만 냉정하게 지적하지 않는다. 배우들끼리 어울리면서 자연스럽게 자신의 장점과 단점을 깨우치기를 바라기 때문이다. 그런 반성과 노력이 수반되지 않으면 연기자로서 성장할 수 없다.

배우들은 연극을 하면서 자신보다 뛰어난 재능을 가진 동료들을 보고 절망할 때가 있다. '신은 왜 살리에리를 낳으시고 또 다시 모차르트를 내셨는가.' 식의 원망감이 솟구칠 때가 있는 것이다. 하지만 '나도 해낼 수 있다.'는 생각으로 열심히 노력하다보면 남다른 성취를 이루어낼 수 있다. 대기만성이란 바로 그런 것이다.

물론 아무리 노력해도 안 되는 경우가 있다. 연기의 초점을 잘못 잡은 탓이다. 일찍이 모스크바예술극장에서 배우로 활동하다가 러시아 최초의 여성 연출가로 대성했던 크네벨 여사는 죽기 전에 '배우에게 꼭 필요한 것이 무엇인가?'라는 기자의 질문에 이렇게 대답했다.

"노력, 노력입니다."

내 생각도 마찬가지다. 노력 속에서 자신이 미처 알지 못했던 또 하나의 자신을 발견할 수 있기 때문이다. 절차탁마(切磋琢磨)라는 말처럼 원석을 끊임없이 갈고 닦으면 반짝이는 보석이 드러난다. 현재의 사신이 아무리 불안하고 답답해 보일지라도 그 안에 보석이 있음을 믿으라는 뜻이다. 배우들은 종종 연출가로부터 뜻하지 않은 배역을 제안 받을 때가 있다. 그것은 연출가의 생각에 충분히 가능하기 때문이다. 하지만 어떤 배우들은 자신이 제일 자신 있는 배역을 고집하기도 한다.

야구의 예를 들면, 대학 시절 투수 유망주였던 선수가 타자로 전향하여 큰 성공을 거두는 경우가 종종 있다. 노련한 감독의 눈에는 그의 성공 가능성이 투수보다 타자 쪽에 있다고 판단했기 때문이다. 내가 유격수인

데 감독이 게임 도중 마운드에 서보라고 한다면 어찌할 것인가. 투수를 해본 적이 없다며 거부한다면 인생에서 하나의 기회를 놓치는 꼴이 되고 만다.

배우도 마찬가지다. 나 자신이 생각하는 나와 연출가가 바라보는 나는 같을 수도 있고 다를 수도 있다. 하지만 중요한 것은 나의 가능성이란 부분에서 오랜 경험을 가진 연출가의 시각을 존중해보라는 것이다. 그렇게 마음을 활짝 열고 어떤 분야에든 도전할 때 예상치 못했던 승리감을 맛볼 수 있다.

나는 배우들의 능력이 직렬이 아니라 병렬이라고 늘 생각한다. 저 사람은 이 배역에서만큼은 천하제일이라고 단언하지만 다른 배우에게도 그런 배역을 맡길 수 있다. 부족한 부분은 보충하라고 있는 것이지, 채워진 부분만을 향유한다면 노력이란 쓸모없는 것이 되기 때문이다. 그러므로 배우라면 자신이 갖추지 못한 부분 때문에 목표를 하향조정할 필요가 없다.

배우는 날마다 새로워진다는 생각으로 연습하고 또 연습해야 한다. 무용가들의 연습실 벽면에 큰 거울이 있는 것처럼 배우들도 자신의 몸짓과 대사를 커다란 거울에 비추어 보아야 한다. 한 인물의 모습을 주관적으로 해석하면서 객관적으로 정말 나는 그를 제대로 표현하고 있는지 관찰해보는 것이다. 나는 늘 자신이 무대의 주체이자 객체이고자 하는 배우들을 만나면 나도 모르게 신명이 난다.

배우들은 공연 내내 하나의 배역에 몰입하다 보면 대사가 몸에 배어 일상생활에서 비슷한 대사를 토해낼 때가 있다. 그러다 문득 '바로 이거

였어. 그때 이렇게 표현했으면 됐는데……' 하면서 안타까워하기도 한다. 하지만 흘러가는 인생처럼 연극 무대도 배우를 기다려주지 않는다.

당사자로서는 연습 기간 동안, 또 공연할 때도 자신의 연기가 뭔가 미진하다는 생각이 들다가 뒤늦게 그런 깨달음이 엄습하는 것이다. 하지만 막은 내렸고, 다시 무대로 돌아갈 수 없다. 관객들은 이미 돌아가 버렸다. 그렇다면 끝난 것인가? 아니다. 그는 다음 배역에서 좀 더 진일보한 연기를 펼치게 된다. 그가 연극 안에서 살아가고 있기 때문이다.

연기는 매우 정직하다. 연습한 만큼 무대에서 발현되고 전력투구한 시간에 상응하는 결과를 낳는다. 김치가 맛있게 익으려면 적당한 온도와 시간이 필요하듯이 한 인물이 배우 안에 들어가 자리 잡고 혼연일체가 되는 데는 그만큼의 환경과 시간이 필요하다.

자연인인 배우가 배역 속의 인물이 되는데 가장 방해되는 것은 바로 자의식이다. 그것을 비워내고 배역의 인물로 완벽하게 빙의되는 순간 연기는 물 흐르듯 자연스럽게 나온다. 그와 동시에 자신의 연기를 객관적으로 관찰해야 한다. 자의식을 버리고 상황에 몰입하면서 관찰자가 되어야 하는 묘한 역설과 긴장감이 배우의 임무이자 책임이고 그 자체이다.

무대에서 목표의식을 갖고 열심히 하는 배우는 아우라가 남다르다. 그들의 형형하게 살아있는 눈빛을 보면서 섬뜩할 때도 있다. 그는 누군가를 연기하는 것이 아니라 아예 그 사람이 되어버렸기 때문이다. 그런 모습을 발견하면 나는 '아, 저 배우와 꼭 한번 함께 해보고 싶다.'라는 욕심이 생긴다.

배우들은 주연이든 조연이든 간에 무대 위에서는 모두가 동료다. 그들은 한 사람을 빛내기 위해 무대에 서는 것이 아니라 한 작품을 완성하기 위해 호흡을 맞춘다. 그러기에 한 신 한 신마다 최선을 다하는 것이다. 그러고 나면 오늘도 관객들을 위해 뭔가를 이루었다는 포만감에 사로잡힌다. 그래서 배우들의 행복은 매일매일 불사조처럼 새로 태어나는 무대 위에 있다고 자신 있게 말할 수 있다.

하나의 작품 속에 담겨 있는 개인의 고통과 쾌락과 감동을 겪으면서 그는 변화한다. 웃음 속에서 눈물을 발견하고, 눈물 속에서 카타르시스를 겪으면서 새로워지는 나를 느낀다. 어쩌면 그것이야말로 모든 사람들이 원하는 행복의 실체인지도 모르겠다.

배우는 배역에 따라 여러 가지 인생을 산다. 배우는 가짜 얼굴을 만든다. 배우는 가면이다. 그러므로 배우의 얼굴은 사실 또는 현실이 아니다. 분명히 가짜인 그가 진실을 표현한다는 것은 일종의 아이러니다. 옛날에는 배우를 광대, 딴따라 등으로 칭했다. 그처럼 천시하던 배우들의 몸짓이 관객과 만나면서 생명력을 얻게 되고 현실을 대변해 주었다.

현실은 배우를 통해 상징으로 표현된다. 좋은 연극이냐, 아니냐 하는 차이는 그 상징을 현실에서 가져왔느냐, 아니냐 하는 차이인 것이다. 연극은 현실을 무대로 가져오는 도구를 통해 현실을 상징화하여, 현실보다 더한 사실을 느끼게 한다. 그러한 구실을 하는 것이 배우다.

배우는 가짜 인물을 연기함으로써 진실한 삶의 모습을 보여준다. 어떤 연구결과에 따르면 배우가 전체 연극에 35% 정도의 영향을 미친다고 한다. 그러나 내 생각에는 90% 이상의 영향력을 가지고 있다. 이것은 물론 대본과 연출을 제외한 수치다.

세상에는 누군가에게 자발적으로 복종하여 기쁨이나 행복을 느끼는 사람이 있다. 하지만 배우들은 절대로 강요당하는 성격이 아니다. 나를 발전시키기 위해 연출가의 조언을 들을지언정 자신을 모욕하는 사람에게 허리를 굽히지 않는다. 그것이 예술가로서 배우의 자존심이다.

사람들이 보기에 배우들은 연극에 미쳐서 가난조차 감내하는 사람들로 보인다. 그들은 과연 연극이 그런 일상의 고통을 충분히 감내하고도 남음이 있다고 생각하는 걸까. 내 생각에는 그렇지 않다. 그들 역시 다른 사람들처럼 자신이 제일 잘하는 인생의 배역을 감당하고 있을 뿐이다. 특별한 부분이라면 보통 사람들보다 훨씬 더 많은 인생의 기쁨과 고난을 연극이라는 예술을 통해 경험한다는 것이다.

그들은 궁핍을 절대로 기꺼워하지 않는다. 하지만 언젠가 목표에 다가서면 남다른 부를 이룰 수 있다는 사실을 알고 있다. 한편 그들은 외면적으로 가난뱅이처럼 보일지라도 내면에는 자신들이 문화인, 예술인이라는 남다른 선민의식을 갖고 있다. 좀 더 명확하게 표현하면 그것이 바로 행복이다. 배우들은 행복하다.

그대여, 이제 떠나라

　하나의 열정이 사그라지면 또 하나의 열정이 불꽃을 사른다. 무대에서 살아온 지 30여 년, 그동안 수많은 배우들이 나를 거쳐 관객 앞에 섰고, 또 아쉬움을 안은 채 현장에서 사라져갔다. 문득 그들과 함께 나누었던 숱한 이야기들, 함께 그려냈던 힘찬 몸짓이 그립다. 하지만 오늘도 무대에 오르기 위해 땀 흘리며 연습하는 배우들이 있기에 외롭지는 않다.

　텔레비전 드라마에 갑자기 등장하여 노련한 연기를 보여주는 탤런트 중에는 성우 출신도 있지만 대부분 연극배우 출신이다. 90년대 초반, 연극배우들이 은막이나 방송국으로 대거 진출하는 바람에 극단에서 때아닌 인력난을 겪은 적이 있었다. 그들 입장에서 볼 때 가난한 연극판에서 받는 개런티만으로는 각박한 생활을 벗어나기 힘드니 그들을 탓할 일이 아니다.

당시 일부 선배 연극인들은 척박한 환경에서 애써 신인들을 발굴하여 쓸 만한 연기자로 키워놓았다 싶으면 솔개가 토끼 채 가듯 데려간다며 원망하기까지 했다. '연극판이 방송용 연기자 양성소냐?' 하는 푸념까지도 나왔다. 그래서 중견 연기자가 홀연 무대를 떠나 브라운관으로 진출하면 '연극인은 혼이 있어야 한다.'라며 배신자 취급을 하기도 했다.

배우가 무대에 올랐다는 것은 연기자로서 일부분이라도 완성되었다는 뜻이다. 감독이나 PD가 그렇게 땀 흘리며 조련한 인적 자원을 미안한 심정도 없이 데려가는 것은 물론 예의가 아닐 것이다. 하지만 배우로서는 더 큰 무대에 설 수 있고, 더 많은 팬들의 사랑을 받을 기회의 장이 열린 것이니 축복받을 일이다. 당사자에게 실력이 있으니 이쪽저쪽에서 부름을 받는 것이다.

최근에는 연극계도 그런 배타적인 경향이 사라져가고 있다. 연극 무대에서 일정 기간 동안 연기 수업을 마친 배우들이 자연스럽게 영화계나 방송국으로 진출하고 있는 것이다. 나 역시 극단에서 활동하는 유망한 배우가 있으면 방송국에 추천하기도 한다.

영화계나 방송국에서는 사람을 키우지 않기 때문에 그 동네에 씨앗을 뿌린다는 심정으로 그렇게 하지만 부작용도 있다. 이 바닥을 떠나지 못한 사람들이 선택받지 못한 자신을 책망하기 때문이다. 이런 저런 유혹을 다 뿌리치고 무대에 뼈를 묻겠다는 연극지상주의자들도 있다.

나도 한때 배우로서 무대에 설 때는 그런 생각을 가지고 있었다. 내가 사랑하는 무대를 끝까지 지키면서 연극으로 재벌이 되는 것을 보여주겠다고 다짐하곤 했다. 그런 위대한 사명감으로 무장하고 영화나 방송으로 갈아타는 사람을 보면 앞장서 손가락질하기도 했다. 참으로 편협한 생각이었다.

따지고 보면 연극배우나 탤런트, 영화배우는 모두 동업자들이다. 어쩌면 방법은 다르지만 연기로서 무언가를 표현하는 사람들이 아닌가. 여러 장르를 오가며 서로의 연기세계를 경험하면 좀 더 넓은 시야를 가질 수 있다. 통섭이란 인문학적 표현이 바로 이런 게 아닐까 싶다.

최근 젊은 연기자들에게는 편견이 없다. 그래서 이미 스타의 반열에 든 연기자들도 종종 연극무대를 찾아 기초체력을 기르면서 자신의 스펙트럼을 넓히기도 한다. 나일강의 물을 마신 자는 나일강으로 돌아온다고 했던가. 연극이 주기만 하는 것이 아니라 그렇게 받기도 하는 것이다.

나 역시 방송에 출연하여 손남목이라는 연출가를 시청자들에게 알리고, 내가 연출하는 연극을 적극적으로 소개한다. 필요한 매체가 있다면 얼마든지 나가고 싶다. 그 과정에서 스타를 만나면 의식적으로 연극 무대에 초청하기도 한다.

타블로나 심은하, 아이유도 무대에 세워보고 싶다. 그들이 무대에 서면 뉴스거리도 되고 대학로 역시 관객으로 붐빌 테니 일석이조가 아니겠는가. 이건 나의 순수한 바람이지만, 연극무대를 떠나 스타로 거듭났던 연기자들이 다시 무대로 돌아오기란 쉽지 않다.

우선 그들을 관리하는 기획사의 재정에 타격을 준다. 연극은 대개 두 달 정도 연습하고 두 달 정도 공연하는 것이 관례다. 그 넉 달이란 기간 동안 스타 한 사람이 방송 출연이나 각종 행사에서 벌어들이는 금액을 비교하면 산술적으로는 계산이 불가능하다. 이것은 연극만으로는 보상

될 수 없는 가치이므로 기획사에서 반대하는 것이 당연하다.

또 하나는 무대에 서기에는 너무 늦어버린 경우다. 관객과 일대일로 싸워야 하는 전쟁터에 서면 자칫 미숙한 연기력이 탄로나 된서리를 맞을 수 있다. 연극에는 '컷'이나 편집이 없기 때문이다. 체력적인 문제도 있다. 방송이나 영화에 익숙해진 연기자는 하루 종일 쉬지 않고 스파르타식으로 연습에 연습을 거듭하는 연극판에서 조기에 강판당할 확률이 높다.

그럼에도 불구하고 많은 중견 연기자들이 무대로 다시 돌아왔다. 최민식, 유오성, 설경구, 황정민 등이 좋은 예다. 영화 한 편 찍으면 몇 억대의 개런티를 받는 그들이 불과 몇 백만 원의 푼돈(?)에도 불구하고 무대에 서서 자신을 실험하고 잠들어있던 혼을 일깨운다. 그런 일이 벌어질 때마다 흐뭇한 기분을 숨길 수가 없다. 그들이야말로 진정한 배우라는 생각이다.

배우가 곁을 떠나면 배 아프던 시절은 이미 지나갔다. 이제 우리 연극계도 제법 체중을 불리면서 미흡하나마 영화나 방송을 마냥 부러워하지 않을 만큼 성장했기 때문이다. 강자가 되면 여유가 생기기 마련 아닌가.

내 곁을 스쳐간 배우들은 적어도 경력을 숨겨야 하는 괴로움은 없으리라 믿는다. 그들이 새로운 세상에 들어가 자신을 소개할 때 손남목이라는 연출가와 함께 작업했노라고 자랑스럽게 말해주기를 바란다. 그렇게 하나의 새싹이 자라나 묘목이 되면 더 풍요로운 토양에 옮겨 심어져 거목으로 성장하는 것이다.

앞서 밝혔듯이 나도 많은 배우를 겪으면서 '할 만하니 떠나는가?' 하는 식의 복수심에 젖어들기도 했다. 아등바등 살던 시절이라 잘하는 배우와 작품을 해서 흥행에 성공하고 싶은데 안녕을 고하니 신세가 처량했다. 과거 성숙하지 못했던 나 자신의 자화상이었다.

이제는 어느 정도 연기가 성숙된 배우가 계속 한자리에 머물러 있으면 되레 초조해진다. 내가 이젠 배우를 잘못 가르치고 있는 건가 하는 조바심까지 인다. 그러니 사랑하는 그대여, 제발 떠나는 뒷모습을 보여주었으면 좋겠다. 그리하여 성공하면 잊지 말고 고향을 다시 찾아주기 바란다. 엄마가 애타게 기다리고 있다.

내겐 종착역이 없다

인생에서 우리가 할 수 있는 일은 단 두 가지다.
목표하는 결과를 이루거나 변명하는 것이다.
변명이란 자신을 믿지 못한 결과물이다.

연극은 수제명품이다

　연극에는 문화적인 향기가 있다. 무대에서 온몸으로 열연하는 배우들을 보면 스크린이나 브라운관에서 각종 트릭이나 편집을 거친 화면을 보는 것과는 전혀 다른 느낌을 받는다. 영화나 드라마가 공장에서 마구 찍어내는 기성품이라면 연극은 일종의 수제 명품이라고 보면 된다.

　연기자들의 몸짓을 편안한 소파에 앉아서 눈으로만 보는 것과 땀내 나는 현장에서 배우들과 교감하면서 보는 것은 실로 천양지차다. 그러기에 극장은 관객에게 평생 잊히지 않는 장소가 되고, 자꾸만 찾아가고 싶은 공간이 된다. 그런 면에서 나는 단언컨대 연극을 한 편만 보았다는 사람은 거의 본 적이 없다.

　영화는 최근에 대중적인 여가 선용수단이 되었다. 관객 백만 명 돌파는 이제 뉴스거리도 되지 않는 것 같다. 뮤지컬도 나름대로 고급문화로 탈바꿈한 지 오래다. 한데 연극은 아직까지도 왠지 무겁고 거리감까지 든다. 예전에는 부조리극처럼 이해하기 어려운 작품이 많았다. 공연장도 시설이 조악해서 오래 앉아있기도 불편했다. 그런 과거의 선입견이 아직까지도 남아있기 때문일까? 하지만 이제는 분위기가 바뀌었다.

대학로에는 100여 개 이상의 소극장이 있고, 언제든지 부담 없이 볼 수 있는 작품들이 거의 매일 공연된다. 처음 시작이 어렵지 조금만 관심을 가지면 흥미로운 작품들을 쉽게 선정할 수 있다. 남녀노소가 뒤섞여 폭소를 터뜨릴 수 있는 작품이 널려있다. 게다가 소극장에서는 연인끼리라면 좀 더 가까이 밀착해 앉을 수 있으니 금상첨화 아니겠는가. 그렇게 쉽고 재미있는 작품으로부터 시작하여 수준을 높여가다보면 저절로 연극을 대하는 스펙트럼이 넓어진다.

극장에 한 번 발길을 디딘 사람은 마약에 중독된 것처럼 극장을 찾는다. 그게 아니라면 한 번도 연극을 보지 않은 사람이다. 그 정도로 연극이 주는 현장감은 매우 격렬하다. 저 배우의 연기가 가짜인줄 알면서도 내 안에 버티고 있던 감정의 방어선이 속절없이 무너지게 된다. 그로 인해 다가오는 감동의 농도 역시 개인마다 다르고 작품마다 다르다.

연극의 매력은 이런 현장의 공감대에 있다. 평소 공감하던 내용이 배우의 연기를 통해 극대화되면서 얼어붙은 감정선을 녹인다. 지금 저 배우가 바로 나를 위해, 나를 설득하기 위해, 나를 웃기기 위해 땀 흘리고 있다고 생각해 보라.

연극표가 정가로 따지면 영화표보다 세 배 정도 비싸다. 그 비용은 관객이 직접적인 예술행위를 체험하는 대가로 생각하면 된다. 물론 요즘에 연극이나 영화 관람료는 각종 할인요건 때문에 대동소이해진 지 오래다.

요즘에는 연극 한 편의 수명이 매우 짧다. 배우들은 대본이 나오면 45일 정도 연습한 다음 무대에 오른다. 한데 흥행 여부에 따라 길면 6개월 정도 공연하게 된다. 그 기나긴 시간 동안 배우들이 버틸 수 있는 것은 매일 객석에 앉아있는 관객들이 바뀌기 때문이다. 관객들이 처음 보는 배우들의 연기를 지켜본다면, 배우들은 새로운 관객들에 대한 의욕으로 충만해진다.

연극인들의 힘의 원천은 바로 그것이다. 관객이란 연극의 3요소인 희곡·배우·관객 중에 가장 핵심적인 것이다. 배우는 관객을 위해서 연기한다. 무대가 없어도 연극을 할 수 있지만 관객이 없다면 그야말로 김빠진 사이다요, 앙꼬 없는 찐빵이다.

프로축구에서 선수들에게 가장 수치감을 안겨주는 게임이 관중 없는 게임이라고 한다. 연극도 마찬가지다. 관객은 연극을 최종적으로 완성시키는 배우이기도 하다. 그런데 관객들이 객석에서 하품을 하거나 배우에게 욕설을 퍼붓는다면 그것은 애착하는 연극을 해치는 꼴이 된다.

최근 연극을 보기 위해 소극장을 찾는 관객이 많이 늘어났지만 단 한 편에 백만 명을 가뿐히 넘는 영화 관객 수에는 비교할 수 없는 수준이다. 그럼에도 불구하고 일반적으로 연극 관객들은 뭔가 고상하고 까다로워 보인다. 그래서 사람들은 뭔가 특별한 사람들만 연극을 본다고 생각한다. 노동자, 농민 등 학력이 짧은 사람들은 연극과 거리가 멀어 보인다. 그러나 연극은 누가 만들었는가? 희곡은 극작가의 손끝에서 나오지만 그 내용은 대중의 복잡다단한 삶에서 꺼내온 것이다. 연극은 곧 대중의 것이라는 뜻이다.

이런 저런 이유로 연극과 관객은 좀 동떨어져 있는 것이 사실이다. 이런 현실을 극복하기 위해 많은 연극인들이 애쓰고 있지만 근본적인 사고를 바꾸지 않는 한 고난의 세월은 계속 이어질 것으로 보인다. 연극인들은 관객이 단순히 연극의 감상자가 아니라 연극이 존재하기 위한 필수적인 요소임을 늘 마음에 새겨야 한다.

무대에 오른 배우들은 주어진 역할을 기계적으로 하는 로봇이 아니다. 그들은 관객들의 수효나 반응에 따라서 에너지의 증감을 체험한다. 최근에는 SNS를 통하여 관극담을 공유하기도 하고 배우들을 격려하는 관객들이 많이 늘어났다. 같은 작품이라도 다른 배우들의 연기를 감상하기 위해 다시 극장을 찾는 분들도 많다. 그들 때문에 매일이 행복하고 무대가 더욱 정겨워졌다는 배우들도 많다.

배우들은 연극이 끝난 뒤 극장 밖에서 기다리면서 사인을 청하거나 작은 선물을 건네주는 관객들을 보면 목이 멘다. 그것은 꼭 인기만이 아니라 자신의 연기가 그들의 가슴에 어떤 울림을 주었다는 만족감 때문이다. 그러므로 심하게 표현하면 우리는 관객들에게 행복을 안겨주기 위해 견마지로를 다하는 충성스런 노비다. 주인이 행복해야 더욱 행복한 노비.

연극이 할 수 있는 것을 다른 매체들이 따라 하면 잘되지 않는다. 연극의 현장성을 따라잡을 수 없기 때문이다. 살아있는 것은 움직이게 마련이다. 따라서 연극은 삶이다.

연극을 왜 하는가? 인간은 무리를 지어 살고 그럴 때 삶의 가치를 찾을

수 있는 사회적 존재이다. 인간은 혼자 있으면 외롭다. 외로우면 견디기
어렵다. 외로움을 먹고 사는 것이 연극, TV, 영화이다. 사회적 존재로서
의 인간이 예술을 가능케 하는 핵심 요소인 만큼 연극은 절대로 사라지
지 않을 것이다. 영화, 음악, 그림, 연극 같은 문화적 산물이 없다면 세상
은 얼마나 무미건조하겠는가. 어떻게 고통을 견뎌내겠는가.

연극이 끝나고 난 뒤

    요즘 탤런트나 배우들은 외모나 스타일 때문에 로드 캐스팅되거나 개인기만으로 각종 심사를 통과하여 데뷔하는 경우가 많다. 그러다보니 연기 자체가 처음이거나 미숙한 상태에서 카메라 앞에 서게 된다.

    영화나 드라마 촬영은 감독의 마음에 따라 몇 차례나 같은 신을 되풀이하여 찍은 다음 그중에서 골라 편집하면 되지만 연극에서는 통용될 수 없다. 그러니 스타의 반열에 오른 연기자라도 연극은 무서울 수밖에 없다. 그런 면에서 나는 〈리타 길들이기〉에 도전했던 이태란의 용기를 칭찬해 주고 싶다. 익숙한 세계에서 벗어나 새로운 세계로 나아가기 위해서는 그런 도전 정신이 필요하다.

    물론 연기자들이 자기 분야에 안주한다고 해서 비난하지 않는다. 모험을 하지 않는다고 해서 한심하다거나 부족하다고 비난하는 사람이 있다면 오히려 그런 사람이 별종이다. 그래봤자 연극 한 편 아닌가. 우리는 탈레반 같은 근본주의자로 살아가서는 안 된다. 일본의 기성 조치훈에게 한 기자가 '당신에게 바둑이란 무엇인가?'라고 물었을 때 '그저 한 판의 바둑일 뿐, 그 이상도 그 이하도 아니다.'라고 대답했다던가.

연극을 통해 개인의 연기력이 일취월장하고 금전적으로 큰 보상을 받는다면 연기자로서 반드시 거쳐야 하는 통과의례라고 규정하겠지만, 내 시각으로는 그럴 일이 없다. 다만 자신을 향해 도전하는 사람들, 내가 무엇을 할 수 있는가를 알아보고 싶은 사람들, 그리하여 막연히 느끼고 있던 한계를 깨고 싶은 사람들만이 스타라는 의식을 벗어던지고 소박한 무대의 주인공이 될 수 있는 것이다.

일례로 이태란이 도전한 2인극은 연극무대 신인으로서는 감당하기 힘든 역할이었다. 객석에서 4백 개의 시선이 지켜보는 가운데 쉴 새 없이 상대역과 대사를 교환하며 연기해야 한다. 무대에서 닳고 닳은 나로서도 막상 해보라면 망설이지 않을까 싶다.

"제가 이 역할을 해낼 수 있을까요?"

그녀가 이렇게 물었을 때 나는 단호하게 대답했다.

"그럼요. 이태란 씨는 당연히 해낼 수 있습니다."

그렇게 대답했지만 사실 확신은 없었다. 그녀는 연극무대에서는 신인이었기 때문이다. 하지만 나는 당시 그녀의 갈망하는 눈빛을 보았다. 그 믿음 하나로 함께 리타의 길을 걷게 된 것이다. 그녀는 리타라는 싸구려 미용사에서 고상한 여인으로 거듭나려는 수많은 변신 과정에서 열 가지도 넘는 감정선을 다양하게 표현하는 데 성공했다. 그렇게 해서 그녀는 드라마에서 정형화된 탤런트 이태란의 이미지 대신 진정한 배우로 거듭날 수 있었다.

무대에 처음 선 배우들은 자동적으로 숨이 막히면서 멍청해진다. 온몸이 부들부들 떨리게 마련이다. 마치 병사들이 밤낮으로 실전처럼 훈련하지만 막상 전투 현장에 투입되면 혼백이 나가버리는 상황과 비슷하다. 이태란은 첫날 첫 공연에서 그런 횡액을 겪었지만 그때의 실수가 보약이 되어 자신의 연기력에 확신을 가지게 되었고 배우로서 수명을 보장받았다.

언제였던가. 불현듯 나의 첫 무대가 떠오른다. 〈바다로 간 기사들〉이라는 지루한 연극이었다. 학생들에게나 어울리는 고색창연한 분위기에 문어체 대사들, 어쨌거나 신참이었던 나는 변변찮은 배역을 맡았다. 무대에 오르니 겁이 덜컥 났다. 150석 규모의 극장이었는데 관객이 반도 차지 않았지만 내 눈에는 백만대군이 몰려온 것 같았다.

그 작품은 45분 정도의 단막극으로 대사가 열두 마디쯤 되었는데 여덟 마디 정도는 까먹었다. 아마 나 때문에 3분 정도는 절약되었을 것이다. 그때 나는 진땀을 흘리며 대충 장면을 무마하고 가슴을 쓸어내리며 퇴장했다. 그 몇 분을 거치고 나니 마라톤 풀코스를 완주한 것처럼 맥이 탁 풀렸다.

'나는 배우로서 자질이 없는 걸까?'

'이건 나의 길이 아닌가 보다.'

연극이 끝나면 스스로 이런 자문과 자책감에 시달렸다. 하지만 그렇게 첫발자국을 뗀 때부터 무대는 나의 세계이자 둥지가 되었다. 모든 일에는 처음이 있다. 나는 철없던 시절에 일찌감치 그 딱지를 뗐지만 이태란 같은 경우에는 연기자로서 전성기를 구가하던 시기에 고난을 자초했다는 점에서 찬사를 보내고 싶다. 그렇게 도전하는 과정에서 겪는 작은 실패는 장차 큰 성취를 거두기 위한 밑바탕이 된다.

배우들의 고향은 무대이다. 하지만 연극이 끝나고 객석이 텅 비면 배우들의 가슴에 찬바람이 분다. 외롭고 허전한 심사에 위로를 받고 싶지만 늦은 시간이라 갈 데도 없고 할 일도 없다. 딱히 우울하지도 않지만 그 상태로 집에 가기에는 왠지 울적하다. 방금 전 나의 몸짓과 목소리에 울고 웃던 사람들이 떠나간 빈자리가 너무 넓어 보인다. 그러기에 동료 배우들끼리 삼삼오오 모여서 술잔을 기울이는 것이다.

싱어송 라이터로서 재즈 감성을 대표하는 천재 뮤지션으로 인정받고 있는 아티스트 김현철이 작사 작곡한 노래 '연극이 끝나고 난 뒤'가 있다. 1980년 대학가요제에서 샤프가 부른 노래로 연극이 끝난 뒤 배우들의 허탈한 심정을 절절하게 그려내고 있다. 이 노래를 가만히 흥얼거리다보면 왠지 마음이 처량해진다. 전체 가사를 한 번 음미해 보시길…….

'연극이 끝나고 난 뒤 혼자서 객석에 남아 조명이 꺼진 무대를 본 적이 있나요. 음악소리도 분주히 돌아가던 세트도 이젠 다 멈춘 채 무대 위에 정적만이 남아있죠. 고독만이 흐르고 있죠. 배우는 무대 옷을 입고 노래하며 춤추고 불빛이 배우를 따라서 바삐 돌아가지만 끝나면 모두들 떠나버리고 무대 위에 정적만이 남아 있죠. 고독만이 흐르고 있죠. 연극이 끝나고 난 뒤 혼자서 무대 위에 남아 아무도 없는 객석을 본 적이 있나요. 힘찬 박수도 뜨겁던 관객의 찬사도 이젠 다 사라져 객석에는 정적만이 남아 있죠. 고독만이 흐르고 있죠. 관객은 열띤 연기를 보고 때론 울고 웃으며 자신이 주인공이 된 듯 착각도 하지만 끝나면 모두들 떠나버리고 무대 위에 정적만이 남아있죠. 고독만이 흐르고 있죠.'

밖에서 보면 배우들은 화려한 조명을 받으며 언제나 밝고 신나게 사는 사람 같아 보인다. 곁에는 늘 재미있고 정다운 친구들이 넘쳐날 것만 같다. 하지만 그것은 오해다. 그런 친구들과 배우는 생활 패턴이 다르기 때문에 어울리기가 쉽지 않다. 그 캄캄하고 텅 빈 시간에 누가 그들의 동행이 되어 주겠는가.

배우들이 다른 세계 사람들과 만나려면 또 다른 용기와 도전이 필요하다. 그러다 보면 생각 이상의 스트레스가 생길 것이다. 그러니 양떼는 양떼와 어울리고 늑대는 늑대끼리 털을 부비는 것이다. 이것이 대학로에 배우 커플이 많이 생기는 이유이다. 그리고 보니 내가 아는 남녀 배우들의 사랑이 참으로 살갑게 느껴진다.

오디션 한번 보실래요?

　새로운 작품을 준비할 때면 오디션을 보면서 많은 생각을 하게 된다. 그때가 되면 실로 다양한 성격의 선남선녀들이 몰려오는데 늘 기대 반 걱정 반으로 그들의 연기를 지켜본다. 그들은 보통 3분 정도의 시간 동안 주어진 대사를 표현해야 한다. 종종 얌전해 보이는 배우 지망생들이 완전히 다른 모습으로 변신하여 나를 깜짝 놀라게 한다.

　겉으로 몹시 활달하고 끼가 있어 보이는 사람이 의외로 자기표현에 서투른 면을 보일 때가 있다. 코믹극 대본을 주면 오락부장이나 응원단장 출신보다 문학소녀 같은 타입이 더 잘 웃긴다. 그럴 때면 그 사람의 내면에 깊이 숨어있던 에너지를 끌어낸 것 같아 마음이 뿌듯하다.

　요즘 오디션 장에 나오는 배우들은 좀처럼 떨지 않는다. 질풍노도기의 치열한 성장통을 겪지 않아서인지, 자신감이 유별난 세대여서 그런지는 잘 모르겠다. 하지만 나로서는 그들이 무대에서 긴장감을 좀 보여주었으면 하는 바람이다.

적당한 긴장감은 생존본능을 깨워준다고 하지 않는가. 너무 편한 기분으로 슈팅을 하면 안정감은 있지만 멋진 골이 잘 나오지 않는다. 물론 너무 긴장하면 사고가 나기 쉽다. 어느 분야에서나 그렇듯이 배우들도 무대에서 자기 밸런스를 잘 조절해야 한다.

처음 오디션 장을 찾은 배우 지망생들은 만감이 교차할 것이다. 수많은 경쟁자들 틈에서 내가 선택한 배역을 차지할 수 있을까? 어떻게 하면 앞에서 미소를 짓고 있지만 칼자루를 만지작거리고 있는 연출가를 감동시킬 수 있을까? 대사를 달달 외우고 왔는데 혹 긴장해서 까먹지나 않을까?

그런 사람들을 보면서 나 역시 마음이 복잡하다. 이번에는 어떤 배우가 나의 굳어있는 엉덩이를 차줄까? 저 친구는 이 부분을 어떻게 해석해서 내게 보여줄까? 적당한 호기심과 긴장감으로 그들을 맞이하는 것이다.

흔히 배우들에게는 열정이 있어야 한다고 말한다. 맞는 말이다. 하지만 그 열정은 폭포수처럼 마구 뿜어내는 것이 아니라 내면에 잘 갈무리해 두었다가 적재적소에서 알맞게 배출하는 것이어야 한다. 하나의 배역이 표현해야 할 부분은 대개 정해져 있다. 그 좁은 공간에서 자신의 존재감을 최대치로 채우는 것이 열정이다. 그 부분을 넘어서면 폭발해버린다.

쉽게 말하면 연기할 때 너무 잘하려다 오버하는 사람이 많다는 뜻이다. 잘하려는 감정만 극대화될 뿐, 연출가가 원하는 모습이 보이지 않는 것이다. 이 불편한 상황에서 내가 얼마나 편안하게 내 능력을 보여줄 것이냐가 승부인데, 총알이 떨어지자 착검하고 무작정 앞으로 내달리는 사무라이가 되는 것이다. 지나치면 모자람만 못한 법, 상대를 불편하게 하면 자신도 불편해진다. 그런 모습을 관객에게 보여주고 싶은 연출가는 세상에 없다.

"열심히 하면 오버하지 말라고 하고, 적당히 하면 열정이 없으니 야단치니 대체 어떡하란 말이에요?"

이렇게 따질 수도 있다. 하지만 그게 현실이다. 쉬운 길은 없다. 어쨌든 나로서는 어떤 상황에서도 자신을 컨트롤할 수 있는 배우를 중점적으로 찾는다. 아무리 무대에서 지랄발광을 하고 있어도 저 사람은 지금 냉정하게 연기하고 있구나 하는 느낌이 드는 배우, 저돌적인 눈빛으로 연기하는데도 상대를 편안하게 해주는 배우들이 있다. 그런 배우를 만나면 순박한 기대감으로 자꾸 다른 의상을 입혀서 남들에게 보이고 싶어진다.

보통 배우 지망생들은 오디션에서 세 번쯤 떨어지면 정신적 충격을 받게 된다. 그렇다고 포기하면 기회는 다시 오지 않는다. 언젠가 반드시 자신에게 맞는 배역이 있다. 기회란 그렇듯 도전하는 자의 것이다. 안 되면 될 때까지 도전해보는 것이다.

나는 당사자의 실력이 모자라서가 아니라 캐릭터가 맞지 않아 떨어뜨리는 경우가 많다. 귀여운 아가씨 역할에 글래머를 쓸 수는 없다. 곰살가운 친구2 역할에 미남 배우 정우성이나 강동원을 앉힐 수는 없는 노릇이다.

요즘에는 대학에 연극영화과가 많다. 거꾸로 생각하면 연극영화과를 나오지 못하면 연극계에 진출하기가 더욱 어려워졌다는 뜻이 된다. 예

174

전에는 배우가 될 만한 인적자원이 드물었기 때문에 현장에서 급한 대로 조달(?)한 적이 많았다. 요즘에는 그런 비전공자들은 쳐다보지도 않는다. 전공자들끼리 좁은 문을 서로 들어가려고 싸우는 형국이 된 것이다.

형편이 그러니 배우로 입문하려면 연극영화과를 나오는 것이 기본이다. 나로서는 학벌이나 지역에 신경 쓰기보다는 나름대로 특별한 전략을 가지고 자신을 조련하라는 충고를 하고 싶다. 마치 사회에서 인턴십을 운영하는 것처럼 다양한 세계를 경험하고 관련 도서를 많이 읽고 동아리 활동도 활발하게 하면서 자신이 보여주고 싶은 대상을 철저하게 연구하는 것이다.

평소 관심을 두고 있는 극단에서 일하면서 현장을 체험하는 것도 중요하다. 배우는 하나의 인격체에 만족해서는 안 된다. 마치 다중인격자처럼 순간순간 철저한 타인으로 변신하는 훈련도 필요하다. 그렇게 덕후질을 하다 보면 남들과 차별화된 자신을 발견할 수 있을 것이다. 젊었을 때 한 분야에 미치지 않으면 이성이 발목을 잡는다. 잡지 않으면 못살 것만 같은 젊은 날의 꿈이 한순간 연기처럼 사라진다.

내가 무대에 섰을 때는 작은 키가 정말 콤플렉스였다. 하지만 키가 작기 때문에 할 수 있는 배역이 있었다. 그러기에 나는 지금도 배우들에게 말한다. '뚱뚱하다면 포기하지 말고 뚱뚱하기 때문에 더 잘할 수 있는 역할을 찾아라.'

나는 어렸을 때 만화를 무척 좋아해서 늘 틈만 나면 만화방으로 달려갔다. 고등학교 때까지도 만화방을 끊지 못할 정도였다. 그런 낭만적 기질이 오늘날 연출가로 일하면서 만화적 상상력으로 드러나는 것이 아닐까. 지금도 집에 들어가면 애니메이션은 물론이고 영화나 TV프로그램을 무차별적으로 시청한다. 그것이 나의 감각을 살리는 것이고 아이디어를 떠올리는 원천이 된다.

연출가가 되고 싶다면 무엇보다도 극단에 들어가 배우나 스텝, 조연출 등으로 활동하며 현장감을 쌓는 것이 중요하다. 나는 배우와 제작자, 연출가를 겸했으니 경우가 좀 다르지만, 그 모든 것을 경험하고 보니 이 세계를 이해하는 데 큰 도움이 되었다.

또 연극에 대한 전문지식을 쌓고 수많은 연극을 직접 보아야 한다. 영화나 신문, 잡지 등 다양한 매체를 통해 세상을 경험하고, 실제로 발품을 팔며 인간의 삶 자체를 느껴보아야 한다. 내일에 대한 판단이 섰다면 망설이지 말고 가급적 빨리 부딪혀 보라고 권해주고 싶다.

무슨 일이든 최고가 되는 길은 하나뿐이다. 자신의 일에 애정을 갖고 오랫동안 그 분야에 종사하여 내공을 쌓아야 한다. 풋내기 낚시꾼이 단 한 번에 월척을 낚았다고 해서 금방 일류 낚시꾼으로 대접받을 수는 없는 것이다.

마임으로 표현하기

연극에서 극(劇)이란 한자어의 뜻은 호랑이(虎)와 멧돼지(豚)의 싸움 (刀)이라고 한다. 그러므로 연극은 호랑이와 멧돼지가 싸우는 것처럼 치열하게 표현하는 행위 예술인 것이다. 또 연극을 뜻하는 'drama'는 '동작'이라는 고대 희랍어에서 유래했다고 한다. '극적(劇的)이다.'라는 것은 동작적이다. 치열하게 동작적이다. 그것이 없을 때 연극은 재미없어진다. 배우는 무대에 오르면 멧돼지와 호랑이가 되어 거칠게 싸워야 한다. 그것이 자신이든 타인이든 간에……

객석에 시각 장애인과 청각 장애인이 있다고 하면 누가 더 극을 잘 이해할까? 당연히 청각 장애인이 훨씬 더 잘 이해한다. 말은 안 들려도 보기만 하면 거의 대부분 이해할 수 있기 때문이다. 일반인들이 외화 비디오를 볼 때 자막을 보지 않아도 대략 스토리를 이해할 수 있는 것과 같다. 그러므로 배우들은 청각 장애인을 감동시킬만한 연기력을 갖추어야 하는 것이다.

그렇다면 배우는 무대에서 연기를 할 때 어떤 마음가짐을 가져야 할까? 연기란 연극 전체의 스토리를 이해하고 배역에 따라 대본을 외운 다음 무대에서 행동으로 옮기는 것만이 다가 아니다. 중요한 것은 긴장을 풀고 최대한 자연스럽게 자신의 모습을 보여주어야 한다는 점이다.

우리는 사람들의 목소리만 듣고도 기쁜지 슬픈지 고통스러운지를 구분할 수 있다. 그러므로 노련한 신사가 아름다운 여성을 리드하며 자연스럽게 스텝을 밟아나가듯 몸과 마음이 이완된 상태로 분명하게 자신을 표현해야 한다. 근육이 긴장되면 신체의 움직임이 둔해지고 자신을 표현할 기회를 잃기 쉽다. 억지로 아름다운 소리를 내려고 목을 움츠리다 침을 삼키는 꼴이 되어서는 안 된다. 나는 연기자가 무대에 오르는 한순간에 그의 능력을 알아차릴 수 있다. 검객이 찻잔을 젓는 상대의 손길만 보고도 진정한 실력을 가늠할 수 있는 것처럼 말이다. 그처럼 고수에게는 오랜 기간 동안 자연스럽게 쌓인 혼이 있다. 그것은 평소 보이지 않게 갈무리되어 있다가 기회가 찾아오면 자연스럽게 드러난다.

초보자들은 자신들의 배역에 짓눌린 나머지 불필요한 표정이나 몸짓을 남발한다. 그렇게 드러내는 테크닉을 자랑스럽게 여기는 배우들을 나는 알고 있다. 그런 가식으로는 자연스러운 연기가 나오지 않는다. 그 때문에 나는 배우들에게 늘 진실하라고 강조한다.

현재 내가 맡은 배역에서 어떤 느낌을 받았는가. 그 느낌을 충분히 인지하고 있는 상태에서 말을 하고 있는지가 중요하다. 어떤 연출가는 연기를 하면서 느껴야 한다고 하지만 나의 경우에는 연기에 앞서 느낌이 먼저라고 생각한다. 순서상의 차이일 수도 있지만 막상 연기를 시작하게 되면 미세한 부분에서 다르다.

나는 배우들과 연습을 할 때 우선 말을 하지 않고 대사를 표현해 보라고 한다. 로미오가 말을 할 수 없다면 어떻게 줄리엣에게 사랑을 표현하겠는가. 햄릿의 고통스런 독백을 대사 없이 어떻게 표현할 수 있는지를 본다. 언어 장애인들은 의사소통이 조금 불편할 뿐이지 어떤 메시지를 전하는 데는 문제가 없다. 연기자가 대사에 얽매이다 보면 중요한 무언가를 놓치게 된다. 그러므로 말로 꾸며지기 이전에 내면에 담긴 느낌으로 연기를 해야 한다는 뜻이다. 말이란 그 느낌의 보조수단이다.

나의 이런 생각은 두레 초창기에 여러 연출가들에게 연기를 배우면서 형성된 것이다. 당시 나는 배우 겸 제작자로서 유명한 연출가들을 많이 접했다. 그들과 관계를 맺고 연극을 만들면서 실로 많은 경험을 했다. 일부 보수적인 연출가들은 배우들을 머슴처럼 몰아붙이며 연극적인 상황을 억지로 만들었다. 보통 사람들이 잘 쓰지 않는, 그야말로 연극판에서만 들을 수 있는 말투를 권하기도 했다. 시쳇말로 '연극하지 마.'라고 하면 곧 오버한다는 뜻이 아니었던가. 의미는 좋은데 너무나 가식적이라서 고개를 갸우뚱한 적이 한두 번이 아니었다.

"좀 대사를 자연스럽게 하면 안 될까요?"

곁에서 지켜보다 답답한 나머지 이렇게 말하면 엄한 녀석이 제작자랍시고 참견한다며 눈꼬리를 치켜세우기도 했다. 그런 억지춘향식 연출이 정말 싫었다. 그래서 연출가들과 마찰이 일어날 때마다 '차라리 내가 연출을 해야겠다.'라고 다짐했다. 최선을 다해서 자연스럽게 만들어보자. 그것이 초창기 나의 연출 모토였다.

그 시절 나는 마임이스트 최규호 선생님으로부터 대사 표현에 있어서 매우 중요한 깨달음을 얻었다. 그분은 1세대 마임이스트로서 광대 복장을 하고 막이 열리기 전에 관객들 앞에 나타나 크라운마임, 저글링, 외발자전거, 풍선 말아주기 등을 했던 분이다. 그분은 내게 언어보다 사람의 마음을 움직여 전달하는 방법을 알려주셨다. 관객들은 마임이스트의 몸짓을 보면서 그 안에 담긴 의미를 알아듣는다.

말 없는 말로 진실을 전달하는 연극을 하자. 연극 연출을 하면서 나는 그와 같은 '말 없는 연기법'을 배우들에게 강조했다. 말하지 말고 표현한다. 코믹극인 〈보잉보잉〉을 연습할 때도 처음에는 대사가 아닌 허밍으로 연습한다. 그렇게 하면 배우들은 한동안 속이 터질듯하다. 대사가 입 안에서 우물거리는 데 그것을 온몸으로 형상화하려니 오죽 답답하겠는가.

그런 과정을 거쳐 배우들의 연기가 어느 정도 무르익었다 싶을 때 비로소 나는 대사를 허락한다. 그러면 대사를 걸친 연기가 빛을 발하는 것이다. 이런 과정을 거치지 않으면 배우들은 글자에 현혹되어 스스로 감동해버린다. 코미디언이 청중을 웃기기 전에 자신이 먼저 배꼽을 쥐고 웃으면 그것은 코미디가 될 수 있다.

마찬가지로 배우가 관객을 감동시키지 못하고 자신이 먼저 감동해서는 안 된다. 나와 함께 그런 훈련을 거친 배우들은 연습할 때마다 눈빛이 초롱초롱하다. '말 없는 연기법'을 배울 때마다 자신이 한 단계 성장하는 느낌을 받기 때문이다.

우리가 가진 독특한 재능과 능력을 발견하고 그것을 발전시키는 것은 전적으로 우리의 책임이다. 성공에 필요한 모든 자질을 갖추고 인생을 시작하는 사람은 아무도 없다. 그런데 그러한 자질의 계발을 전적으로 운에만 맡긴다면 어떤 것은 너무 빨리 만들어지고 어떤 것은 너무 늦게 만들어지며, 또 어떤 것은 아예 만들어지지도 못할 것이다. 하지만 적극적으로 필요한 자질을 계발하고자 한다면 그런 일은 없을 것이다.

우리가 가진 모든 잠재력을 계발하는 일을 결코 운에 맡겨서는 안 된다. 언젠가는 되겠지 하는 막연한 희망은 버리자. 우리는 현실에서, 소중한 현재의 시간에서 살아야 한다. 행복은 현재에만 존재한다. 우리 마음이 가진 능력과 특성을 일상의 삶으로 이끌어내 높은 성취도를 이뤄내야 한다.

창밖의 아이돌

무대에서 어떤 돌발 사태에 접하더라도 당황하지 않고 재치 있게 대처하는 배우들을 보면 감탄사가 절로 나온다. 거기에는 타고난 재능이나 연륜 이상의 무엇이 있는 것만 같다. 그렇듯 금방이라도 끊어져버릴 것 같은 출렁다리 위에서 침착하게 상황을 컨트롤할 수 있는 사람만이 한 영역에서 진정한 프로페셔널로 인정받는다.

존 포드 감독이 메가폰을 잡은 영화 〈역마차〉의 주인공은 무법자 링고 킷이다. 존 웨인이 열연한 이 영화에서 링고 킷은 인디언과 치열한 전투를 끝낸 다음 악당들과 최후의 결전을 준비한다. 보안관이 근심스런 표정으로 총알이 떨어지지 않았느냐고 묻자 그는 씩 웃으면서 모자 땀받이 속에서 세 발의 총알을 꺼내 보여준다. 그리곤 라이플에 총알을 장전하면서 악당들이 기다리는 선술집을 향해 천천히 발걸음을 옮긴다.

프로페셔널은 이처럼 누군가 정말 최선을 다했다고 생각하는 시점에서도 뭔가 한 가지를 더할 수 있는 여유를 가지고 있다. 사소한 일에도 총력을 기울여야 하는 아마추어와는 본질이 다르다. 나는 그런 프로페셔널을 극장 밖의 다른 영역에서 발견하면 저절로 군침이 고인다.

연예계에서는 아무리 스타로 공인된 인물이라 하더라도 자신만의 틀에 갇혀 빠져나오지 못하는 친구들이 많다. 연극의 연 자도 경험해보지 못한 배우나 가수들이 뮤지컬이나 드라마에서 예상치 못한 능력을 선보일 때면 무의식적으로 그 친구에게 알맞은 배역이 불끈 떠오르곤 한다.

최근 국민여동생이라 불리는 아이유를 보면 이전에 하느님은 공평하다고 생각했던 나의 믿음이 산산이 부서진다. 잘 다듬어진 외모에 노래면 노래, 연기면 연기, 심지에 예능에 토크쇼까지 못하는 것이 없다. 드라마 '프로듀사'를 보면서 가수가 저 정도로 연기를 심하게 잘한다면 우리 배우들은 어디에 발을 붙여야 하나 하고 걱정 아닌 걱정까지 했다.

2014년 청룡영화제 축하무대에서 아이유는 흰 컬러에 검정색 교복 차림으로 '연극이 끝나고 난 후'를 불렀다. 나는 그 모습을 보고 영화 〈친구〉에 나오는 여고 축제 장면이 떠올랐다. 그와 함께 문득 옛날에 하희라 씨가 열연했던 2인극으로 닐 사이먼 원작의 〈난 영화배우가 되고 싶어〉가 떠올랐다.

문제작가로 손꼽히는 닐 사이먼의 코미디는 그냥 웃기는 게 아니라 생각을 하면서 웃게 하는 휴먼코미디다. 1991년 7월에 열린 제15회 서울연극제 자유참가 공연 작품이었는데 순진한 처녀가 영화배우가 되기 위해 상경하면서 일어나는 에피소드를 다루었다. 바로 그녀의 역할을 아이유가 한다면 정말 안성맞춤일 것 같았다.

이 작품의 골격은 비교적 간단하다. 두 아이가 있지만 너무 재미없는 아내가 싫어 집을 나간 허브는 할리우드에서 작가로 활동하고 있다. 어느 날 허브를 찾아 온 꿈 많은 소녀 리비는 다름 아닌 허브의 딸이다.

영화배우가 되고 싶다면서 아버지를 찾아온 리비는 잔잔한 허브의 일상에 커다란 파문을 일으키며 그의 삶을 변화시킨다. 리비는 이전에 사이가 좋았던 허브와 여자친구 스티피의 관계를 멀어지게 한다. 하지만 허브와 리비는 함께하는 시간이 많아지며 아빠와 딸이라는 감정으로 서로에게 다가서고 서로의 진심을 알게 된다. 그중에 리비가 허브에게 진심을 고백하는 대사 한 토막을 음미해보자.

'난 아빠보다 한 시간이나 일찍 일어나서 아빠가 계신지 확인하죠. 난 외할머니가 돌아가셨다는 걸 알아요. 내 얘길 들을 수 없다는 것도 알아요. 하지만 난 매일 외할머니한테 얘길 해요. 왜냐하면 누군가 다른 사람이 듣고 있지 않다는 걸 알기 때문이죠. 내가 만일 인터뷰를 하러 가게 된다면, 내 심장이 뛰는 걸 블라우스 겉에서도 볼 수 있을 거예요. 그 카드에 내 이름을 적어놓은 거요? 그건 내 아이디어가 아니에요. 고든의 아이디어죠. 그 애가 먼저 그러기에 그냥 나도 따라서 해본 거예요. 정말 하느님께 솔직하게 맹세하면, 난 영화배우가 되고 싶은 것도 아니에요. 난 연기의 연 자도 아는 게 없어요. 난 내가 뭐가 되고 싶은지도 몰라요. 난 그저 여기 와서 아빠를 보고 싶었어요. 난 그저 아빠가 어떻게 생겼는지 알고 싶었어요.'

요즘에는 연기학원에서 연극영화과 지망생들에게 독백형식의 대사로 가르치기도 하는 이런 대사를 아이유가 연기한다면 어떤 그림이 나올지 정말 궁금하다. 아이유는 자신이 직접 썼다는 '스물셋'이란 노래에서 '여우인 척 하는 곰인 척 하는, 여우 아니면 아예 다른 거. 어느 쪽이게. 뭐든 한쪽을 골라. 색안경 안에 비춰지는 거 뭐 이제 익숙하거든.'이라면서 '겁나는 게 없어요. 엉망으로 굴어도 사람들은 내게 매일 친절해요.'라고 자신감을 드러내기까지 한다. 최근 신곡을 프로듀싱하는 과정에서 〈나의 라임오렌지나무〉의 '제제' 문제로 논란이 생겼을 때 당당하게 대처하는 아이유의 모습에서 나는 진정한 프로페셔널의 모습을 발견하고 다시금 감탄했다.

남자배우 중에는 아역 배우 출신으로 드라마 〈밀애〉에서 젊은 피아니스트로 출연하여 김희애 씨와 함께 열연을 펼쳤고, 최근에는 영화 〈사도〉에서 색다른 사도세자로 변신하여 대중의 사랑을 받는 유아인이 눈에 띈다. 그를 처음 보자마자 연기 스타일이 드라마보다는 무대 체질이라는 느낌을 받았다. 유아인은 무대에서 관객들에게 충분히 어필할 수 있는 뛰어난 연기력을 지녔다. 한데 지금은 슈퍼스타로 발돋움해서 그를 무대로 픽업시키고 싶다는 나의 소망은 더욱 멀어졌다. 하지만 언젠가는 대학로에서 그를 볼 수 있으리란 기대감은 늘 갖고 있다.

태생부터 프로페셔널 같은 아이유와 유아인 등의 신세대 아이돌을 나의 극장, 나의 무대에 세운다면 얼마나 행복할까? 그런 상상을 하다보면 괜스레 행복해진다. 창밖의 아이돌이라고? 비현실적인 이야기는 분명 아닐 것이다.

한여름 밤의 꿈

예나 지금이나 나의 터전은 대학로다. 그 이름만으로도 느껴지는 젊음과 상상과 창조의 공간 속에서 많은 것을 얻었고 그만큼의 잃은 것도 있다. 역시 살아가면서 일방적으로 채우기만 한다는 것은 불가능하다는 것을 느꼈다. 비워야 채워지고 채워지면 비워지는 공존의 미학이 여기에서도 필연적으로 작동하고 있다.

대학로에서는 날마다 새로운 연극의 막이 오르고 또 사라진다. 그중에는 고전적인 작품도 있고 실험극, 코믹극, 막장극까지 다양하다. 개중에는 젊은 연극인들이 색다른 아이디어로 만든 모험적인 작품도 많아서 눈길을 끈다. 그렇지만 예전에 비해 정통성 있고 내용이 검증된 작품이 줄어든 것 같아 안타깝다.

〈오디세이아〉, 〈일리아스〉 같은 그리스 고전부터 셰익스피어의 〈한

여름 밤의 꿈〉, 〈입센의 페르 귄트〉, 체호프의 〈벚꽃 동산〉 같은 서양의 유명작품 그리고 중국의 경극이나 일본의 가부키까지 다양한 연극이 공연되었으면 좋겠다. 아무래도 전문 매장이 산적해 있는 백화점에 손님들이 많이 몰려들지 않겠는가.

그동안 작품성과 흥행성이 검증된 작품은 자주 리바이벌되었지만, 작품성을 인정받고도 대중에게 생소하다는 이유로 중도하차하는 작품들이 꽤 있다. 또 원작을 여러 겹으로 재포장하여 본래 작품의 창작 의도를 드러내지 못하는 경우도 있다. 재해석이 나쁘다는 것이 아니라 원작이 가지고 있는 느낌 그대로 연출하는 정통 리얼리즘 연극도 자주 무대 위에 올렸으면 하는 것이다.

그런 면에서 나는 노장 연출가들이 적극적으로 작품 활동에 나서주었으면 하는 바람이다. 청년세대의 왕성한 창작의욕과 기성세대의 경험이 조화를 이루면 정말 세련되고 의미 있는 작품이 나오지 않겠는가. 수준 높은 관객들을 위한 수준 높은 연극이 바탕이 되어야 대학로가 연극의 주 무대로써 오랫동안 생명력을 유지할 수 있다고 믿는다.

극단 두레가 부천 시대를 마치고 서울에 진출할 무렵 대학로는 동숭동 서울대학교 시절의 추억만 오롯한 쓸쓸한 거리였다. 마로니에 거리는 한산했고 밤이 이슥해지면 어린 학생들이 둘러앉아 통기타를 뜯으며 소주잔을 기울이거나 취객들만 비틀거렸다. 몇 개 되지 않았던 소극장 입구에는 찬바람만 횡하니 맴돌았다. 골목 안쪽의 목로주점에서 시큼털털한 술 냄새만 피어올랐다.

얼마 후 학림다방이나 이음서점 등 쌍팔년도 세대들의 추억만 일깨우던 이 죽어버린 공간으로 신촌과 홍대 등지에 있던 극단들이 싼 임대료 맛에 대피하듯 몰려들었다. 그래서 1980년대에는 13개에 불과했던 소극장이 2004년 문화지구로 지정되면서 폭발적으로 늘어났다. 당시 연극인들은 날이면 날마다 텅 빈 객석을 바라보며 한숨을 내쉬었다. 길가의 게시판이나 전봇대에 더럽혀지고 찢어진 포스터조차 풀기가 없어 턱이 빠졌다. 관객이 없으니 수입이 없고, 수입이 없으니 임대료조차 낼 힘이 없어지자 극단에서는 배우와 스텝들의 주머니를 털어 명맥을 유지했다. 그나마 연우무대의 주역들이 〈한씨연대기〉나 〈칠수와 만수〉 등의 사회성 짙은 작품으로 사람들을 끌어 모았다. 나 역시 이곳에서 무엇을 해야 하나 고심하던 시기였다.

그 무렵 대학로에서는 진지하고 의미 있는 연극이 대다수였다. 나는 궁리 끝에 남들이 외면하는 코믹극을 뽑아들었다. 이 황량한 대학로에 연인들을 물결치게 하자. 그러자 지인들이나 동료들이 시쳇말로 도시락을 싸들고 와서 말렸다.

"연극계를 진흙탕으로 만들려 하느냐?"

"자존심이 있지 어떻게 그런 연극을 하려고 하는 거야?"

반대가 심하면 심할수록 나의 결심은 굳어졌다. 당신들이 하지 않는 것을 해보이겠다. 그래서 반드시 성공하고야 말겠다. 그때부터 나의 화두는 '어떻게 하면 관객들을 웃길 수 있을까?'였다. 그 결과물이 오늘날 3백만 명의 관객을 돌파한 〈보잉보잉〉이다.

플러스가 있으면 마이너스도 있는 법. 현재 대학로에서는 〈보잉보잉〉류의 로맨틱 코믹극이 범람하고 있다. 무려 160개의 공연 가운데 절반 이상이다. 마치 영화계에 〈친구〉란 영화로 조폭 신드롬이 부니 조폭마누라, 조폭여동생, 조폭남편 등의 유사품이 양산되었던 것과 비슷한 양상이다. 이런 현상을 나의 〈보잉보잉〉이 조장한 것이 아닌가 하는 자괴감까지 든다. 그러므로 대학로의 책임 있는 한 사람으로서 힘들겠지만 다시 한 번 역행의 진격을 시작해야겠다는 생각이다.

대학로의 분위기도 최근 많이 바뀌었다. 혜화동에서 명륜동 일대까지 젊은이들로 넘쳐나고 있다. 물론 거리에 활기가 생긴 것은 좋은 일이다. 팝스틱한 클럽문화가 번창하는 홍대 거리와 비교할 때 우리 대학로는 클래식한 문화의 거리였다. 그런데 수많은 술집과 유흥업소가 밀려들어오면서 명동과 비슷한 분위기로 변모하고 있다.

젊은이의 거리라는 명칭에 걸맞게 그들이 즐겁게 대중문화를 감상하고 청춘을 만끽하는 것은 좋은 현상이다. 하지만 술에 취하여 흥청거리고 뒷골목에서 고함을 지르며 오물을 쏟아내 시민들의 눈살을 찌푸리게 하는 일이 잦아지고 있다.

문화적 특징이 사라진 거리의 미래는 그리 밝아 보이지 않는다. 이를테면 가난한 농촌 마을이 문명의 혜택을 받아 깔끔한 문화도시로 탈바꿈했는데, 어느 날 갑자기 놀이공원이 들어서면서 식당에 술집과 도박장까지 넘쳐나는 환락가가 되어 버린 꼴이다. 대학로가 이제는 너무나 번화한 거리가 되다 보니 힘없는 연극인들만으로는 문화와 유흥이 양립하는 공간으로 지켜나가기도 버거운 상황으로 가고 있다. 게다가 한구석에서는 나름 연극인 체하며 퇴폐적인 저질개그로 손님을 끌어 모으는 일당들이 있어 걱정스럽기 짝이 없다.

물론 내가 대학로를 무슨 독립운동의 성지처럼 생각하는 것은 아니다. 하지만 애써 가꾸어놓은 거리의 아름다움이 훼손되고 있는 것 같아 너무나도 안타깝다. 살아있는 문화공간으로서의 자부심을 갖고, 사용자나 이용자들이 상쾌, 경쾌, 유쾌하게 즐길 수 있도록 자체적으로 정화해야 할 필요성을 느낀다.

스페인의 아비뇽이나 런던의 에든버러, 미국의 브로드웨이를 제치고 세계 연극의 중심지로 등장한 독일 베를린의 경우 50여 개의 극장에서 1년에 수백 편의 연극이 공연된다. 그래서 연극을 꿈꾸는 전 세계의 젊은이들이 요즘에는 뉴욕이나 파리가 아닌 베를린으로 몰려든다고 한다. 그러기에 메르켈 독일 총리는 '베를린은 아름답지는 않지만 정말 섹시하다.'라고 큰소리를 쳤다던가.

하지만 나는 그들이 부럽지 않다. 우리 대학로가 품고 있는 잠재력이 엄청나기 때문이다. 창덕궁과 성균관, 낙산, 종묘 등의 특급문화재에 둘러싸인 단일 공간에 무려 150여 개의 소극장이 모여 있다. 여기에서 공연되는 작품이 한 극장에서 1년에 3편씩만 내놓는다고 해도 450편이 된다. 여기에 종사하는 연극인들의 수효나 관련 문화계 인사들까지 종합하면 그 규모는 상상 이상이다.

이런 인프라를 바탕으로 우리 대학로가 세계 연극의 메카로 발전할 수 있는 가능성은 충분한 것이다. 대학로란 뽕나무 밭을 푸른 바다로 만들고 싶다는 나의 소망은 몽상이 아니다. 세계 어디에도 이렇게 많은 극단이 집중된 장소는 없다. 한때 나는 대학로의 구역을 나누어 아스팔트를 독특한 색깔로 칠하고 특색 있는 아이템을 집중 지원 배치하고 극장지도를 만들면 어떨까 하는 생각도 해보았다.

연극인들이 합심하고 협력한다면 우리는 대학로를 아비뇽보다 뜨겁고 파리보다 장엄하며 베를린보다 섹시하게 바꿀 수 있다. 우리나라는 역사적으로나 문화적으로 아시아의 용광로와 같다. 그 안에서 세계인들을 감동시킬 수 있는 주제나 소재는 추측 불가이다.

그들이 그리스 고전을 새롭게 재해석하여 현대적으로 완성해내고, 현대 극작가들의 도발적이고 실험적인 작품들을 무대에 올린다면, 우리는 그들을 뛰어넘는 창의성과 도발성을 충분히 꺼내들 수 있다. 저들이 자랑하는 스케일은 약간의 자본만 뒷받침된다면 우리의 기술력이나 예술 감각으로 얼마든지 이겨낼 수 있다. 거기에다 외국인들에게 통역이 필요 없는 장치나 연기를 조합할 수 있다면 금상첨화일 것이다.

우리 함께 푸르른 날에

　대학로의 마로니에 푸른빛이 짙어져가던 올해 5월 15일, 오후부터 갑자기 스마트폰이 계속 요동을 쳤다. 문자와 카톡의 러시였다. 후배들이 스승의 날이라면서 나의 안부를 묻는 것이었다. 문득 내가 제자들에게 인사 받는 글방 훈장님 같은 느낌이 들었다. 나도 모르게 눈물이 핑 돌았다. '뭐야, 이거.' 예기치 못한 문자 러시에 감격한 나는 애잔한 심정으로 아래와 같은 글을 페이스북에 올렸다.

　'대학로가 어떨 땐 지긋지긋해서 떠나고 싶기도 한 적이 간혹 있긴 했지. 그런데 말이야. 오늘 문득 이런 생각이 들어. 역시 내가 있어야 할 곳은 운명처럼 대학로라고. 브로드웨이도 싫고 그 어디도 아니고, 난 그냥 대학로 나무가 될래. 언제든 여기에는 내가 있어서 니네가 오른 날 만날 수 있을 것이야. 대학로, 대학로. 니네가 있어서 대학로 좋네. 톡이나 문자 보내준 아그들아, 고맙다. ㅋ 이름 안 가리고 올려서 미안하고, 다 올리지 못해 미안하다. 그냥 대충 선별해서 올린 거니 이해해다오들. 암튼 화이팅하자. 대학로에서 모두 다 잘되자.'

몇 자의 답글로 어떻게 내 마음을 다 보여줄 수 있겠는가. 어쨌든 그렇게 나를 믿고 응원해주는 후배들이 있기에 대학로에서 여태까지 버텨왔고, 앞으로도 꿋꿋하게 살아갈 것이다. 선배이자 동반자로서 지난한 배우의 길에 뛰어든 그들을 지켜주고 나날이 성장하는 모습을 지켜볼 수 있다는 것은 정말 대단한 축복이 아닐 수 없다.

꿈을 찾아 대학로를 찾아온 배우들은 대략 세 부류로 나뉜다. 연기력을 인정받아 더 넓은 세계로 떠나는 자, 끝내 나는 무대에서 혼을 불사르며 남아있는 자, 경쟁에서 도태되어 무대 밖으로 밀려나는 자. 나는 그들이 성공했든 실패했든 평생 배우라고 생각한다.

대학로에 아무리 많은 인파가 몰려들어도 배우들의 삶은 열악하기만 하다. 이 동네도 빈익빈부익부의 논리가 지배하고 있기에 심사숙고해서 작품을 올려도 본전을 뽑지 못하는 사태가 빈번하다. 더군다나 배우들의 기본 개런티 자체가 워낙 낮다 보니 롱런하는 작품이라면 그럭저럭 살아갈 만하지만 실패한 연극에 참여한 배우는 몇 달 동안의 노고에도 불구하고 개런티를 못 받아 생계를 유지하기조차 힘든 경우가 허다하다. 그럴 때 제작자들이 배우들에게 늘어놓는 변명은 매번 똑같다.

"미안하다. 다음에 잘하자."

최근 사회적으로 인턴이나 자원봉사자를 착취하는 열정 페이가 문제된 바 있지만 배우들은 정식 계약을 하고도 이런 말을 들으면 어디 하소

연할 데가 없다. 씁쓸한 심정으로 술집 한구석에 앉아 대학로의 불빛이 꺼지고 맞은편 명륜동 주점가조차 썰렁해질 때까지 소주잔을 기울일 뿐이다.

대학로의 소극장 체계는 파이 자체가 작기 때문에 한 달 내내 공연해도 총액 자체가 적다. 기업체의 협찬 러시와 대극장 체제로의 안착에 성공한 뮤지컬은 티켓 가격도 고액인 데다 부유한 관객들의 호응도가 좋아 휘파람을 불고 있다. 그러니 뮤지컬 배우들은 스타급 반열에 올라 영화나 드라마, 음악프로그램에까지 초빙되어 유명세를 날리고 있다. 반면 소극장 출신의 배우들은 대형 무대로 스카우트되는 경우가 가뭄에 콩 나듯 하다.

나는 극단의 대표이자 연출가로서 이런 배우들의 속사정에 민감하지 않을 수 없다. 배우들의 기본적인 생계보장이 되어야 안정감을 갖고 무대에 설 것이 아닌가. 뿌리 깊은 나무가 바람에 흔들리지 않는 법이다. 배우들의 개런티가 회당 5만 원이든 10만 원이든 명확하게 계약하고 지급이 법적으로 보장되어야 하는데, 일부 극단에서는 온갖 감언이설로 배우들을 무대에 끌어들이고는 흥행이 저조하면 제일 먼저 그들의 개런티부터 지급을 미룬다. 그런 얄팍한 갑질에 시달리면서도 배우들이 극단을 쉽게 떠날 수 없다는 것이 문제다.

배우들은 연극의 준비과정에서부터 공연이 끝날 때까지 대략 다섯 시간 정도를 사용한다. 극단 두레의 경우 히트작품인 〈보잉보잉〉의 배우들은 한 달에 대략 40여 회 무대에 서니 어느 정도 운신이 가능하다. 자신의 능력 여하에 따라 몇 편의 연극에 중복 출연할 수도 있다. 그 외에도 연극과 관련된 방송이나 모델 등의 일을 통해 자신의 이름도 알리면서 수입을 올리는 배우들도 있다.

나도 제작자로서 배우들과 계약할 때 많은 갈등을 겪었다. 지금도 그렇지만 나는 지킬 수 없는 금액은 결코 제시하지 않았다. 배우들은 처음에는 야속한 표정을 짓지만 나중에는 고마워했다. 20여 년 동안 한 번도 약속을 어긴 적이 없다. 그러기에 우리는 정정당당하게 함께 일했고, 오랜 시간이 지난 뒤에도 즐겁게 만날 수 있다. 그렇게 나는 신의를 바탕으로 배우들과 인연을 맺었다.

현재 대학로에서 배우들의 안정적인 수입을 보장하는 작품은 〈보잉보잉〉 외에 〈라이어〉, 〈옥탑방 고양이〉 등 몇 개 되지 않는다. 여기에 출연하는 배우들은 일급 배우로 대접받으면서 장차 스타의 꿈을 키우고 있다. 하지만 그 외의 많은 배우들은 각박한 현실에 쫓기다 결국 꿈을 접고 눈물 흘리는 것이다.

블랙코미디 같은 현실은 무대를 떠난 배우들 대부분은 기업체에 취직하기보다 자영업에 뛰어들거나 연기학원 등지에서 강사로 일하는 경우가 많다는 점이다. 원체 자유로운 영혼의 소유자들인지라 조직생활에 적응한다는 것 자체가 불가능하기 때문이다. 다행히 요즘에는 대학에 연극영화과가 많아서 대도시는 물론 지방도시에도 연기학원이 많이 생겼다. 한쪽의 불황은 한쪽의 호황을 조장하는 건가. 생각해보면 세상살이가 참 괴이하기도 하다. 어쨌든 그들은 연극과 유사한 세계에 발을 담그고 언젠가는 꿈을 찾아 다시 돌아오리라 다짐한다.

살얼음판 같은 이 세계에서 내가 그들에게 채워줄 수 있는 것은 무엇일까? 그것은 결코 돈이 아니다. 무대에서 함께 뒹굴며 연기의 맛, 연극의 가치, 선후배로서의 교감을 나누는 것이다. 배우들은 어떤 극한 상황에 몰리더라도 희망을 품고 견뎌내는 괴물이다. 그 희망의 단지에 실력을 채워주는 것이 바로 나의 의무이다.

개미들은 추운 겨울에 대비하여 뜨거운 여름에도 쉬지 않고 열심히 일한다. 하지만 곁에 있는 동료들을 결코 외면하지 않는다. 늦지만 확실한 것은 신들의 힘까지도 움직인다고 하지 않던가. 우리는 흩어지면 오합지졸이지만 뭉치면 거대한 탑을 지을 수 있다.

그들이 화가 나면 정글을 황야로 만들 수도 있다. 바로 그런 힘이 우리들에게 있다. 그러기에 나는 후배들과 연습하면서 연기는 연출가를 위해서나 관객을 위해서 하는 것이 아니라 자신을 위해 하는 거라고 강조하곤 한다. 자신을 완성해야 다른 완성품과 톱니를 맞추어 시계바늘을 돌릴 수 있는 것이다.

자신을 최고로 조련하는 데 어찌 나태해지거나 대충 넘어갈 수 있겠는가. 배우는 매일 무대에 서지만 관객들은 처음 그의 연기를 본다. 지겨움을 이겨내는 자가 프로이다. 그들과 함께 있으면 나는 연출가가 아니라 친구이자 동료가 된다. 무대에서 그들과 땀 흘리며 연습하는 과정은 정말 행복하다. 그런데 배우가 자꾸 실수를 하면 어떻게 하는가. 바로 아래의 대화가 우리들의 실제 상황이다.

"넌 요즘 행복하니?"

"그럼요. 이렇게 열심히 연습한 지가 언제인지 모르겠어요."

"그래. 그런데 난 행복하지 않아. 나를 좀 행복하게 해줄래."

"어떻게 해야 감독님이 행복해질까요?"

"네 연기가 어제와 똑같아. 조금만 달라지면 좋겠어. 제발 도와줘."

나는 이것이 현명한 연출가의 방식이라고 믿는다. 연출가와 배우는 서로 행복을 주고받는 관계여야 한다. 상대를 행복하게 해주기 위해 새로운 표현을 스스로 찾아내는 것이다. 그래서 나는 20~30대에게는 20~30대의 언어로, 50~60대에게는 50~60대의 언어로 행복하게 해주고 행복을 구걸한다. 그들이 연극을 좋아하고 무대를 사랑하고 행복해 하는 걸 보면 참 재미있다.

사람들마다 재미의 요건은 다르다. 션과 정혜영 부부처럼 봉사와 희생에서 재미를 찾는 사람도 있지만, 나는 나의 방식대로 살 것이다. 누추해 보이면 어떤가. 눈이 부시게 푸르른 날 거리에 앉아 빈 깡통에 행복이 가득차면 여기저기 뿌리면서 재벌처럼 살면 되는 거다. 그런 나날을 통해 후배들은 하루하루 성장하고 큰 그릇이 된다. 그리고 스타가 되면 함께 고생했던 시절을 회상하고, 방만해진 자신을 다잡기 위해 돌아오기도 한다. 그것이 내가 사는 맛이다.

살고자 하면 살리라

첨단 디지털 시대에 접어든 오늘날 연극이란 장르가 과연 자생력을 갖출 수 있을까. 이 문제를 생각하면 가슴이 답답해진다. 현재 우리나라에서는 어른은 물론 청소년들까지 컴퓨터 한 대를 주머니에 넣고 다닌다. 그러다보니 영상음악은 물론이고 긴 영화나 드라마도 스마트폰 하나만 있으면 얼마든지 볼 수 있다. 이런 판국에 아날로그 예술의 전형이랄 수 있는 연극의 앞날이 밝아 보일 리 없다.

그동안 할리우드와 경쟁하며 초거대사업으로 진화한 영화는 동시다발적인 광고공세로 인해 한국인의 필수적인 문화상품이 되었다. 대형 뮤지컬이나 음악콘서트 역시 각종 매체와 SNS의 지원에 힘입어 티켓이 비싸도 전석 매진이 예사이다. 한데 이런 대중예술의 원조 격인 연극은 일부 작품을 제외하고는 파리를 날리고 있다. 광고 재원의 한계도 있고, 연극에 대해 대중들의 공감대 형성이 미흡한 탓이겠다.

문화예술 당국에서도 이런 상황을 직시하고 일부 지원을 하고 있지만 다른 분야에 비하면 새 발의 피다. 우리가 연극판이란 좁은 숲속에서 생존경쟁에 몰두하고 있는 사이에 문화예술이란 정글의 지형도 자체가 바뀐 것이다. 자생력을 잃은 연극계는 언제나 우선순위에서 빼 버려도 괜찮은 빛 좋은 개살구가 되어 버렸다.

"너희들이 좋아서 하는 일이잖아. 그 일에 가난은 필수야."

이와 같은 일반인들의 몰이해와 정부 당국자의 무신경으로 연극계는 아사 상태에 빠져들고 있다. 대학로의 소극장들은 살아남기 위해서 저마다 코믹하고 섹시하고 기상천외한 작품으로 관객들을 유혹하고 있는 판국이다. 이런 정황은 인터넷 대형서점이 장악하여 지방서점들이 고사당하고 도서정가제란 족쇄에 물려있는 출판계와 비슷한 처지인 듯하다.

문화예술이란 본래 자생력이 없는 분야이다. 그러기에 외국에서는 문화예술인들이 창작에 몰두할 수 있도록 많은 혜택을 주고 있다. 일을 쉬어도 실업급여를 직장인들보다 많이 지급하지만 국민들은 하등 불만이 없다. 예술인들은 대중을 위해 봉사하는 존재라는 기본적인 개념을 탑재하고 있기 때문이다.

몽마르트르 거리의 화가들이 있기에 프랑스의 기품이 빛나고 에든버러의 배우들이 있기에 셰익스피어가 숨 쉴 수 있는 것이다. 문화적으로 일천한 나라의 국민이라면 얼마나 볼품없어 보이는가? 예술가는 놀고먹는 백수가 아니라 한 세계의 수준을 상징하는 대표선수라는 점을 강조하고 싶다.

우리나라에서는 문화예술인이 대접받는 나라가 진정한 선진국이라는 볼멘소리를 아무리 외쳐도 들어주는 사람이 없다. 예술이 쌀과 고기를 주지는 않는다. 하지만 그것은 인간 존재와 삶의 의미를 대변해주는 꽃이고 보석이다. 사람은 무엇으로 사는가. 사랑으로도 살고 예술로도 산다. 당신은 쌀과 고기로 산다고 대답하겠는가?

문화예술계에 대한 지속적인 홀대에도 불구하고 대학로 내부는 참 깔끔하게 정비되고 있다. 깔끔한 우레탄으로 도로를 포장하고 쓰레기통조차 치워두었다. 그럼에도 불구하고 거리의 낭만이 사라지고 있다는 것이다.

반드시 연극이 아니더라도 이 거리가 청춘만의 공간으로 고착되어가고 있는 것이 좋은 건지 나쁜 건지 분간이 잘되지 않는다. 서울이란 도시의 울타리 안에서 종각은 노인, 명동은 쇼핑족, 동대문은 서민, 대학로는 청소년 이런 식으로 세대 영역이 구분되는 것이 과연 정상적인 걸까.

최근 십여 년 동안 사회적으로 문화에 대한 아젠다가 깨끗이 사라져버린 느낌이다. 마이너스 고성장 덕분인지 관객은 줄고 문화당국의 규제는 더욱 심해졌다. 그로 인해 우리 연극인들은 행복을 창조할 권리를 빼앗기고 공장 노동자로 전락하고 있는 느낌이다.

입술이 없으면 이가 시린 법, 종합예술의 기초인 연극계를 노예화해서 어떤 문화 창달을 이룰 건지 궁금하기만 하다. 바람이 달라지면 돛의 방향을 바꿔주어야 한다. 바로 이런 시기에 연극인들이 뜻을 한데 모으지 못한다면 변화하는 흐름에 어찌 대응할 수 있겠는가.

어쨌든 살고자 하면 사는 모양이다. 초창기에 연극 한 편 만들면 극단의 존립이 위협받는 상황에서 나는 실패를 거듭하고 실의에 빠졌었다. 그때 나는 생각했다. 여태까지 내가 좋아하는 작품만을 만들어왔다. 이젠 관객들이 좋아하는 연극을 만들겠다. 그래서 코믹극을 만들자 마법처럼 관객들이 나를 도와주었다.

그분들의 폭발적인 성원으로 내가 사랑하는 연극판에 계속 머물러 있을 수 있었고 우리 배우들 역시 무대에서 살아남을 수 있었다. 그렇게 기반을 갖추고 나니 내가 구태여 손바닥을 비비지 않아도 스폰서들이 몰려들었다.

지금도 많은 극단들이 국가지원에 목맨다. 그들로서는 생사가 달린 문제다. 자생력을 기르지 않았기 때문이다. 비교적 안정되어 있는 우리 극단 두레도 언제까지 혹한 속에서 빙벽을 사수할지 장담할 수는 없다. 오로지 관객들의 종복으로 그들이 원하는 바를 찾아 질 좋은 서비스를 제공하면 살아남을 수 있다는 믿음을 갖고 있다.

지금의 대학로는 그런 면에서 아직 많이 부족한 것 같다. 연극인들이 문화계 선구자로서의 자존심보다는 최선을 다해 작품을 만들어 관객에게 감동을 주겠다는 마인드를 지켜나간다면 그 밖에 문제는 자연스럽게 풀리지 않을까 싶다. 반드시 제도적인 부분이 아니더라도 최선을 다하면 관객들은 반드시 알아주더라는 뜻이다. 그러므로 악착 같이 좋은 연극 만들자.

나의 길을 가련다

　나는 중학 시절부터 여태까지 연극 이외에는 어떤 분야에도 애착을 기울인 적이 없다. 영화도 드라마도 게임도 숙제도 내겐 그저 허공을 스쳐 가는 바람소리였다. 물론 성공하고 나서 연극잡지나 연기학원 등에 관여한 적은 있지만 일시적인 외도였을 뿐이다.

　내가 연극에 몰입하게 된 이유는 무엇보다도 갓 잡은 생선처럼 펄펄 뛰는 생동감 때문이었다. 연극은 내가 생각하는 대로 관객이 움직인다. 모니터나 스크린 같은 가림막이 있는 것이 아니라 현장에서 관객을 볼 수 있다. 즉시 관객의 반응을 살필 수 있고 관객과 함께 소통하고 울고 감정을 공유할 수 있다. 이런 라이브한 환경, 항상 깨어있는 느낌, 언제나 뜨거운 삶. 이게 바로 나를 무대에서 내려가지 못하게 하는 이유였다.

　한동안 배우로 활동하다가 어린 나이에 극단 두레를 설립하고 제작,

연출을 겸하다 보니 숱한 난관에 부딪혔다. 22세의 나이에 1억 이상의 빚을 지고 절망에 빠졌다. 극단에서 숙식을 해결하던 단원들이 며칠째 굶주리고 있었다. 고민 끝에 지푸라기 하나라도 잡아볼 요량으로 집에 들어갔다. 그런데 가족들이 식탁에 둘러앉아 있는 가운데 어렵사리 말을 꺼내려는데 어머니께서 먼저 물으셨다.

"요즘 일이 잘되지?"

가슴이 덜컥 내려앉았다. 하지만 순간 내 입에서는 능청스러운 거짓말이 나왔다.

"네. 그럼요. 걱정하지 마세요."

그런 상황에서 차마 가족들에게 돈을 빌려달라는 말은 할 수가 없었다. 대문을 나서는데 눈물이 핑 돌았다. 그놈의 자존심 때문에 벼랑 끝으로 떠밀린 내게 갑자기 용기가 생겼던지 극단 사무실 앞에 있는 슈퍼마켓에 들어가 주인아저씨에게 사정했다.

"한 달 동안만 우리 단원들에게 외상으로 물건을 좀 주십시오. 제가 꼭 갚겠습니다."

다행히 안면을 트고 지내던 주인아저씨는 선선히 내 제의를 수락해 주었다. '아, 두드리면 열리는구나.' 하는 기분에 두 주먹에 불끈 힘이 들어갔다. 그 후 한동안 슈퍼마켓에서 외상으로 라면이나 계란, 김밥 등을 조달하면서도 우린 절대로 기죽지 않았다. 그 절실함, 그 배고픔, 그 서러움이 언젠가는 빛나는 성공으로 이어질 것이라 모두가 굳게 믿고 있었기 때문이다.

그 무렵 내가 제일 고심했던 것은 배우로서의 불확실한 미래였다. 어릴 때는 그토록 명확하던 확신이 나이가 한두 살 들면서 희미해졌던 것이다. 내가 평생 무대에 설 수 있을까, 나는 과연 배우로서의 자질을 갖고 있는 걸까 하는 의문이 하루도 빼지 않고 뇌리를 스쳐갔다. '연극을 하면 배고프다.'는 주위의 만류도 나의 방황에 한몫 거들었다. 그 와중에 무대에서 대사를 까먹어 관객으로부터 욕설을 들었을 때는 엄청난 좌절감을 겪었다.

누차 밝혔듯이 나는 연극 외에 할 수 있는 일이 없었다. 몸이 부실하니 막노동판에 나설 수도 없고, 취직을 해서 상사에게 굽실거리면서 뼈 빠지게 봉사하여 얄팍한 월급봉투를 받아든다는 것은 상상조차 하기 싫었다. 잘 익은 사과 하나에 내 의지, 내 상상력으로 무엇이든 표현할 수 있는 에덴동산을 팔아치울 수는 없었다.

그러던 어느 날 독일에 있는 한 팬으로부터 엽서 한 장을 받았다. '여기 와보니 당신의 연극이 기억에 남는다. 독일에서도 늘 성원하겠다.'라는 내용이었다. 그걸 보고 온몸이 찡하는 감동을 받았다. 내 연극을 보고 이렇듯 마음 깊이 담아두고 손수 감사하는 사람이 있다니……. 그것은 실로 속 깊은 위안이었다. 선비는 나를 알아주는 사람을 위해 목숨을 바친다고 했던가. 배우인 나는 이런 관객을 위해 무대에서 뼈를 묻어야겠다고 다짐했다. 돈이 없다고 해서 연극을 포기하지는 않으리라. 그렇게 마음을 다잡은 나는 새로운 작품 기획에 몰두했다. 극단의 리더로서 힘든 모습을 절대 보이지 않았다. 그들과 함께 땀 흘리며 한 걸음씩 느릿느릿 나아갔다. 다행히 궁여지책으로 연출한 아동극 한 편이 성공을 거두어 다시 일어설 수 있었다.

사람들은 대부분 일과 자신을 분리하고 살아간다. 그것이 정상적인 생활일 것이다. 하지만 나는 그때부터 내가 연극이고 연극이 나라는 자세로 살아왔다. 프랑스의 디자이너 피에르 가르뎅은 중요한 결정을 내릴 때 동전을 던진다고 한다. 그 말을 이해한다. 나 역시 무엇을 선택하느냐보다 얼마나 최선을 다하느냐가 일의 성패를 좌우한다고 믿는다. 그러기에 한 번 결정한 것은 절대로 후회하지 않았다.

실패도 성공의 과정이요, 성공은 더 큰 발전의 밑거름이다. 그러기에 이제부터는 내 손을 거친 모든 작품이 극단 두레와 손남목이라는 브랜드로 어필하기를 바란다. 극단 두레의 연극, 혹은 손남목이 만든 연극이라면 믿고 볼 수 있다는 말을 듣고 싶은 것이다. 그렇게 오늘도 내일도 나는 나의 길을 간다.

Chapter 05

우물 안에서 세상 보기

작은 욕구를 가진 사람은 작은 사람이 되고
큰 포부를 가진 사람은 큰 사람이 된다.

원초적인 욕망으로 비극을 읽다
〈산불〉

한국전쟁이 한창이던 1951년 겨울의 어느 산골 마을, 전쟁으로 남편과 자식을 잃은 과부들은 모여 살면서 목숨을 부지하기 위해 국군과 빨치산 양쪽에 협력하고 있다. 비참한 현실 속에서 그녀들은 꿋꿋하게 하루하루를 버텨나간다.

이 마을의 젊은 과부 점례와 사월에게는 인간으로서 참기 힘든 욕정의 문제도 있다. 사월이는 남편 없이는 더 이상 못 견디겠다며 불평을 늘어놓고, 점례는 사월이와 같은 처지지만 드러내지 않는다. 그날 밤 빨치산을 따라 산에 올라온 교사 출신의 규복이 점례네 집 부엌으로 숨어든다. 점례는 도움을 청하는 그를 외면하지 못하고 뒤껄 대밭에 숨겨준다. 그때부터 두 사람은 육체적 관계를 맺으면서 사랑으로 발전하지만 곧 사월이에게 발각된다. 사월이는 신고하지 않는 대가로 규복을 공유하자고 제안한다. 점례는 어쩔 수 없이 그녀의 청을 들어줄 수밖에 없다.

몇 달 뒤 사월이의 임신 사실이 알려지면서 상황이 파국으로 치닫는다. 얼마 후 국군은 공비 소탕작전의 일환으로 대밭에 불을 지른다. 시뻘겋게 치솟는 불길 속에서 몇 발의 총성이 울려 퍼지고 규복은 시체가 되어 마을 사람들 앞에 나타난다. 낯선 남자의 시신을 두고 웅성거리는 주민들, 이때 한편에서 양잿물을 마시고 자살한 사월을 발견한 사월이 어머니 최 씨의 비명이 무대를 찢어놓는다. 망연히 타오르는 대밭을 바라보는 여인들과, 규복의 시신 앞에서 넋이 나간 듯 서 있는 점례. 그것은 전쟁과 평화 사이에 일그러진 산골마을의 비극에 다름 아니었다.

원로극작가 차범석 선생님의 대표작 〈산불〉의 줄거리다. 이 작품은 본래 전쟁과 이데올로기가 인간성을 얼마나 말살하는지를 보여주는 비극이다. 우리나라 희곡 중에 몇 되지 않는 명작이었으므로 언젠가 내 손으로 만들어보고 싶다는 생각을 하고 있었는데 우연히 차범석 선생님의 팔순에 맞춰 극단 두레의 무대에 올릴 수 있었다.

〈산불〉은 1962년 12월 24일 명동 국립극장에서 초연된 이래 이미 여러 무대에서 40여 년 동안 공연되었으므로 그 무게감이란 이루 말할 수 없을 정도였다. 대본을 살펴보니 동족끼리 벌인 비극적인 전쟁으로 인해 전 국토가 들끓는 상태에서 여인들의 욕정이라는 가장 원초적인 욕망을 통해 인간의 삶이 황폐화되는 과정이 뚜렷하게 다가왔다.

전쟁과 이데올로기는 그 무렵 관객들의 시선을 끌만한 주제가 아니었지만, 그동안 가볍고 자극적인 작품을 해왔던 나로서는 이런 진지한 연극을 통해 연출가로서 균형감각을 유지할 수 있겠다는 생각에 몹시 반가웠다. 몇 차례 대본을 읽다 보니 충분히 재미있게 만들 수 있을 것이라는 자신감도 생겼다.

작품의 해석은 시대와 환경에 따라 달라질 수 있다. 산촌을 배경으로 고립된 과부들의 마을은 원작자가 의도하지 않았더라도 충분히 호기심 넘치는 배경이다. 게다가 남녀가 몸을 섞는 대밭이라는 경계 안의 경계는 생사의 갈림길이면서 애욕의 공간이 된다. 여기까지만 해도 찬란한 비극이 연상되지 않는가.

너무 오래된 작품이라 소극장에서 〈산불〉을 어떻게 표현할 수 있을까? 관객들의 반응은 어떨까? 우선 이런 염려가 앞섰지만 군더더기를 잘라내고 핵심을 드러내는 것이 바로 나의 장점이 아닌가? 궁리 끝에 나는 이 연극이 사실적인 작품이지만 비사실적인 무대 장치를 선택함으로써 이전의 배경과 차별화를 선언했다. 아울러 마을주민이나 군인 등 복잡하게 나오는 군상들을 삭제하거나 축소시킴으로써 꼭 필요한 배역들만 등장하여 주제를 밀도 있게 표현할 수 있도록 했다.

내가 〈산불〉이 엄청나게 재미있는 작품이라고 하니 많은 연극인들이 의아한 눈빛으로 쳐다보았다. 하긴 그럴 법도 했다. 이 작품은 원로작가 차범석 선생님의 최고의 걸작으로 평가받으며 사실주의 연극의 백미라는 찬사를 받아왔다. 그런 만큼 사실 재미보다는 주제의 자중함이 관객들을 오그라들게 하는 면이 있었다.

당시 나를 도와 조연출을 맡았던 곽아람은 일지 형태로 〈산불〉이 새

〈산불〉

롭게 깨어나는 과정을 기록했다. 2003년 7월 14일, 주요배역 오디션 장에 점례와 사월, 귀덕이가 되고자 지원한 여배우들이 몰려들었다. 이들이 진실성이라는 성(城)에서 누가 승리의 깃발을 꽂을 수 있을지 그녀 역시 궁금해 했다.

그녀 역시 나처럼 〈산불〉에서 재미를 발견했다. 하지만 그 안에 담겨 있는 이데올로기적 성격을 전혀 다른 에너지로 전환해야 한다는 부담감에 어깨가 무거웠나보다. 작품 자체가 품고 있는 스케일과 디테일을 소극장에서 구현한다는 것이 쉬운 일은 결코 아니기 때문이다.

8월 6일, 무대 디자인이 공개되면서 우리들의 전쟁은 본격적으로 시작된다. 50년대 사람들의 삶을 사실감 있게 재현하기 위해 그녀가 보물창고라고 표현한 황학동 벼룩시장에서 많은 소품을 챙겨 왔다. 이런 무대 주변의 노력과 함께 무대 위에서는 배우들과 연출이 힘을 합쳐 사월이와 점례의 몸짓을 실감나게 그려낸다.

8월 20일 원작자 차범석 선생님이 찾아와 〈산불〉이 리듬을 찾는 연극이 되긴 바라신다며 리얼한 것, 정확한 것이라면 자연스러울 수 있고, 그것이 관객들에게 공감을 줄 수 있으리라는 따뜻한 조언을 주셨다.

이튿날 우리는 1인당 3000원에 껍데기부터 생삼겹살, 닭똥집까지 뭐든 골라먹을 수 있는 고깃집에서 소주파티를 열었다. 취기가 오르자 고된 연습과정에 지친 젊은 배우들이 눈물을 흘렸다. 부담감과 초조함이 그들을 짓누르고 있었다.

얼마 지나지 않아 그런 긴장감은 배우들 특유의 승부의식과 근성으로 모아지면서 빛나는 연기로 탈바꿈했다. 모두가 한마음 한뜻이 되어 진짜 연기를 펼치고 있었다. 우리가 싸우고 있는 현재의 모습이 진짜였고 또 진짜처럼 보였다.

브로슈어를 만드는 과정에서 기주봉 선배가 짧은 글로 어깨를 가볍게 해주었다. '치열은 생이다. 그리고 삶이다.'라는 아주 멋진 대사를 전제로 우리가 이 연극을 위해 얼마나 열정을 기울였는지를 대변해 주었다. 우리의 노력이 어쩌면 치기일 수도 있고 설익은 고백처럼 유치해 보일 수도 있다. 하지만 치열한 심정으로 매 순간 최선을 다한다면 관객들은 이에 상응하는 박수갈채를 보내는 것이다. 그는 우리들의 독특하고 생동감 넘치는 모습이 마치 갓 잡아 부두에 내려놓은 등 푸른 생선의 퍼덕임 같다고 응원까지 해 주었다.

여기에 배우이자 연출가 출신의 한국예술종합학교 연극원 타미 세인트 씨어(Tommie St. Cyr) 교수가 격려사를 보내주었다. '연출가 손남목과 함께하는 극단 두레의 역량은 사실주의 작품인 〈산불〉조차 새롭게 형상화하여 관객들에게 감동을 선사할 것'이라는 믿음의 글이었다. 나중에 그녀는 직접 극장을 찾아와 〈산불〉을 관람한 뒤 각 배우들의 연기가 매우 사실적이었고, 그들의 섬세한 연기와 조화로운 작업이 가슴을 떨리게 했고 관객 틈에서 완벽하게 극에 집중할 수 있게 했다고 칭찬해 주었다. 특히 극의 긴장을 유지하면서 유머와 비애를 대조시키는 연출가의 능력이 인상적이었다고 표현하여 나를 부끄럽게 했다.

그렇듯 나의 청개구리 정신과 배우들의 심혼이 어우러진 연극 〈산불〉은 아리랑 소극장에서 공연했는데 세간의 예상을 뒤엎고 큰 성공을 거두었다. 모진 고통을 극복하고 나서 얻는 희열이란 바로 이런 것이리라. 전체적으로 내용을 압축했지만 '산불'의 메시지가 그대로 살아있고, 스토리가 심플해져서 관객들이 쉽게 작품을 이해할 수 있지 않았나 싶다. 덕분에 나는 가벼운 작품만 다룬다는 평판을 벗어던질 수 있었고, 상업연극만을 공연한다는 극단 두레의 이미지까지도 일신하는 계기가 되었다.

무슨 일이든 끝까지 초지일관 소신을 지켜나간다면 중간에 끼어드는 오해나 질시 따위는 한낮의 아지랑이처럼 사라지게 마련이다. 지금 생각해도 고마운 것은 사실적인 작품에서 재미까지 끌어내려 했던 나를 믿고 따라준 배우들이다. 그들은 마치 미식축구에서 쿼터백이 자신에게 공을 정확하게 던져 주리라 믿고 미친 듯이 엔드존으로 달려가는 러닝백 같았다. 그 결과는 멋진 터치다운, 극단 두레 팀의 역전의 게임이 시작되었던 것이다.

웃기는 세상 정말 요지경 속이네
〈마술 가게〉

마술이 없는 연극 〈마술 가게〉는 도둑놈을 통해서 불합리한 사회를 신랄하게 풍자한 코믹극이다. 가벼운 웃음, 신나는 음악, 말미에 조용한 반전이 안겨주는 의미심장한 메시지까지, 한마디로 종합선물세트 같은 작품이다. 이 작품의 제목이자 의상실의 이름인 〈마술 가게〉는 겉치레에 따라 대접이 달라지는 마술 같은 세상을 풍자한 것이다.

〈마술 가게〉는 1992년 초연된 이후로 누적관객이 100만여 명을 기록할 정도로 오랫동안 꾸준히 관객들의 사랑을 받았다. 배우들의 면모도 다양해서 그동안 유오성, 안석환 등의 슈퍼스타들이 무대를 거쳐 갔다. 실로 이 작품은 유쾌한 코미디에 녹아있는 촌철살인 같은 신랄한 사회풍자로 관객들의 속을 시원하게 풀어준다.

서울의 번화가 어디에나 있을 법한 고급 의상실 '마술 가게'의 아름다운 마네킹들은 밤이 되면 인간 세상에 나갈 궁리를 하며 매장 안을 돌아다닌다. 마치 〈토이스토리〉나 〈박물관이 살아있다〉의 여러 캐릭터들처럼 그녀들은 각자의 독특한 개성과 감성을 가지고 살아간다. 어떤 마네킹은 옷을 걸치기만 하면 깨끗이 팔려버리는 최고의 캐릭터를 자랑하지만 어떤 마네킹은 근육질로 만들어져서 어떤 옷을 걸쳐도 손님들이 거들떠보지 않자 스포츠매장으로 진출하고픈 꿈을 가지고 있다.

어느 날 밤 모처럼 마음이 맞은 마네킹들이 쇼윈도 밖으로 나가려는데 예기치 않게 밤손님이 찾아온다. 그래서 숨을 죽이고 그 도둑놈의 어설픈 행동을 지켜본다. 어라, 그런데 또 한 사람이 가게 안으로 들어온다. 경찰인 줄 알았더니 또 다시 도둑놈이다. 서로를 발견하고 깜짝 놀란 두 도둑놈은 상대방을 경찰로 오해하고 티격태격하다가 곧 서로의 정체를 알아차리곤 편안한 심정으로 대화를 시작한다. 처음 들어온 도둑놈은 역시 새내기였는데 여자 친구에게 선물할 옷을 훔치려 들어왔다고 한다. 그는 미숙하지만 당당한 태도로 소리친다.

"할리데이비슨 턱 몰고 쫙 빠진 깔치 하나 옆구리에 차고 신나게 드라이브하고, 크게 한탕해서 사람답게 살아볼 겁니다."

두 번째 들어온 도둑놈은 자신을 한때 불나비란 별명으로 천하를 호령했던 대도였다고 큰소리친다. 그는 자신의 직업과 사회를 안주 삼아 초보 도둑놈에게 일장연설을 늘어놓는다.

"5년 전 겨울이었지. 눈이 참 많이도 온 해였어. 그때 난 학교에서 막 나와 독하게 마음먹고 전공 살려서 영등포시장 구석에 열쇠가게 하나를

〈마술 가게〉

열었어. 근데 그게 벌이가 되냐? 그래서 딱 한 번만 하고 손 씻자 하고 결심을 했어. 성북동으로 올라갔지. 일주일 정도 사전조사를 끝내고 한 집을 정했어. 디데이는 크리스마스이브, 대문을 열고 들어섰어. 그런데 들어서자마자 첫 번째 장애물이 나타났어. 호랑이만한 세퍼드 두 마리가 턱 버티고 있는 거야. 미리 예상한 일이라 호흡을 가다듬고 수면제 바른 소고기를 던져줬지. 그리고 목표를 향해 들어가는데, 야 이거 밖에서 보는 것하고 다르더라고. 현관까지 가는데 2분 35초가 걸리는 거야. 그리고 현관문을 탁 잡았는데, 아 이게 금덩이야."

"그래서 들고 나오셨어요?"

"야, 인마, 내가 열쇠 뽑으러 갔냐? 나올 때 뽑기로 하고 심호흡 한 번 하고 안으로 들어갔어. 안방으로 들어가서 물건을 봤는데 어떤 게 비싼 건지 알 수가 있어야지. 그래서 큰 걸로만 집어넣고 현금만 추려서 나왔어. 나오는데 징그럽게 들리던 징글벨 소리가 내 입에서 저절로 나오더라고. 징글벨~, 징글벨~, 징글벨~."

⟨마술 가게⟩는 단순한 무대장치와 다섯 명의 배우가 연기하는 작품이지만 전혀 지루하지 않다. 그것은 큰 도둑놈이 이끌어내는 발상의 전환 때문이다. 그는 목적을 달성한 뒤에도 달아나지 않고 소파에 앉아 양주를 들이키며 여유를 만끽한다. 그의 대사를 빌리면 그곳은 자신의 일터이기 때문이다. 그 때문에 관객들은 거꾸로 그들이 경비원에게 들키지나 않을까 가슴을 졸이게 된다.

이 작품은 크게 두 개의 주제로 진행된다. 하나는 옷으로 사람을 평가

하는 세상, 즉 겉치레로 모든 게 결정되는 사회에 대한 비판이다. 비싼 옷을 입으면 비싼 대접을 받고 싼 옷을 입으면 싸구려로 대접받는 현실을 고급 의상실을 무대로 보여주는 것이다. 그러므로 마술 가게란 신분을 바꿔주는 옷가게를 통칭한다.

명품 옷을 입으면 귀부인 대접을 하고, 외제차를 타면 사장님 대접을 한다. 국회의원 배지를 달고 있으면 알아서 굽실거리고, 흰 가운을 입은 의사, 검은 가운을 입은 판검사들에게는 저절로 허리를 굽힌다. 〈마술 가게〉는 그런 인간의 이중성을 마음껏 비웃고 있다. 저들도 극중의 배우들처럼 껍데기를 훨훨 벗어던지면 똑같은 인간이 아닌가.

또 다른 하나는 도둑놈들이 바라보는 부조리한 현실이다. 그들의 심중에는 세상 모든 사람들이 다 도둑놈이다. 무학 대사의 눈에는 세상 사람들이 모두 부처이지만 도둑놈의 눈에는 모두가 도둑놈으로 보인다. 특히 자신의 힘을 믿고 기득권을 행사하는 이 땅의 국회의원, 의사, 판사, 변호사 등 자신들보다 훨씬 도둑질을 잘하시는 분들에 대한 불만이 끓어 넘친다.

그들이 지배하는 사회는 의사가 응급환자를 거부하고, 경찰이 시민을 폭행하며, 재벌은 부를 독점한다. 오갈 데 없는 서민들은 억울한 일이 있어도 항변하지 못하고 눈물만 찍어내는 형국이다. 그러기에 도둑놈들은 대화 도중 심각한 태도로 관객들에게 묻는다.

"나는 도둑놈이야. 그런데 왜 내가 도둑놈이 되었을까?"

〈마술 가게〉의 마네킹들은 이런 도둑놈들의 대화를 들으면서 자신들이 꿈꾸었던 아름다운 세상과 전혀 다른 쇼윈도 밖의 부조리한 세상을 알게 된다. 마네킹들은 가수를 꿈꾸는 작은 도둑놈과 함께 신나는 음악에 맞춰 질펀하게 춤을 추지만 마음은 허전하다. 그녀들은 갇힌 자신들의 세계가 진짜 도둑놈들이 판치는 바깥세상보다 행복하다고 여긴다.

두 도둑놈이 그렇듯 가게 안에서 난장판을 벌이고 있는데, 어라, 누가 또 나타난다. 그는 바로 말더듬이 경비원이다. 약삭빠른 세상살이에 적응하는 데 실패한 현실부적응자지만 가족을 위해 경비원 생활을 하고 있는 소시민의 전형이다.

인기척이 들리자 눈치 빠른 젊은 도둑놈은 걸음아 날 살려라 도망쳤지만 늙은 도둑놈은 멍청하게 서 있다가 문이 열리자 능청스럽게 마네킹 흉내를 낸다. 하지만 경비원이 어설퍼 보이기는 해도 마네킹과 사람을 구분 못할 정도로 멍청이는 아니다.

경비원이 늙은 도둑놈을 발견하고 목덜미를 잡은 다음 경찰에 신고하려는데, 도둑 세계에도 의리가 있는지 젊은 도둑놈이 다시 마술 가게에 들어온다. 그는 순진한 경비원에게 형사인 척하며 늙은 도둑놈을 인계받고는 수고했으니 상부에 보고하여 표창을 받게 해주겠다고 거짓말을 한다. 그러자 경비원은 경비 생활 17년 만에 처음으로 도둑놈을 잡았다며 좋아한다.

두 도둑놈이 현장에서 유유히 빠져나가자 경비원은 룰루랄라 그들이 난장판으로 만들어놓은 마술 가게 내부를 청소하기 시작한다. 그런데 문득 아름다운 마네킹이 입고 있는 코트의 가격표를 보고 벌어진 입을 다물지 못한다. 평생을 벌어도 한 벌 살 수 없는 가격이 붙어 있었기 때문이다.

그 순간 경비원은 갈등에 빠진다. 도둑놈 핑계를 대고 코트를 챙길 것인가. 양심에 따라 그냥 있던 자리에 놓아둘 것인가. 그 미묘한 상황을 지켜보면서 마네킹들은 몹시 흥미로운 표정을 짓는다. 정의인가 실리인가. 과연 경비원은 어느 쪽을 선택했을까? 여러분이 만일 비슷한 처지에 놓인다면 어떻게 하겠는가? 공연이 끝날 때쯤 제자리로 돌아간 마네킹들은 저마다 혀를 차며 한마디씩 늘어놓는다.

"인간들은 참 불쌍하다."

"우리는 언제쯤 밖에 나갈 수 있을까?"

극단 두레에서 〈마술 가게〉를 공연한 지 벌써 20여 년의 세월이 흘렀다. 작품의 특성상 해를 거듭하면서 매해 대본을 수정하고 수많은 배우들이 스쳐갔지만 우리가 풍자한 부조리의 세상은 아직도 그대로이다.

국민소득 2만 불 시대라는데 서민들은 쏟아내느니 한숨뿐이요, 유전무죄 무전유죄라는 격언은 일상화된 느낌이다. 전 재산 29만 원이라는 전직 대통령은 골프장에 들락거리며 거들먹거리고 재벌이나 관료들은 온갖 비리와 유착관계가 발각되어도 새 발의 피만큼의 징벌조차 받지 않는다. 참 웃기는 세상이고, 정말 요지경 속이 아닐 수 없다. 이런 판국에 누가 진짜 도둑놈이고, 누가 가짜 도둑놈인가?

이 작품은 풍자와 웃음이 어우러져 관객들에게 시원섭섭한 카타르시스를 선사한다. 이 작품이 태어날 무렵 우리 한국사회는 불법 감찰, 도청 사건으로 몹시 시끄러웠다. 원작자 이상범은 의인화한 마네킹들의 눈을 통해, 또 그들의 도청을 통해 사회의 허울을 벗겨내고 있다. 불법 도청 사건을 불법 도청 연극으로 조소했던 것이다.

작가는 앞으로도 도청은 계속되어야 하고 계속될 것이라며 불법을 행한 마네킹들을 다 데려다 죽여 버리든지 말든지 하라며 썩소를 던진다. 큰 도둑놈들이 과음 과식하는 한 도청은 계속될 것이고 마술 가게 역시 계속될 것이란다.

〈마술 가게〉는 정말 오랫동안 많은 사랑을 받아왔다. 그 이유가 대체 무엇일까? 무엇보다도 이 작품은 재미있고 볼거리가 많다. 배우들은 잠시도 가만히 있지 않고 쉴 새 없이 움직인다. 그들이 까발리는 세상사는 포장마차에서조차 입 놀리기가 두려운 사람들에게 통쾌함을 선사해 준다.

우리들은 학교에서 도둑놈은 나쁜 놈이라고 배웠다. 한데 〈마술 가게〉의 도둑놈들은 나쁜 놈이라기보다 민중의 대변자에 가깝다. 왜냐하면 이 세상에는 진짜 큰 도둑놈들이 너무나 심하게 판을 치고 있기 때문이다. 그래도 내용이 재미있기에 객석에서는 폭소가 끊이지 않지만 막을 내리고 나면 마음 한구석이 허전하다. 이 작품의 말미에 경비원 배역이 없었다면 정말 끔찍했을 것이다. 무게중심을 잡아주고 결국 단순한 코미디로 끝나지 않게, 그래서 우리 자신을 돌아보게 하고 있으니 말이다.

나는 이 작품을 연출하면서 스스로를 돌아보고 많은 반성을 했다. 나역시 그때까지 남들에게 보여주고 과시하고 싶은 것들이 많았다. 나이키를 신어야 스타가 되고 구찌나 입생로랑을 선물해야 사람들이 좋아할 줄 알았다. 명품 브랜드 의상을 걸치고 외제 자동차를 타면서 그것들이 중계해주는 완장효과도 겪었다. 반대로 동대문시장 재킷을 걸치거나 염천

교 라벨이 붙은 구두를 신으면 남들이 무시한다고 생각했다.

세상의 시야에 나는 재벌가의 아들이고 스타이고 전문가이고 싶었다. 그렇듯 저렴한 착시 효과를 즐기던 내가 〈마술 가게〉를 만나면서 뒤통수를 한 대 세게 얻어맞았다. 이대로 살다가는 정상으로 되돌아오지 못할 것 같았다. 화려하게 보여주기만 하려는 연출가로 나 자신을 타락시킬 수는 없었다. 그렇듯 나 자신을 바른 길로 인도해준 작품이 바로 〈마술 가게〉다. 연출은 내가 했는데 연극이 나를 바꾸어주었다.

물론 나는 이 연극에서 어떤 해답을 내놓으려 하지 않았다. 절대적인 이 사회의 부조리를 연극 한 편으로 어찌 감당하겠는가. 다만 이 풍진 세상에 미륵을 기다리듯 껍데기는 가라고 힘주어 소리칠 뿐이다. 그러면서 어느 날 갑자기 마술처럼 이 세상이 아름다워졌으면 좋겠고, 평등했으면 좋겠고, 우리 모두 행복했으면 좋겠다. 더불어 마술처럼 대학로에 관객들이 넘쳐났으면 좋겠다.

죽는 거 무서워들 말어
〈염쟁이 유 씨〉

한 노인이 죽은 뒤 저승사자에게 끌려가 염라대왕 앞에 섰다. 그는 염라대왕에게 자신이 죽는다는 사실을 왜 미리 알려주지 않았느냐며 불평을 늘어놓는다. 그러자 염라대왕은 이렇게 대꾸했다.

"나는 자주 네게 소식을 전했다. 네 눈이 어두워진 것이 첫 번째요, 네 귀가 먹어간 것이 두 번째요, 네 이가 하나둘씩 빠진 것이 세 번째다. 더군다나 네 사지를 하루하루 못쓰게 해주었는데 더 이상 무슨 소식을 전하라는 것이냐?"

곁에서 그 말을 들은 소년 하나가 몹시 억울하다는 듯 물었다.

"저는 눈도 밝고 귀도 잘 들리고 이도 튼튼하며 몸이 건강합니다. 어째서 제게는 죽는다는 소식을 전해주지 않으셨나요?"

그러자 염라대왕은 측은한 눈길로 소년을 바라보며 대답했다.

"네게도 소식을 자주 전했지만 알아차리지 못하더구나. 동쪽 이웃의 서른다섯 먹은 자가 죽고, 서쪽 이웃의 스물아홉 먹은 자가 죽지 않았더냐? 더군다나 네가 살던 동네에서는 열 살도 채 되지 않은 아이와 갓 태어난 젖먹이도 죽었잖느냐? 그 다음이 바로 네 차례가 된 것이다."

인생을 즐겁게 살기 위해 가져야 할 마음가짐을 적어놓은 《최락편(最樂編)》에 실려 있는 이야기다. 자신의 몸과 이웃의 삶에서 자신의 종착지를 넉넉하게 확인할 수 있으니 인생을 유쾌하게 마칠 수 있도록 미리 대비하라는 뜻이겠다.

사람은 죽는다. 그 사실만큼 세상에 분명한 것은 없다. 독일의 철학자 하이데거는 인간을 일컬어 '죽음으로 향하는 존재'라고 단정했다. 그럼에도 불구하고 사람들은 늘 죽음을 불청객으로 생각하고, 자신에게 죽음이 다가오면 원망부터 늘어놓는다. 세상은 왜 이리 불공평한가. 하필이면 왜 내가 죽어야 하는가 하고 말이다.

죽음은 삶의 다른 모습이다. 사람들이 죽음을 두려워하는 것은 삶이 완성되었다고 생각지 않기 때문이다. 때문에 언젠가 맞이할 죽음을 인정하고 받아들이는 사람만이 현재의 삶을 소중하게 여기고 건강하게 보살핀다. 매 순간을 낭비하지 않고 자신의 일을 찾아 에너지를 불태운다. 그리하여 죽음은 그의 삶을 아름답게 증언하게 하는 메신저가 되는 것이다.

'죽어서 석 잔 술이 살아 한 잔 술만 못하다고들 허구, 어떤 이는 개똥밭에 굴러도 이승이 좋다고들 허는디, 사실 죽음이 있으니께 사는 게 소

중하고 귀하게 여겨지는 거여. 하루를 부지런히 살면 그날 잠자리가 편하지? 살고 죽는 것도 마찬가지여.'

그날도 '염쟁이 유 씨'로 분한 배우 유순웅은 마로니에 소극장 무대에 홀로 서서 예의 능청스런 대사를 쏟아내고 있었다. 새롭게 문을 연 두레홀 3관의 차기 작품을 궁리하며 대학로 골목을 배회하던 내 눈에 〈염쟁이 유 씨〉가 걸려든 것이다.

유순웅은 영화배우 유해진의 형으로 의심받을 정도로 얼굴이 닮았지만 실상은 희극을 장기로 무대에서 산전수전 다 겪은 사람이다. 그가 연출가 위성신, 작가 김인경과 손잡고 사람 냄새, 아니 시체 냄새 풀풀 풍기는 염쟁이로 관객 앞에 서 있었다.

흔히 1인극을 두고 '배우의 무덤'이라고 한다. 혼자 종횡무진 무대를 누비며 자신의 역량을 오롯이 쏟아내면서 관객과 교감한다는 게 결코 쉬운 일이 아니기 때문이다. 그래서 모든 배우가 궁극적으로는 꿈꾸고 있지만 가장 두려워하는 것이 모노드라마다.

2인극도 아닌 1인극의 성패는 전적으로 배우의 연기력에 달려있다. 음향이나 의상, 소품 등은 그야말로 보조적인 역할에 머문다. 배우 자신이 음향이나 의상, 소품이고 조명이어야 한다. 유순웅은 이처럼 극의 처음과 끝을 온전히 혼자서 소화해야 하는 위험하고도 난해한 연기에 도전했던 것이다.

당시 나는 도둑처럼 어둑한 객석에서 관객들 틈에 끼어 앉아 시선을 무대에 고정했다. 과연 100분 동안 유 씨가 발현하는 열기와 자연스러우면서도 폭발적인 연기력에 감동하지 않을 수 없었다. 관객과 소통하며

〈염쟁이 유 씨〉

희화적인 상황을 만들어내는 기법도 평소 내가 좋아하는 방식이었던지라 묘한 공감대까지 생겼다.

이 연극을 우리 두레홀에서 장기적으로 공연한다면 분명 관객들의 호응을 이끌어낼 수 있으리라는 확신이 들었다. 그래서 유순웅에게 서울연극제 인기상 수상을 빌미 삼아 앙코르무대를 우리 두레홀에서 하자고 제안했고, 다행히 받아들여졌다.

여태까지 죽음을 주제로 내세운 연극은 많다. 물론 죽음을 소재로 다루는 방법도 많을 것이다. 하긴 인간의 생로병사가 모든 연극의 주요 모티프가 아닌가. 하지만 염하는 사람, 세칭 장의사가 홀로 나서는 연극은 너무나 낯설다. 〈염쟁이 유 씨〉는 그 진지한 이야기를 천연덕스럽게 풀어냄으로써 낯설고 음산한 공간에 구수한 된장 냄새를 펼쳐놓는다.

이 연극에는 등장인물이 참으로 많다. 염쟁이 유 씨, 조직폭력단의 우두머리와 그의 부하들, 장례전문 업체의 대표이사인 장사치, 유 씨의 아버지와 아들, 기자, 어떤 부자와 그의 큰아들, 작은아들, 며느리, 막내딸, 기자 등등 15명을 헤아린다. 이렇게 각각의 독특한 개성과 느낌을 가지고 등장하는 사람들을 배우 한 사람이 표현한다.

〈염쟁이 유 씨〉는 죽음 이후 남겨지는 것이 재산이나 몸뚱이가 아니라 산 사람과 맺었던 관계, 그들의 기억 속에 남겨진 자신의 무늬라고 말한다. 그 대사 하나하나가 어찌나 내 마음을 녹여놓는지 정신이 하나도 없었다. 한번쯤 어떻게 살 것인가를 고민했던 사람이라면 유순웅의 입과 몸을 빌려 그 해답을 찾아보는 것도 괜찮을 것 같다.

유 씨는 조상 대대로 염을 업으로 살아온 염쟁이다. 그는 소년 시절 염쟁이가 되기를 완강히 거부했지만 아버지는 염쟁이의 성실성과 인생의 지혜를 앞세워 그를 설득하고 자신의 시신을 염해야 하는 상황으로 몰아붙임으로써 아들을 기필코 염쟁이로 만들었다.

염쟁이 유 씨는 평생 여러 죽음을 접하다 보니 생사에 대한 생각도 남다르다. 어느 날 그는 일생에 마지막 염을 하기로 결심하고 몇 해 전 자신을 취재하러 왔던 기자에게 연락한다. 유 씨는 기자에게 수시에서 반함, 소렴, 대렴, 입관에 이르는 염의 절차와 의미를 설명하면서 염의 전 과정을 보여준다. 그와 함께 염쟁이로써 그동안 겪은 여러 가지 사연을 이야기해 준다. 조폭귀신과 놀던 일, 오로지 장삿속으로만 시신을 대하는 장의대행업자와의 관계, 자신이 염쟁이가 된 사연, 일가족의 죽음을 접하면서 산모를 염할 때의 곤욕스러움, 아버지의 유산을 둘러싸고 부친의 시신을 모독하던 자식들의 한심한 작태, 그리고 자신의 아들 이야기 등등.

등장인물은 유 씨 혼자이지만 관객과의 소통을 통해 혼자인 것처럼 보이지 않게 한다. '뭐라고?', '아이고!' 등을 외치는 단역, 시체를 나르는 김 선생 등을 관객들이 대신하도록 한다. 이런 대역장면은 죽음이라는 무거운 주제 속에서 웃음을 선사하는 특별한 장치다.

연극이 끝나갈 무렵 관객들은 죽음에 대한 일종의 초월현상을 경험하게 된다. 무시무시한 죽음에서 편안한 죽음으로 의식이 전이되는 것이다. 염쟁이는 추악한 사회, 병든 영혼들을 염한다. 선악과 증오, 희로애락도 모두 염쟁이의 손을 거치면 깨끗이 사라진다. 그것이 죽음이다.

그의 말대로라면 죽음은 인간이 누릴 수 있는 최고의 행복이 된다. 영생불사의 존재란 얼마나 불행한가. 죽음이 있기 때문에 삶의 소중함을 느끼고 행복을 경험할 수 있는 것이다. 진정한 카타르시스가 그 안에 있다. 그러기에 염쟁이 유 씨는 우리에게 죽음으로 가는 길은 행복하다고 말하는 것이다.

'공들여 쌓은 탑도 언젠가는 무너지지만 끝까지 허물어지지 않는 건 그 탑을 쌓으면서 바친 정성이여. 산다는 건 누구에겐가 정성을 쏟는 거지. 죽은 사람 때문에 우는 것도 중요하지만, 산 사람들을 위해서 흘리는 눈물이 더 소중한 게여. 삶이 차곡차곡 쌓여서 죽음이 되는 것처럼 모든 변화는 대수롭지 않은 것들이 보태져서 이루어지는 법이여. 죽는 거 무서워들 말어. 잘사는 게 더 어렵고 힘들어.'

이 작품은 한마디로 유쾌한 삶을 위한 '죽음의 난장'이다. 자칫 무겁게 느껴질 죽음이 누구나 맞이하게 되는 삶의 당연한 과정으로 다루어진다. 갖가지 형태의 죽음이 재기발랄한 대사로 파노라마 형식으로 펼쳐짐으로써 한바탕 웃고 나면, 삶이 더욱 즐거워지는 경험을 하게 한다.

연극을 보는 동안 관객들은 구경꾼으로서만이 아니라, 문상객으로 혹은 망자의 친지로 자연스럽게 극에 동참하게 된다. 낯선 이웃의 죽음 앞에서도 고인의 명복을 빌던 우리네 삶의 미덕처럼, 망자를 위해 곡을 하고, 상주를 위해 상갓집을 떠들썩하게 하던 모습이 자연스럽게 만들어진다.

〈염쟁이 유 씨〉는 어느 곳에서도 배울 수 없는 것을 알려준다. 누구나

한 번은 가족의 죽음을 치르게 되는데, 학교나 학원에서 이 과정을 교육시키는 곳이 없다. 그 때문에 장례 절차의 무지로 인한 당혹감이 가족을 잃은 슬픔보다 더 크게 다가오는 경우가 많다. 하지만 이 작품에서는 전통적인 장례의식의 절차를 연극적으로 보여주면서 각 과정의 의미, 상주와 문상객의 역할을 재미있고 쉽게 보여준다.

이런 수많은 장점에도 불구하고 나는 제작자로서 관객들이 어떤 호응을 보일지 궁금했다. 그래서 브로슈어에 '만일 염쟁이 유 씨가 재미없다면 두레홀은 자진으로 문 닫겠습니다.'라고 협박 아닌 협박을 하기도 했다. 다행히 결과는 기대 이상이었다.

좋은 작품에는 분명히 관객들이 몰려온다는 것이 나의 믿음이었는데 이번에도 보기 좋게 적중했다. 이후 신문이나 방송의 문화 파트에서 자주 이 작품을 언급했으므로 연극을 잘 모르는 사람도 〈염쟁이 유 씨〉라면 짐짓 아는 체할 정도로 유명해졌다. 〈염쟁이 유 씨〉처럼 인간의 극단적인 두려움을 행복의 상징으로 전환시키는 기묘한 작품을 무대에 올린다는 것은 우리가 변화하고 발전하고 있다는 징표이기도 했다.

'죽는 것도 사는 것처럼 계획과 목표가 있어야 헌다는 거. 한 사람의 음식 솜씨는 상차림에서 보이지만 그 사람의 됨됨이는 설거지에서 나타나는 법이거든. 뒷모습이 깔끔해야 지켜보는 사람한테 뭐라두 하나 남겨지는 게 있는 거여.'

이와 같은 염쟁이의 설교를 들은 관객들은 저절로 고개를 끄덕인다. 실로 그의 대사에는 말할 수 없는 여운이 담겨있다. 그러기에 송복순 시인의 관극평이 더욱 의미심장하다.

"한참을 정신없이 웃었는데, 집으로 돌아오는 내내 서늘한 감동이 내 가슴에 있었다. 나는 염쟁이 유 씨가 앞으로도 '염'을 하길 바란다. 그의 말처럼 온 맘을 다하여 타인의 마지막 저승길을 진정으로 도와주길 바란다."

나는 염쟁이 유 씨가 알려주는 죽음과 삶의 의미도 중요하지만 한편으로 그가 염을 하면서 누린 나름의 행복감에 방점을 찍어주고 싶다. 그가 다룬 것은 차가운 시신이 아니라 숱한 인간 개인의 역사를 소중하게 마무리해주는 신성한 제의였기 때문이다.

그러니까 염쟁이 유 씨는 수백 편의 역사를 염을 하는 과정을 통해 배웠고 그로부터 살아있는 사람들이 자신들의 역사를 좀 더 의미 있게 단단히 마무리할 수 있도록 도와주고 있는 것이다. 염쟁이 유 씨는 내가 수많은 연극을 연출하면서 느끼는 것과 똑같은 행복감을 누리지 않았을까. 그처럼 자신이 좋아하고 열정을 기울이는 일 속에는 그만한 크기의 행복이 담겨 있다. 물론 그 행복의 무게는 자신만이 알 것이다.

대학로 배꼽 실종 사건
〈담배 가게 아가씨〉

　요즘에 TV드라마에서는 담배 피는 장면을 희미하게 모자이크해 버린다. '주말의 명화'에서도 마찬가지다. 정말 청소년들의 흡연이 걱정되는 거라면 노골적인 러브신이나 범죄 장면은 왜 삭제하지 않는지 궁금하다. 나는 이전에 연극 연출에 극단 두레, 두레홀 1, 2, 3관에 더굿씨어터까지 운영하다보니 스트레스를 받는 일이 많아서 시도 때도 없이 담배를 빼물곤 했다.

　그렇다고 해서 내가 담배 예찬론자는 아니다. 다만 복잡다단한 인생에 요긴한 소도구쯤으로 여겼을 뿐이다. 지금은 아내를 위해 깨끗이 담배를 끊었다. 그렇다고 해서 초보 개종자들처럼 애연가들에게 담배를 끊으라고 닦달하거나 담배연기를 피해 다니지는 않는다. 시작이 있으면 끝도 있다지만 누군가의 잔소리 때문에 좋아하는 일을 멈춘다면 그게 어디 사는 거라고 할 수 있나. 2004년에 제작된 〈리타 길들이기〉의 브로슈어 중간에 앳된 모습으로 담배를 물고 있는 내 사진이 걸려있다. 어휴, 저 어리고 잘생긴 녀석이 바로 나라니 부럽고 또 부럽다.

'우리 동네 담배 가게에는 아가씨가 예쁘다네. 짧은 머리 곱게 빗은 것이 정말 예쁘다네. 온 동네 청년들이 너도나도 기웃기웃 기웃, 그러나 그 아가씨는 새침데기. 앞집의 꼴뚜기 녀석은 딱지를 맞았다네. 만홧가게 용팔이 녀석도 딱지를 맞았다네. 그렇다면 동네에선 오직 하나 나만 남았는데, 아 기대하시라 개봉박두.'

이젠 레전드가 된 가수 송창식의 '담배 가게 아가씨'다. 대학 시절 때 목청 깨나 좋다는 친구들이 귀때기에 담배 한 가치 꽂아놓고 부르던 노래이다. 나는 몇 년 전 이 노래를 순수한 창작뮤지컬로 각색하여 연출했다. 물론 뮤지컬에서 사용한 음악은 송창식이나 쎄시봉의 그것이 아니라 모두 창작곡이었고, 내용 역시 모티프만 땄을 뿐 전혀 달랐다.

담배 가게 아가씨를 요즘 시각으로 보면 24시간 편의점에서 일하는 어여쁜 아르바이트생일 것이다. 남자들이 주로 찾는 담배 가게에 예쁜 아가씨가 앉아있다면 얼마나 좋겠는가. 예전에는 그런 행복가게를 일부러 찾아가는 한량들도 꽤 있었다. 하지만 나는 미녀가 앉아있는 담배 가게를 본 적이 없었으니 상상만으로도 더욱 멋진 담배 가게 스토리를 연출할 수 있었다. 이 작품에는 바람둥이나 도둑놈, 섹시한 스튜어디스가 나오지 않는다. 하지만 그들보다 막강하고 사랑스러운 캐릭터 유나가 있다.

〈담배 가게 아가씨〉는 아버지와 함께 새로 이사 온 마을에서 작은 슈

〈담배 가게 아가씨〉

퍼마켓 행복상회를 운영하는 유나를 중심으로 전개된다. 아름다운 유나 덕분에 슈퍼마켓은 젊은이들의 순례 1번지가 되어 손님이 끊이질 않는 다. 한데 유나를 연모하는 청년들은 정작 고백할 엄두를 내지 못하고 엉 거주춤 그녀의 주변을 맴돌기만 한다.

시간이 지나면서 유나의 행복상회는 점점 자리를 잡아가고, 현우란 청 년이 점차 유나의 마음을 열어간다. 유나는 외모가 번듯하지만 말주변도 없고 변변한 직장조차 없는 현우에게 마음에 끌린다. 어느 날 BMW를 끄 는 부자이자 바람둥이인 영민이 유나에게 작업을 건다. 공적이 생기면 미련한 백성들도 뭉치게 마련, 영민의 막강한 포스에 반발심이 생긴 극 중 소심남들이 한마음으로 뭉치게 된다.

유나는 아버지가 예전에 살던 곳으로 다시 이사 가자고 하자 매몰차게 거절한다. 오랜 방황을 끝내고 싶었던 것이다. 떠나려는 아버지와 정착 하고 싶어 하는 유나, 유나를 보내고 싶지 않은 현우, 그 착한 스토리만으 로는 연극이 되지 않는다. 그래서 나는 배꼽 빠지는 웃음과 하염없는 눈 물을 넣었다.

나는 모든 작품에 '재미'가 묻어나야 한다고 믿는다. 여기서 말하는 재 미는 마냥 웃기기만 한 말초적인 감각을 의미하는 건 아니다. 비극에도 코믹한 요소가 분명히 있다. 관객을 지루하게 놔두는 것만큼은 용서할 수 없다. 그런 면에서 〈담배 가게 아가씨〉의 재미는 곧 '공감대 형성'이 다. 단순한 내용이지만 많은 것을 느낄 수 있다. 우리 자신의 이야기 같 으니까 말이다. 누구든 한 번쯤 짝사랑을 해봤을 테고, 또 누군가가 자신 을 끊임없이 좋아해 주길 바라는 마음도 있다. 그 안에 가족의 소중함도 담겨 있다.

〈담배 가게 아가씨〉는 우리에게 행복이란 멀리 있는 게 아니라 가족과 함께 평범한 일상을 보내는 것이라는 따뜻하고 친근한 메시지를 전한다. 한데 그것을 강요하는 것이 아니라 살포시 안겨준다. 물론 내용에 공감하지 않더라도 쉴 만하면 계속 웃겨주니까 스트레스 해소용으로도 손색이 없다.

메인 스토리는 담배 가게 아가씨 유나와 그를 짝사랑하는 현우의 사랑이야기지만 현우의 친구 진원과 병렬, 유나를 질투하는 다방 레지 미스변, 유나에게 들이대는 느끼남 영민 등 네 명의 캐릭터를 쉴 새 없이 동원하여 관객들의 배꼽을 훔치게 했다. 이들에게 나는 쉴 틈을 주지 않았다. 그렇다고 해서 이 작품을 코믹극으로만 몰고 가기에는 아쉬웠다. 때문에 유나와 아버지 사이의 끈끈한 가족애, 현우의 유나를 향한 순수한 사랑 같은 휴머니즘을 담았다. 재미와 감동 두 마리의 토끼를 안겨주고 싶었다. 어느 한쪽에 치우쳐선 곤란했다.

이 작품에서 가장 재미있게 연출한 장면을 꼽자면 '무말랭이' 대목이다. 당시 나는 유나에게 제대로 된 고백 한 번 못하고 비루하게 혼자 남겨진 현우가 자신의 상황을 삐쩍 마른 무말랭이에 비유하여 자학하듯 부르는 노래를 극중에 삽입했다. 이 노래는 배우 지현우의 형이자 밴드 '넥스트'의 멤버인 지현수가 작곡한 곡이다.

연출 과정에서 나는 이 장면만큼은 확실하게 관객들을 웃겨야 한다고 생각했다. 그래서 멀티맨 두 명을 아예 무말랭이로 분장시켰다. 흰 우비를 입고 바닥에 철퍼덕 넘어져서 꿈틀거리는 모양이 딱 볼품없는 무말랭이였다. 과연 관객들의 반응이 너무나 좋았다. 그래서 마당 쓸고 동전 줍는다는 식으로 무말랭이끼리의 드라마까지 새로 만들어 집어넣었다. 그러고 보니 '무말랭이'가 아주 말랑말랑해졌다.

남녀 주인공의 감정선도 디테일하게 살렸다. 영민과 싸우느라 다친 현우의 손목을 유나가 잡아끌 때, 현우는 비록 손목은 아프지만, 마음만은 더없이 뿌듯한 심리까지 깨알같이 챙겼다. 이처럼 배우들과 함께 세세한 부분까지 무궁무진하게 아이디어를 넣고 매일 장면을 수정하다보면 우리가 한 몸 같다는 느낌이 들었다.

〈담배 가게 아가씨〉에는 사랑을 시작하는 수줍음과 풋풋함, 언제나 내 편인 가족, 내 인생의 많은 시간을 함께 공유하는 친구 이 모두가 들어있다. 친구와 가족의 소중함을 함께 느끼고 싶다면 유나의 담배 가게에 가면 된다. 재미를 기본으로 섹시나 허세, 연애에 감동까지 없는 게 없는 만능 힐링 뮤지컬이 목표였다. 관객들로서는 가볍게 보면서 스트레스도 풀고 힐링도 되는 작품을 만들고 싶었기 때문이다.

다행이 배우들이 나를 믿어주었으므로 작품도 그만한 결실을 거두었다. 관객들로서는 좀 혼란스러울 수도 있었다. 진지해질 만하면 웃기고 웃다 보면 마음 한구석이 싸해진다. 그래서 이 뮤지컬의 카피는 '울다가 웃다가 정신 못 차릴 수 있음.'이었다. 나비처럼 날다가 벌처럼 쏘아붙이는 무하마드 알리 스타일이라고나 할까. 이 뮤지컬을 무대에 올리면서 나는 날마다 트위터에 리트윗 구걸행각을 하기도 했다. 이렇게 말이다.

'뮤지컬 담배 가게 아가씨 대학로에 몰아칠 재미와 감동 엄청날 겁니다. 꼭 한번 보세요. 얄개 이승현. 야다 장덕수. 문차일드 허정민. 탤런트

238

박형준. 이수완 등 쟁쟁한 배우들이 즐비합니다. 리트윗 구걸 좀 할게요. 창작뮤지컬 화이팅!'

실제로 이 작품에서는 추억의 영화 〈고교얄개〉의 주역이었던 배우 이승현을 유나 아버지로 캐스팅해서 언론의 스포트라이트를 받았다. 게다가 트위터에서 밝혔듯 쟁쟁한 배우들이 총출동하여 담배 가게를 지켰다.

그 결과 〈담배 가게 아가씨〉는 2012년 초연 이후 누적 관객 수 20만 명을 돌파했고, 소극장 창작 뮤지컬 중에서 초단기 관객점유율 90%를 자랑했다. 지금도 대학로가 사랑하는 로맨틱 힐링 뮤지컬이라고 열심히 광고하고 있는 중이다.

당시 매경닷컴 김윤경 기자는 '향수를 불러일으키기도 하고, 나이와 성별에 상관없이 즐길 수 있는 대중적인 뮤지컬'이란 찬사를 보내 주었다. 그렇게 칭찬을 받으면 힘이 나서 또 다른 에너지가 무한 생성된다. 우리들이 뮤지컬에 대한 경험은 일천했지만 배우들과 연출가가 한마음 한뜻으로 뭉쳤기에 좋은 결과를 얻어낼 수 있었던 것이다.

행복상회에는 수많은 행복이 진열되어 있지만 우리는 그 모든 행복을 살 수 없다. 그 가게에서 내가 손에 쥘 수 있는 행복은 내가 땀 흘려 번 돈의 수량만큼, 내가 표현할 수 있는 사랑의 무게만큼만 허용될 뿐이다. 그러므로 좀 더 많은 행복, 좀 더 오랜 행복을 누리고 싶다면 그만큼의 열정과 인내심을 발휘해야 한다. 수많은 경쟁자를 물리치고 담배 가게 아가씨 유나의 사랑을 얻는 데 성공한 현우가 바로 그 모델이다.

이태란은 배우다
〈리타 길들이기〉

우리가 살고 있는 사회는 양탄자가 깔린 편안한 포토 존이 아니다. 자신의 무대로 오르는 길목에 수많은 수렁과 가시밭이 웅크리고 있다. 그 장애물을 통과하는 사람만이 진정한 자신을 찾을 수 있다. 낙오하느냐 계속 전진하느냐는 바로 자신이 결정하는 것이다. 〈리타 길들이기〉는 우리에게 이런 메시지를 던져주고 있다.

윌리엄 마틴 러셀 원작의 이 작품은 영국의 로열 셰익스피어 극단에 의해 1980년 6월 런던의 웨어하우스(ware house)에서 초연되었고 거의 동시에 피카디리 극장으로 옮겨져서 장기 공연되었다. 1984년에는 마이클 케인, 줄리 월터스 주연의 영화로 제작되어 그해의 영국 아카데미에서 최우수 작품상, 최우수 남자연기상, 최우수 여자연기상을 석권했다.

번역가 권정숙은 세심한 번역을 통해 원작의 느낌과 감성을 제대로 살려냈다.

이 연극은 '인간의 진정한 가치는 무엇으로 판단할 수 있는가?'라는 문제에 대해서 통속적인 판단기준을 단호히 거부하고, 소위 지식인이라는 사람들의 위선을 통렬히 고발하고 있다. 극의 진행도 스피디하고 솔직하게 진행되는 대사에 우리는 매료될 수밖에 없다.

〈리타 길들이기〉는 한 장소에서 단 두 사람이 출연하는 간단한 구성이다. 20대 중반의 결혼한 미용사 리타가 개방대학에 들어가면서 그곳에서 강의하는 프랭크 교수와 겪는 갈등과 대립이 핵심이다.

일상생활에 지친 프랭크 교수는 늘 술과 벗하며 평생 자신이 추구해온 지식의 허구성을 조소하고 회의한다. 반대로 리타는 개방대학에서 공부하면서 지식이 충만하기를 원하고 자기 내면까지도 완전히 바뀌기를 원한다. 그것이 과연 올바른 선택이었을까? 세상에서 가르치는 지식과 스스로 완성해낸 지식의 차이를 그녀는 감당해낼 수 있을까?

이 작품에는 노동계급과 지식층의 갈등과 권태가 있고 지독스런 개인주의가 있으며 교육이나 지식의 효용가치가 무엇인가 하는 얘기도 들어 있다. 끈질기게 '나'를 개발시키고자 한 리타의 정열은 자포자기 상태에 있는 무능한 주정뱅이 프랭크 교수의 잠을 깨웠고 그는 그녀에게 모든 것을 가르친다.

여자는 남자에게 삶의 깊이를 배우고, 남자는 여자를 통해 잃어버린 삶의 목적을 되찾는다. 서로가 서로에게 아무런 조건 없이 그 '무엇'을 주고받으며 교감한다. 그리하여 차분하면서도 애틋한 표정의 사랑이 이루어진다.

〈리타 길들이기〉는 국내에서 내로라하는 탤런트들이 환골탈태하기 위해 거쳐 간 실험무대이기도 하다. 1991년에는 박계배 연출로 최화정이 리타로 변신했고, 1996년부터 97년까지는 강영걸 연출로 전도연이 각각 주역을 맡았으며, 3대 리타로 이태란과 이혜근이 또 다른 매력적인 리타가 되어 자신들의 역량을 자랑했다.

당시 나는 '우리는 공부를 왜 하는가?'란 제하에 〈리타 길들이기〉를 연출한 소회를 남긴 적이 있다. 우리는 왜 공부하지? 각자 구체적인 이유는 다르겠지만, 분명한 것은 좀 더 나은 환경으로 나아가기 위해서다. 겉치레만 번지르르하다고 해서 그 사람의 내면이 달라지는 것은 아니다. 그것은 내가 연출했던 전작 〈마술 가게〉의 주제이기도 했다.

나는 〈리타 길들이기〉를 연출하면서 유쾌한 상황 만들기를 잊지 않았다. 리타는 사람들이 고상한 오페라나 발레를 보면 한심한 거 나왔다고 하면서 '씨발놈의 텔레비전'을 끄지만 나는 그걸 보고 뭔가 이해하고 싶다고 말한다. 한데 문제는 그것이 바로 지식인의 본질이 아니라는 것이다.

우리는 지식이라는 허울 속에 갇혀 종종 잘 알지도 못하는 것을 아는 척한다. 마음은 다른 곳에 쏠려 있는데 사회의 통념에 부응하기 위해 어쨌든 대학을 나와야 하는 아이러니도 겪어보았다. 하지만 리타는 그것조차 부러워서 온몸으로 껴안고 싶은 여자다. 그녀는 너무나 솔직해서 자신이 무식하다는 사실을 감추지 않는다. 그러기에 더욱 배워서 고상한 여자가 되겠다고 독하게 마음먹는다. 하지만 문제는 배우면 배울수록 그녀의 좋은 면들을 잃어간다는 것이다. 얻는 것이 있으면 잃는 것이 있다

〈리타 길들이기〉

는 것, 참 세상은 공평하다.

프랭크 교수는 그런 리타의 가식 없는 태도가 너무나 매력적이다. 그는 작품 내내 리타를 길들이고 있지만 거꾸로 자신이 그녀에게 길들여진다. 그녀를 통해 교수는 활력을 얻게 되니 말이다. 이런 리타에게 연출가인 나 역시 길들여지는 것 같았다. 세상에 어찌 이렇게 사랑스런 여자가 있을까? 더군다나 이태란, 이혜근 두 명의 배우는 자신들의 개성에 맞추어 리타를 완전히 다른 캐릭터로 연기해 주어 나를 행복하게 해주었다.

"우리는 다시 시작하는 거라고요."

리타는 극중에서 이렇게 끊임없이 외쳐댄다. 그녀에게 전염된 나는 또다른 자극을 찾아서 대학로를 헤맨다. 현실에 안주하지 않고 관객에게 전해줄 새로운 활력소를 찾아서…….

이 연극의 본질은 계급에 관한 이야기다. 하층계급의 대표자인 미용사 리타가 지식인의 대표자인 대학교수 프랭크와 만나 상대로부터 자신을 구원해줄 수 있는 요소를 찾는다. 프랭크는 지식인답게 말하고 행동해야 하는 강박에서 벗어나고 싶다. 리타는 자신의 상스러운 말투와 행동거지를 떨쳐내고 싶다. 하지만 리타가 아무리 유식해진들 교수가 아무리 타락한들 둘 사이는 결코 이루어질 수 없다. 마치 우리 사회에서 의사와 여공, 검사와 미용사가 맺어질 수 없는 상황과 마찬가지다.

프랭크는 자신에게 문학을 배우는 리타에게 이런 공부는 위선이라고 일러주지만 쇠귀에 경 읽기다. 그는 리타의 가식 없는 모습, 정제되지 않은 말투가 신선하게 느껴진다. 그런데 얼마 지나지 않아 먹물이 들어간 그녀의 입에서 상류층의 고상한 표현이 새어나오고 억지스런 품위까지 드러낸다. 그처럼 리타의 순수한 아름다움이 바래지자 프랭크는 고통스러운 어조로 그녀의 가식을 힐난하며 괴로워한다. 하지만 리타는 그가 자신을 질투하는 줄 알고 비웃으며 제 갈 길로 가버린다.

에너지 불변의 원칙이라는 게 있다던가. 우리는 뭔가를 배우면 배우는 만큼 또 뭔가를 잃어간다. 그렇게 해서 잃어버린 것이 실제로는 너무나 소중한 자신이라면? 〈리타 길들이기〉는 바로 그 점을 이야기하고 있다. 이 연극을 관람하다 보면 웃고 싶어도 웃음이 잘 나오지 않는다. 극단적인 양편의 입장 사이에서 곤혹감마저 든다.

당시 무대에 세웠던 두 명의 리타 중에 한 사람 이태란. 그녀는 오래전부터 텔레비전 드라마에서 아름답고 상큼한 이미지로 시청자들을 인기를 얻고 있었다. 1998년 SBS 톱탤런트 대상 수상으로 혜성처럼 나타나더니 그해 신인연기자상, 1999년 MBC 여자신인상, 〈노란 손수건〉으로 KBS 최우수연기상을 받았던 톱클래스 탤런트였다. 그런 그녀가 KBS 〈애정만세〉의 종영을 앞두고 연극무대에서 직접 관객들과 함께 호흡하며 진정한 연기자로 다시 거듭나는 계기를 만들겠다며 〈리다 길들이기〉에 자원했던 것이다.

당시 이태란은 스타라는 자존심을 과감히 떨쳐 버리고 진짜 바닥부터 연기를 배우겠다는 결심으로 순수함에서 깨어나는 리타가 되기를 소망했다. 카메라의 눈이 아닌 관객의 눈으로, 연기자가 아닌 배우로 또 다른 삶 속에 들어가 무대 위에서 관객들과 호흡하며 또 다른 세계를 경험하겠다는 당찬 포부를 숨기지 않았다.

나는 연출가로서 이태란과 연습하면서 그녀의 뛰어난 연기력과 근면

성, 타인에 대한 배려에 깊이 감동했다. 그녀야말로 배우라는 명칭이 가장 잘 어울리는 사람 중 하나였다. 나는 그녀의 긴장을 풀어주기 위해 평소의 연기력을 십분 발휘하며 무대를 어지럽혔다. 그러자 프랭크 교수 역의 신철진 선배는 두 명의 리타가 진짜 리타 같은 한 명의 트랜스 리타에게 혀를 내둘렀다며, 나더러 나중에 '리타 길들이기 해부학 강의'라는 제목으로 1인극을 올리면 어떻겠느냐고 심각한 표정으로 농담을 던지기도 했다.

연극계에서 수많은 배우들을 경험한 나는 죽을 때까지 연기에 몰두할 배우와 스타에 만족할 배우로 구분하는 버릇이 있다. 그런데 이태란은 태현실이나 강부자, 여운계 같은 부류의 진짜 배우라고 믿게 되었다. 재벌가에 시집가서 하루아침에 눈앞에서 사라져버릴 배우가 아니란 뜻이다.

그렇지만 역사는 하루아침에 이루어지는 것이 아닌가 보다. 자신만만하게 〈리타 길들이기〉에 도전했던 이태란은 생애 첫 무대에서 평생 잊지 못할 경험을 하게 된다. 당시의 에피소드는 2004년 5월 11일자 중앙일보의 〈문화노트〉 란에 '첫 무대에서 진땀 흘린 이태란'이란 제하에 자세히 실려 있다. 그 내용은 대략 다음과 같다.

그날 저녁 대학로 창조 홀에서 리타로 분한 이태란은 프랭크 교수 배역의 중견배우 신철진과 대사를 주고받다가 갑자기 말문이 막혀버렸다. 객석에서는 침묵이 흘렀다. 갑자기 그녀는 "아, 어떡하지?" 하면서 의자에 털썩 주저앉아 버렸다. 대사를 잊어버린 것이다. 잠시 후 상황을 알아차린 관객들이 박수를 치면서 격려했다. 그러자 이태란은 "죄송합니다."라고 인사한 다음 자리에서 일어나 책장 앞으로 걸어갔다. 그런데 신철진이 대사를 던졌지만 묵묵부답이었다. 머릿속이 까맣게 타버린 듯했다. 그러자 신철진이 귓속말로 뭔가를 속삭였다. 그제야 이태란은 끊어졌던 대사를 이어가기 시작했다. 이마에서 흘러내린 땀이 턱에서 뚝뚝 떨어졌다. 2막으로 접어들고서야 그녀는 페이스를 찾았다. 힘이 잔뜩 들어갔던 어깨와 딱딱하던 목소리도 서서히 풀렸다. 막이 내린 뒤 이태란은 관객들 앞에 나아가 고개를 숙였다. "욕심을 부렸던 것 같습니다. 다음부터는 좀 더 겸손하게 하겠습니다." 관객들은 야유하는 대신 박수갈채를 보냈다.

이 기사에는 이태란에 대한 기자의 배려가 담겨 있다. 연출가로서 내가 겪은 그날의 사건은 실로 드라마틱했다. 두 달여의 연습 기간 동안 그녀의 연기는 완벽 그 자체였다. 공연 전날 리허설을 하면서 나는 진심으로 손뼉을 치며 칭찬했다.

본래 연출가들은 배우들이 잘해도 시큰둥하게 대한다. 자칫 기고만상해서 오버페이스하면 안 되기 때문이다. 연기가 잘 안 되는 사람에게는 무한격려로 에너지를 끌어올려준다. 하지만 이태란의 페이스는 그야말로 퍼펙트였다. 우리는 내일을 기약하며 파이팅을 외쳤다.

공연 당일 분장실에 앉아있는 그녀의 표정이 수상했다. 연기를 시작한 이래 방송 카메라 앞에서 화려한 스포트라이트를 받았던 그녀가 난생 처음 다이렉트로 눈앞의 관객들과 마주하는 순간이었으니 그럴 만도 했다. 나는 불안한 느낌이 들었지만 전날의 리허설이 워낙 완벽했으므로 무대에 나서면 곧 풀릴 줄 알았다.

나중에 알고 보니 그녀는 겁이 났는지 청심환을 복용하고 무대에 올랐다. 내 경험상 청심환의 진정 효과는 기껏해야 30분이다. 그 이후에는 정신이 몽롱해져서 집중력을 떨어뜨리므로 배우들에게는 금지약물이기도 했다. 아니나 다를까 15분 정도 지났는데 갑자기 대사가 뚝 끊어졌다. 심리적인 카오스 상태에 빠져버린 것이다.

이런 경우 연극에서는 상대 배우들이 애드리브로 도움을 준다. 상대에게 뭘 물어보아야 하는 장면에서 대사를 까먹으면, 상대 배우는 "그래서? 내가 어디 사는지 궁금하다는 거야?" 하는 식으로 대사를 상기시켜준다. 그러면 당사자는 비로소 대사를 다시 되찾아서 "그래, 당신 도대체 사는 곳이 어디야?" 하는 식으로 궁지에서 빠져나오는 것이다. 연극에서 배우들의 대사 까먹기는 다반사이므로 이런 훈련이 되어 있다. 무대에서의 룰이기도 하다.

이 연극은 2인극이었으므로 대사를 까먹은 리타를 도와줄 수 있는 사람은 상대역인 프랭크 교수로 분한 신철진 배우뿐이었다. 한데 35년 경력의 베테랑이었던 그가 당황했다. 두 달 동안 어떤 실수도 하지 않았던 이태란이었다. 대응할 말을 잃은 그가 터벅터벅 이태란에게 다가가 귀에 대고 뭐라고 속삭였다.

시끄러웠던 무대에서 갑작스럽게 정적이 흐르자 관객들도 당황해서 숨을 죽였다. 이것도 연기인가? 아니었다. 1초, 2초, 3초······. 세상에서 제일 긴 초침이 제일 느리게 기어가고 있었다. 객석에 앉아있던 나는 즉시 상황을 알아차렸지만 할 수 있는 일이 없었다. 공연이 시작되면 연출가는 야구나 축구 감독처럼 소리칠 수 없는 제3의 관객일 뿐이다. 숨이 막혀왔다. 조명을 꺼버릴까, 음악을 크게 틀어서 주의를 환기시킬까, 수십 가지 궁리가 머리를 두드렸다.

그런데 이태란에게 다가간 신철진 배우가 그녀의 어깨를 툭툭 두드렸다. '괜찮아. 진정해.' 그런 뜻이었겠지만 나로서는 수습 불가능한 상황이 되었다. '아, 게임 끝났구나.' 그렇게 절망하고 있는데 이태란의 입에서 '죄송합니다.'란 말까지 나왔다. 그것은 방송에 길들여진 탤런트들의 습관이었다.

그들은 NG가 나면 감독이나 스텝들에게 '죄송합니다.' 그러면 '자, 다시 갑시다.' 이렇게 진행되는 것이다. 하지만 여기는 NG란 단어가 없는 연극무대다. 나의 리타는 이미 그렇게 길들여져 있었구나. 회충약도 먹지 않는데 하늘이 노래졌다. 그녀는 피가 다 말라버렸을까? 나는 온몸의 피란 피가 다 빠져나간 느낌이었다.

그 순간이었다. 객석에 앉아있던 3백여 명의 관객들이 일제히 박수갈채를 보냈다. 그것은 힐난이 아니라 새로운 도전에서 덫에 걸린 여배우에 대한 무한 격려의 몸짓이었다. 오늘 대체 무슨 일이 일어나고 있는 거지? 혼수상태에서 가까스로 정신을 차린 나는 마이크를 들고 무대 위로 올라갔다.

"여러분, 감사합니다. 잠시 쉬었다가 처음부터 다시 하겠습니다."

내가 연극에 입문한 뒤 중간에 극을 올 스톱시키고 처음부터 다시 시작한 것은 이때가 처음이었다. 아니 마지막이어야 했다. 있을 수 없는 일이 아름다운 관객들 덕분에 일어났을 뿐이다. 나는 서둘러 분장실에 들어가 이태란을 안정시켰다. 다행히 그녀도 평정심을 되찾고 이를 악물고 있었다. 이제 됐다.

잠시 후 연극 〈리타 길들이기〉가 처음부터 다시 시작되었다. 이태란은 언제 그랬냐는 듯 능청스럽고 활기 넘치게 자신의 배역을 소화해냈다. 상대역인 신철진도 이에 맞서 완벽한 프랭크 교수가 되었다. 리허설 때의 그 모습 그대로였다. 공연이 끝나자 관객들은 애쓴 두 배우에게 박수갈채를 보냈다.

그제야 나는 안도의 한숨을 내쉬었다. 도대체 이게 꿈인지 현실인지 분간이 되지 않았다. 짧은 시간 사이에 천당과 지옥을 수차례 오르내린 것 같았다. 관객들이 떠나간 뒤 이태란은 무려 두 시간여를 통곡했다. 그녀가 어떤 기분이었는지는 짐작하고도 남지만 표현할 단어가 생각나지 않는다. 그날 이후 이태란의 〈리타 길들이기〉는 장안의 화제가 될 만큼 완벽했고, 흥행도 만점이었다.

인기 탤런트가 대학로 연극무대에서 자신의 사활을 걸고 독기를 품은 채 연기하는 경우는 찾아보기 어렵다. 대개는 자신의 역량을 테스트하고 돌아서는 정도다. 하지만 나와 함께했던 이태란이란 배우는 아름다웠고 순수했으며 연기력 또한 충분히 검증받았다.

이태란의 도전기가 널리 알려진 이후 유명 연예인들의 대학로 진출이 활기를 띠었다. 얼마 후 내가 연출한 〈옥수동에 서면 압구정동이 보인다〉에는 실력파 탤런트인 조은숙이 참여하여 독보적인 연기력을 뽐내기도 했다. 물론 이런 현상에 대하여 스타 마케팅에 의존한 치고 빠지기가 아닌가 하는 비판도 있었지만 관객들의 대중화에 기여했다는 평이 대종을 이루었다.

이 작품에서 이태란이 리타를 통해 배우로서의 긍지를 얻었다면, 나는 이태란이란 인물을 통해 배우들과 연극무대에서 함께 땀 흘린다는 것이 얼마나 행복한지를 깨달았다. 살다 보면 세상에 부조리한 상황이나 감동적인 장면은 늘 있는 것이다. 하지만 평생에 존재감만으로 미소 짓게 하는 사람은 드물다. 그런 면에서 최근 나를 행복하게 해주는 사람이 누구인지 한 번 생각해보는 것은 어떨까?

행복의 열쇠 찾기
〈옥수동에 서면 압구정동이 보인다〉

우리가 추구하는 행복의 종착지는 어디일까? 단언할 수는 없지만 누군가 끝까지 대답을 종용한다면 나는 가족이라고 말하겠다. 가족을 금 밖에 놓아둔다면 어딘가 불안하고 허전하다. 그들과 함께 웃고 떠들며 맞이하는 시간이야말로 고단한 하루를 쉴 수 있게 해준다.

나는 극단 두레를 운영하고 연출가를 겸하며 바쁘게 살아가느라 가족을 살갑게 느낄 만한 기회가 별로 없었다. 단순히 집안의 막내여서가 아니었다. 앞만 보고 달려가는 사회 분위기 속에서 나도 성공이란 파랑새를 찾아 정글을 헤매고 있었기 때문이다. 그때는 가진 돈도 별로 없었으므로 그저 잘살겠지, 걱정하면 뭐하나 일단 내 삶이 힘드니까 성공하고 나서 보자 하는 식으로 앞만 보며 달려갔다. 성공이 뭔지도 잘 모르면서, 참 이기적인 나날이었다. 그러던 어느 날 가족이 나를 찾아왔다. 바로 김태수 작가의 〈옥수동에 서면 압구정동이 보인다〉였다.

2006년이었다. 그 무렵 좋은 작품은 꼭 장기공연으로 이끌어가겠다는 신념 속에서 자갈밭을 뒤지던 도중 막판에 손에 잡힌 작품이었다. 이 작품을 제작 연출하는 과정에서 나는 행복이란 게 무엇인지를 자꾸 스스로에게 묻게 되었다. 그러다보니 초점이 결국 가족으로 맞춰지는 것이었다.

당시 시점에서 이미 10년 전에 최초의 서민극이라는 타이틀로 무대에 오른 이 작품은 수많은 극단에서 다양한 모습으로 변용되었다. 지금이야 옥수동은 강북의 부자동네가 되었지만 예전에는 한강 너머 압구정동을 초라한 모습으로 바라보고 있었던 변두리 달동네였다.

〈옥수동에 서면 압구정동이 보인다〉는 그 안에서 자신의 일을 사랑하면서 숙명 같은 삶의 무게를 이겨내고자 하는 세 사람의 이야기다. 특별히 충격적인 요소는 없지만 인간의 따스한 온정이 배어 나온다. 하지만 다소 복고풍의 진지한 내용인지라 관객들이 지루하지 않도록 코믹한 요소를 많이 집어넣었다.

'한강이 내려다보이는 옥수동 둥지 위에서 가슴에 꼭 한마디 새겨 두고서 한 잔 술에 잠기어 본다. 사랑했던 사람들이여 지금은 어느 곳에서 꿈을 먹고 사는 건지 울고 있는지, 한강아 너는 아느냐. 시리도록 아픈 가슴 달래며 험한 세상 살아가지만 눈물을 참아내고 또 참으며 내일을 기다리리라. 오늘도 옥수동 꼭대기에서 사랑 한강 물에 띄워 보낸다.'

극중에서 가수 조미령이 부르는 노래이다. 가사에서도 알 수 있듯이 〈옥수동에 서면 압구정동이 보인다〉는 1990년대 초 옥수동 달동네 서민들의 삶을 따뜻하고, 유쾌하게 그려내고 있다.

  과거에 도박으로 이름을 날렸지만 과감히 손을 끊고 10년 동안 옥수동 길모퉁이에서 열쇠를 깎고 살고 있는 55세의 김만수, 함께 옥수동 꼭대기에 있는 집에 세 들어 사는 날건달 박문호, 그는 오토바이를 타고 질주를 즐기며 화투판을 전전하는 28세의 건달이다. 자칭 화투 프로기사래나. 이들의 아지트에 '채리나'라는 이름으로 밤무대를 누비는 가수 조미령이 나타나면서 연극이 시작된다.

  노름판에서 판판이 깨지면서 주머니가 궁색해진 박문호는 우연히 김만수가 그 옛날 국내 최고의 도박판 황제 번개손이었다는 사실을 알게 된다. 그때부터 문호는 만수에게 도박기술을 배워 일확천금을 손에 쥐고야 말겠다는 결심을 하게 된다. 날마다 만수를 찾아가 제자 되기를 청했지만 만수는 고개를 젓는다. 험난한 인생 역정을 안겨준 화투기술을 젊은 시절의 자신을 닮은 문호에게 알려주고 싶지 않았던 것이다.

  박문호는 한편으로 새로 이사 온 조미령과 충돌한다. 화가 난 그는 미령의 뒤를 밟아 그녀가 근무하는 업소에 들어간다. 그 안에서 미령의 공연 모습을 지켜보고 나서는 열렬한 팬이 된다. 그런데 업소를 관리하는 쥬라기파 조폭들이 그녀에게 돈을 뜯는 것도 모자라 몸마저 빼앗으려 하자 문호는 현장에 뛰어들어 그녀를 구해낸다. 그때부터 서로의 마음을 열어 보인 두 남녀는 사랑에 빠진다.

  그러던 어느 날 문호는 도박판에서 어설픈 속임수를 쓰다가 가위손 파에 잡혀 손을 잘릴 위기에 처한다. 한데 조폭들은 그를 용서하는 조건으

254

〈옥수동에 서면 압구정동이 보인다〉

로 손을 씻은 만수에게 사기도박을 종용한다. 젊은 시절 도박 때문에 가족과 사랑하는 아들을 잃었던 만수, 하지만 그 아들 같고 자신 같은 문호를 구해내기 위해 몸을 일으킨다.

이 연극의 브로슈어에서 김만수 역을 맡았던 기정수 선배의 멘트가 인상 깊다. '인생을 건 도박으로 젊음을 탕진했지만 그놈의 행복만큼은 탕진시키고 싶지 않았습니다.' 같은 배역의 이호성 선배도 한마디 거들었다. '평생 행복의 열쇠를 찾아왔습니다. 똑같은 방황을 하고 있는 그놈에게도 찾아주고 싶었습니다.'

여기에 조미령 역할의 조은숙 배우가 응답한다. '노래를 하고 싶었습니다. 이제는 나의 아픔을 어루만져준 그들의 아픔을 안아주고 싶습니다.' 이승민 배우도 진중하게 고백한다. '아픔을 숨기고 싶었습니다. 이제 사랑으로 치유하고 싶습니다.' 지금은 내 아내가 된 최영완 배우는 이렇게 말했다. '밤무대 삼류가수일 뿐이죠. 그렇지만 이제 행복의 노래를 부를 수 있습니다.'

이런 여배우들의 출연 소감에 백수건달 박문호 역의 김동현 배우가 자신의 역할을 대변한다. '대박을 꿈꿔왔습니다. 사랑하는 사람들을 지켜주고 싶었기 때문입니다.' 같은 배역을 맡은 개그맨 출신의 배우 이정수는 '행복을 찾아주고 싶은 마음이 급했습니다. 그게 행복을 빼앗아간다는 걸 이제 알았습니다.'라고 고백한다.

모든 배우들의 임전태세에서도 느낄 수 있듯이 〈옥수동에 서면 압구정동이 보인다〉는 제각기 다른 인생을 살아오면서 지니게 된 큰 상처를 가슴 깊숙한 곳에 자물쇠로 채워둔 채 고통 속에서 사는 사람들이 사랑이라는 열쇠로 갈등을 극복하고 화해하는 과정을 통해 우리가 잃어가고 있는 사람간의 정과 사랑의 참된 의미를 보여준다.

산다는 것은 고통이지만 세상 사람들 다 힘들고 누구나 부족한 채 사는 것이다. 그래서 사람들은 가슴속에 저마다 한 가지씩 희망들을 품고 산다. 그들은 행복이란 일생을 살면서 깨달아야 할 사람마다의 과제라고 말하면서 관객들에게 묻는다.

"행복이 대체 뭐죠? 당신의 행복의 열쇠는 어디에 있습니까?"

이 작품에 나오는 세 인물은 어쩌나 하나 같이 궁상맞은지, 구구절절 힘들었던 과거를 품고 현실에서도 바닥을 기는 실로 청승맞은 캐릭터들이다. 그들의 현실은 자꾸만 바닥으로 떨어지고 반짝이는 물결은 요단강 같은 절망뿐이다. 실제로 당시의 한국사회는 물질만능주의와 한탕주의에 만연한 불나방들이 판을 치고 있었다.

그들은 옥수동 둔덕에 서서 한강 너머 네온사인이 반짝이는 거리와 불야성 같은 고층아파트 불빛을 바라보면서 몇 년 만 견디면 저곳으로 갈 수 있다는 망상에 잠겨 있다. 하지만 그곳에 가면 자신들이 불나방이 되리란 사실을 알지 못한다.

이들에게 구원은 무엇일까? 성공이란 이름의 불구덩이를 꿈꾸는 이들, 오로지 일확천금을 위해 살아가는 주인공들, 이들의 변용을 통해 행복의 실체를 찾아내고 그 열쇠를 손에 쥐어주어 보자는 것이 연출의 목표였다. 신파조의 유치한 스토리일지라도 그 안에 숨 쉬고 있는 인간의 참모습을 볼 수 있었기에 과감하게 도전했지만 핵심을 찾아내기 힘들었다.

그 무렵 라디오에서 '행복의 기준을 조금만 낮춰 보면 더 행복할 수 있다.'란 멘트가 나왔다. 그 말을 듣고 나는 무릎을 탁 쳤다. 바로 그것이다. 행복이란 본래 형체가 없는 것 아닌가? 백화점에서 쇼핑을 하며 돈을 마구 쓴다든가, 가족들과 둘러앉아 수다를 떨거나, 홀로 소파에 누워서 팝콘을 우물거리며 텔레비전을 보는 것도 행복이다. 사랑하는 연인과 데이트를 하는 것도 행복이다. 행복은 하루를 누리는 자신의 마음에 달려있는 것이다.

그런 쪽으로 연출의 포인트를 잡으니 관객의 반응은 좋았다. 인터넷에 '간만에 사람 냄새 나는 연극 한 편을 보았다.'라든가, '보다가 웃겨 죽을 뻔했는데, 왜 눈물이 나지요?'라는 리뷰가 줄을 이었다. 약 두 시간 동안 확실하게 관객을 웃기고, 아름다운 여배우의 연기와 매력에 끌리고, 나중에는 가슴까지 찡하게 만드는 연극, 그들은 마지막에 서로의 아픔을 이해하고 보듬으며 새로운 삶을 향해 나아간다.

이 연극을 통해 나 역시 바뀌었다. 그동안 잊고 있었던 가족을 돌아보게 되었던 것이다. 그때부터 매일 집에 전화하고 안부를 묻고 함께 모여 식사를 했다. 그렇게 함께 부대끼는 행복의 여운은 참 오래 지속되었다. 금전으로는 도저히 환산할 수 없는 일상의 만남이 그처럼 흐뭇하고 편안할 줄이야. 정말 좋았다. 이런 느낌이야말로 내가 그리워하던 '가족'이었다.

웃다 보면 사랑이 찾아와요
〈보잉보잉〉

'완전 대! 박! ㅋㅋㅋㅋㅋㅋㅋㅋㅋㅋ 지금 이 후기를 읽으신 분. 주저없이 보러 가세요~~전 연극이란 거 단어로만 알았었는데 직접 가서 보고 나서 너무 재미있었어요~~ㅋㅋㅋ 정말 열정이 느껴지고요. 빵빵 터지는 게 코믹영화 저리 가라 합니다. ㅋㅋㅋ 정말 처음 본 연극에 너무 매력을 느껴서 다른 연극이 별로일까 두렵기까지 합니다. ㅋㅋㅋ 진짜 웃김. 완전 강추!! ㅋ'

'유명한 연극...이름값..톡톡!! 완전 초대박 연극이네요. 웃다가 죽어요.'

'공연을 좋아하는 저에게 보잉보잉을 선물해준 남자친구가 너무나 사랑스럽지요~ 많이 웃고 갑니다^^ 몸과 마음의 피로가 배우들의 열정 덕분에 싹 날아간 것 같아요. 항상 열심히 하는 모습 공연을 통해 볼 수 있도록 또 다른 작품에서 만나길 고대합니다.'

'처음에는 별로 기대하지 않았습니다. 그런데 공연이 시작되고!!ㅋㅋ 시간이 지나도 생각 날 만큼 뿌듯한 연극 관람이었습니다. 보너스로 배우들과 사진도 한 컷! 센스 있게 싸이월드에도 올려주시고…….'

〈보잉보잉〉의 객석을 점령했던 관객들의 달콤살벌한 관극평이다. 국가대표 장수 코믹극이란 이니셜을 붙여놓은 우리 극단 두레의 최고 흥행작이다. 초기에는 이렇게 인기 충만해도 되는 건지 남 보기 미안할 정도로 성공을 거둔 작품이다.

이 작품은 스위스 출신의 극작가이자 연출가인 마르꼬 까블레띠의 원작을 바탕으로 태어났다. 미모의 스튜어디스 세 명을 동시에 사귀는 바람둥이 베르나르에게 어느 날 애인들이 우연히 한집에 오게 되면서 벌어지는 좌충우돌 해프닝이다. 본래 프랑스의 코믹극으로 널리 알려진 희곡이었는데, 내가 우리나라의 분위기에 맞춰 번안한 것이다.

나는 이 작품을 연출할 때 '보잉보잉'이라는 제목과 '스튜어디스'라는 여성 배역들의 이미지를 연상하면서 전체적인 호흡을 조절해 나갔다. 우리가 비행기를 처음 오를 때의 설렘, 상공에서 기류에 휩쓸려 기체가 흔들릴 때의 불안감, 바퀴를 내리고 착륙했을 때의 안도감이 그것이다. 그리하여 승객들이 비행기에서 빠져나올 때 앞으로 계속 탈 만하다는 느낌이 들게끔 상황을 전개했다.

〈보잉보잉〉을 기획할 당시 우리나라 경제는 IMF 위기에서 벗어나 안

〈보잉보잉〉

정기에 접어들었고 사회적으로도 자유를 만끽하고 있었다. 상대적으로 대학로 연극계에서는 저간의 심각한 사회극이 퇴조하고 새로운 그림을 찾기에 골똘한 상태였다.

나는 무엇보다도 대학로에 연극 관객을 모아야겠다는 생각이었다. 그렇다면 우선 연인들이 쉽게 손잡고 즐길 수 있는 재미있는 연극을 만들자, 그들을 실컷 웃김으로써 연극에 대한 긍정적인 마인드를 갖게 하자, 라고 생각했다.

이런 청개구리 같은 발상이 〈보잉보잉〉의 씨앗이 되었다. 때마침 김대중 정부의 문화지원정책이 대학로에 집중되었고, 2002년 월드컵이 끝난 뒤 이벤트에 목말랐던 청춘들이 대학로로 몰려들었다. 그때까지도 무거운 주제 일색의 연극에 어색해 하던 그들은 포복절도할 코미디에 가볍게 전염되었다.

연인들이 대부분이었던 관객들은 연극이 너무나 웃기는 나머지 객석에서 서로를 부여안고 비어져 나오는 눈물을 닦아주기도 하고 마음껏 환호성을 지르고 휘파람을 불면서 행복한 저녁 시간을 즐겼다.

"정말 이렇게 웃겨도 괜찮은 건가?"

관객들의 호평이 입소문으로 이어지면서 〈보잉보잉〉은 대중들에게 연극은 몰라도 제목은 기억하는 작품이 되었다. 잠재 고객이 엄청나게 생긴 것이다. 대학로에 연인들이 데이트하러 왔다가 연극이나 볼까 하면서 두리번거리면 익숙한 듯한 연극 간판이 눈에 들어온다. 그래서 머쓱하지만 손잡고 극장에 들어갔는데 나올 때 보니 배꼽이 없다.

〈보잉보잉〉은 연극은 어렵고 재미없다는 고정관념을 깨뜨리고 초강력 웃음 핵폭탄을 터뜨리며 대학로의 대표 코믹극으로 자리매김했고, 무려 14년이 넘는 장수극이 되었다. 국내의 일천한 연극 풍토에서 한 작품이 이토록 오래 공연하는 것은 쉽지 않은 일이다. 연극 역사가 깊은 영국에서는 애거사 크리스티의 추리극 〈열 개의 인디언 인형〉이 80여 년 째 공연하고 있다고 한다. 거기에 비할 수는 없겠지만 나는 〈보잉보잉〉으로 기네스 국내기록에 도전해 보고 싶다는 생각까지 들었다.

막이 오르면 바람둥이 성기의 강남 아파트에서 이 포복절도할 이야기는 시작된다. 주인공의 이름부터 뭔가 수상하지 않은가? 성기의 친구 순성이 찾아오자 자신의 약혼녀 이수를 소개한다. 이수가 비행시간에 맞춰 집을 나가자 성기는 순성에게 자신은 약혼녀가 세 명이라고 자랑한다. 모두 각각 다른 항공사에 근무하는 스튜어디스, 성기는 그녀들의 비행 스케줄을 확인하고 시간표를 작성해서, 절대로 중복되는 일이 없게 한다.

가정부 옥희는 이런 성기의 바람둥이 행각을 서포트 하는 주요 배역이다. 그녀는 이수가 떠난 뒤 두 번째 약혼녀인 지수를 맞이하기 위해 분주하다. 역시 시간표에 맞춰 정확하게 집에 도착한 지수, 한데 다른 약혼녀들의 전화와 편지 때문에 의심을 사자 서둘러 점심 식사를 하고 지수를 배웅하러 나간다.

그 사이에 예정보다 일찍 도착한 세 번째 약혼녀 혜수는 소파에 누워 있는 순성을 성기로 착각하고 키스 세례를 퍼붓는다. 그녀는 자신의 실수를 불쾌해 하면서 방으로 들어가고 성기는 폭풍 때문에 비행시간이 변경된 지수와 함께 집에 돌아온다. 당황한 순성은 지수가 집안으로 들어간 사이에 성기에게 상황을 알려준다.

성기는 힘겨운 설득 끝에 지수를 데리고 교외로 나가는데, 갑자기 이수가 비행이 취소되어 집으로 되돌아온다. 그렇게 성기의 약혼녀 세 사람이 한집에 모여든다. 그리하여 순성과 성기, 협력자 옥희까지 뒤섞이는 골 때리는 상황에 빠져든다. 그들은 어떻게 이 위기에서 벗어날 수 있을까?

〈보잉보잉〉에서는 잘생긴 바람둥이 성기와 아름다운 세 명의 약혼녀의 짜증나는 애정행각도 볼거리지만, 신 스틸러(Scene Stealer) 순성의 코믹한 연기와 순발력이 매우 중요한 역할을 하고 있다. 그래서 순성 없는 〈보잉보잉〉은 앙꼬 없는 찐빵이고 작대기 없는 하드라고 해도 과언이 아니다.

작품 속에서 관객들은 네 여자의 색다른 사랑법을 목격한다. 이지적인 매력을 발산하는 스튜어디스 이수, 사랑스럽고 솜사탕 같은 스튜어디스 지수, 풍부한 감성의 엉뚱한 스튜어디스 혜수. 여기에 주연급 양념으로 등장하는 옥희까지, 각자의 뚜렷한 개성을 지닌 배우들이 서로 다른 해석으로 사랑의 요리를 내놓는다. 우리는 그녀들이 펼치는 연애의 성찬을 즐기면서 사랑에는 정답이 없다는 사실을 깨닫게 된다.

이수의 사랑은 알고 보니 돈 많은 남자다. 성기가 아무리 멋져도 백억을 모은 멕시코 남자보단 못하다. 혜수의 사랑은 순진무구한 순성이다. 착각으로 빚어진 관계에서 새로운 사랑을 느낀 것이다. 지수의 사랑은 그동안 거짓말을 밥 먹듯이 해왔던 성기였다. 약혼남이 바람둥이였다는 사실을 알게 된 뒤에도 착한 마음씨로 용서한 다음 완전히 허리춤에 꿰

차는 것이다.

극 초반부터 실로 꾸준하게 순성을 사랑했던 가정부 옥희, 갖은 해프닝을 만발하며 순성을 꾀지만 이 남자를 혜수에게 빼앗기고 만다. 마지막에 순성을 향해 허탈한 목소리로 "결국 한 년 챙기셨네요."라고 소리치는 그녀의 대사를 듣고 측은한 표정을 짓는 관객들이 꽤 많았다. 이 연극을 보면서 자신의 사랑 방식은 누구를 닮았는지 비교해 보는 것도 재미있다. 중요한 건 어떤 결정을 내리든 본인의 행복은 스스로 찾아야 한다는 것이다.

이 연극에는 분명한 메시지가 담겨있다. 남자든 여자든 인간에게는 누구나 욕심이 있다. 그래서 연애 시절에 한 사람에 집중하지 않고 바람을 피우면 얼마나 피곤한 상황에 봉착하게 되는지를 이 연극은 실감나게 보여준다. 아무리 세상에 좋은 남자, 좋은 여자 많아도 내 사랑은 하나로 충분하다는 것이다.

그러기에 대부분 연인 사이가 분명한 커플들은 극장을 나서며 미묘한 심리상태에 빠져든다. 서로의 손을 꼭 부여잡고 원초적인 사랑을 확인한다든지, 적이 의심스런 기색으로 상대를 바라보기도 한다. 이런 때 곤란한 입장에 놓이는 쪽은 주로 남자겠지만 여자라고 해서 광명정대하지는 않을 것이다.

이 즐거운 연극에서 굳이 교훈을 찾는다면 날씨에 따라 비행기 스케줄은 얼마든지 바뀔 수 있다는 점이다. 우리의 삶에 드리우는 변덕스런 날씨는 인생의 시간표를 갑자기 변경하기도 한다. 정해진 시간표가 좋은 것일까? 예상치 못한 일로 찾아오는 변화가 꼭 나쁘지만은 않다. 성기가 엉켜버린 시간표 때문에 진정한 연인을 얻은 것처럼 말이다.

《탈무드》에는 '하늘과 땅을 웃기려거든 먼저 고아를 웃겨라.'란 말이 있다. 이 말은 아무리 그늘지고 비참한 곳에도 웃음은 있다는 뜻이다. 하물며 우리 기쁜 젊은 날 웃음이 없다면 얼마나 심심하겠는가. 그러기에 오늘도 나는 〈보잉보잉〉에 탑승하신 승객들이 자리에서 일어날 때 그들이 빠뜨린 배꼽을 돌려드리는 사람이 되고 싶다. 그것이 고소한 마카다미아가 아니더라도 당신들께서는 충분히 행복하실 것이다.

열정과 패기로 동장군을 쫓아버린
〈송산야화〉

　최근 뮤지컬은 영화산업과 어깨를 나란히 할 정도로 질적으로나 양적으로나 확산 일로를 걸으며 끊임없이 인기작과 스타를 내놓고 있다. 기업들이 앞 다투어 대규모 자본을 투여하고 있으므로 소규모 제작사는 감히 뛰어들 엄두조차 내지 못할 정도이다.

　뮤지컬이 용트림하던 2000년대 초반, 남경주라는 슈퍼스타가 탄생하여 인기몰이를 했지만 대개 일회성 기획이었고 자금력도 미약해서 지속적인 성공으로 이어지지 못했다. 바로 그 무렵 재정난에 허덕이던 우리는 젊음의 패기와 열정만으로 창작 뮤지컬에 도전했다. 그 결과물이 바로 〈송산야화〉였다.

　〈송산야화〉는 《삼국유사》에 등장하는 김현과 호랑이 처녀의 설화에서 아이디어를 차용했다. 신라 원성왕 때 경주에 살던 순박한 청년 김현과 사람이 되고 싶었던 호랑이 처녀가 흥륜사 탑돌이에서 만나면서 비롯된 애달픈 사랑이야기다.

이 작품은 그동안 범람하던 외국작품에 싫증난 뮤지컬 마니아들을 겨냥하여 옛날이야기 같은 한국적 러브스토리로 각색한 것이다. 극본은 한국예술종합학교 연극원 출신의 신인작가 장유정이 썼고, 연출은 내가 맡았다. 음악감독의 구소영, 안무의 김봉순은 극단 미추에서 이미 실력을 인정받은 프로였고, 작곡은 김혜성, 편곡은 허수현이 참여했다. 배우도 신인 일색이었다. 호녀 역의 한애리, 김현 역의 송창의를 필두로 김현태, 이지원, 이길우, 하재숙, 김나영 등 젊은 연기자들의 땀방울이 이 뮤지컬에 알알이 새겨졌다.

이 작품은 2002년 문화일보 홀에서 초연한 이래 아룽구지극장 등에서 공연을 이어가며 1만 2천여 명의 관객을 유치했고, 객석 점유율 90% 이상의 놀라운 성적을 올렸다. 극단 두레가 고심 끝에 근거지를 부천에서 서울로 옮기고 나서 이룩한 첫 번째 개가였다. 신이 난 우리는 호랑이 띠 관객에게 입장료의 50%를 할인해 주는 등 각종 아이디어를 총동원하여 공격적인 마케팅을 구사했다. '강자존(强者存)'이 아니라 '존자강(存者强)'이라던가. 생존을 위한 몸부림이 극에 달했던 시기였다.

〈송산야화〉는 흥행뿐만 아니라 나와 동료들에게 여러 모로 의미 있는 작품이었다. 극단 두레의 재정상태가 최악이라 지하연습실을 단기로 두세 달씩 빌려 쓰던 시절이었다. 기름 값을 아끼느라 배우들이 연습하면서 몸에 열을 내기 위해 마구 뛰어다니기도 했다.

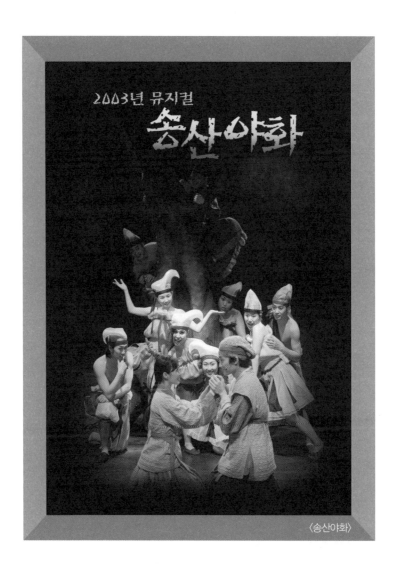

〈송산야화〉

상황이 그토록 안 좋았지만 우리는 연극을 사랑했기에 하나도 힘들지 않았다. 연극이 너무 좋아서 고통조차 즐거웠다. 그것을 미친 초능력이라고 하면 과장일까. 우리를 그토록 뜨겁게 달구었던 송산야화의 시놉시스를 감상해보자.

옛날, 아주 오랜 옛날, 호랑이와 사람이 함께 어울려 옹기종기 살던 시절, 자연의 금기를 깨고 정분이 난 호돌이와 떡집 아주머니가 있었다. '떡 하나 주면 안 잡아먹지.' 하며 마주친 둘은 하루 이틀 만나다 사랑이 싹트게 되고 아이까지 갖게 된다. 마을 사람들로부터 의심을 받게 된 떡집 아주머니는 호돌이와 야반도주하던 도중 아이를 낳다가 세상을 떠난다.

몇 년이 지난 후, 하느님은 마을 사람과 호랑이에게 일정 기간 육식을 하지 않으면 사람은 자기 꿈을 이룰 수 있고 호랑이는 사람이 되게 해주겠다고 약속한다. 정해진 마지막 날 마을축제인 탑돌이 행사가 벌어진다. 그때 마을 사람들은 모두 금기를 지키지 않았는데 김현이라는 청년만 금기를 지킨 사실을 알게 된다. 이를 고깝게 여긴 사람들은 마을 처녀들의 동태를 살피라며 놋다리밟기 하는 곳으로 쫓아내 버린다.

한편 인간 세상에 호기심이 많았던 호녀의 친구 호순이와 호박이는 호녀를 앞세워 놋다리밟기에 끼어 논다. 호녀가 다리 위에 올라가 노래할 차례가 되었는데 갑자기 불어온 바람에 그녀의 치맛자락이 숨어서 지켜보고 있던 김현 앞으로 떨어진다. 김현이 깜짝 놀라 도망치자 마을 처녀들이 뒤쫓는다. 그러자 호순이와 호박이가 뒤따라간다.

마을 총각들은 처녀들에게 김현을 내주는 대가로 달집태우기 구경을 제안한다. 그러자 호순이와 호박이가 그들과 동행한다. 외면당한 처녀들은 액땜이라며 김현을 마구 때려 기절시킨다. 잠시 후 남자들의 비명소리와 함께 호랑이의 포효가 사방을 울린다. 깜짝 놀란 사람들이 사방으로 흩어진다.

이윽고 달빛이 교교한데 탑돌이를 구경하러 오던 호녀가 쓰러져 있던 김현에 걸려 넘어진다. 정신을 차린 김현과 호녀는 서로에게 호감을 느낀다. 하지만 그냥 숲으로 돌아가려던 호녀가 우연히 솔방울을 밟으면서 옛날에 김현이 자신의 목구멍에 걸린 솔방울을 빼내 준 기억을 떠올린다. 그리하여 그들은 숲에서 첫날밤을 치른다.

집으로 돌아온 호녀는 사람을 잡아먹은 것이 오빠들이었음을 알고 화를 낸다. 잠시 후 총각들과 놀러갔던 호녀의 친구들이 하느님과 천사들에게 잡혀와 탑돌이에서 범한 죄상을 추궁 받는다. 하지만 사람을 해친 것이 호녀의 오빠들의 짓임을 알게 된 하느님은 남자와 통정한 것도 육식이나 마찬가지라면서 다시는 사람과 접촉하지 말라는 엄명을 내린다.

하느님은 퇴장하면서 구미호도 아닌 것들이 통정만 하면 사람을 죽인다고 투덜거린다. 그 말을 들은 호녀는 천사에게 자초지종을 듣고 나서 자신이 전설 속에 나오는 호랑이와 아주머니의 딸임을 알게 된다.

그로부터 몇 달 뒤 호녀를 그리워하던 김현은 상사병으로 몸져눕는다. 호녀가 자신은 사람이 아니니 잊으라는 편지를 보내자 김현은 죽음을 무릅쓰고 호랑이 굴로 그녀를 찾아온다. 재회한 김현과 호녀는 영원히 헤어지지 말자고 약속한다. 하지만 짐승과 인연을 맺은 사람은 하느님의 명에 의해 죽을 운명이었으니, 호녀는 사랑하는 김현을 살리기 위해 희생을 각오한다. 그녀는 김현에게 내일 아침 호랑이 한 마리가 마을에 나타나 소동을 일으키는데, 그 호랑이를 찌르면 영원히 함께 살 수 있다고 설득하여 돌려보낸다. 이튿날 김현은 마을사람들과 함께 호랑이를 잡지만, 그녀가 호녀였음을 알고 통곡한다.

다소 몽환적이면서도 애상적인 토종 뮤지컬 〈송산야화〉가 평단의 호평을 받으면서 언론 매체의 지원사격도 이어졌다. KBS 〈문화접속〉 코너에서는 '호랑이 처녀와 순수한 청년의 사랑을 그린 독특하고 참신한 뮤지컬'이라고 칭찬했고, K-TV 〈문화마당〉에서는 '삼국유사 설화를 바탕으로 재창조해낸 색다른 재미'라며 관객들의 호기심을 자극했다.

〈송산야화〉는 한국적 뮤지컬의 가능을 보여주었다는 점, 또 하나 우리 전통음악과 브로드웨이의 서양음악을 접목한 퓨전 음악을 채용하면서도 우리 고유의 색채를 잃지 않았다는 점이 주목을 받았다. 나는 관객들이 작품을 감상하며 마음껏 웃고 우는 모습을 보고 창작 뮤지컬의 성공 가능성을 조심스럽게 점칠 수 있었다.

우리들의 순수한 열정과 패기에 응답하듯 〈송산야화〉는 대성공을 거두었고, 작품성까지 인정받아 '창작지원 사후지원금'으로 3천만 원을 지원 받았다. 우리 극단의 역사상 가장 많은 지원금으로 기억된다. 그 덕에 기아에 허덕이던 우리는 오랜 고생문에서 벗어날 수 있었다.

그 후로도 행운은 계속 이어졌다. 〈송산야화〉와 함께했던 사람들이 대부분 연극계의 주역으로 성장했던 것이다. 김현 역을 맡았던 엄기준과 송창의는 뮤지컬 최고 스타가 되었고 영화계에서 A급 배우로 각광받고 있다. 작가 장유정은 영화 〈김종욱 찾기〉의 감독으로 데뷔했으며 인기 작가이자 연출가로서 각종 토크쇼에 불려나가는 명사가 되었다.

당시 모든 면에서 서투르기만 했던 우리는 '연극을 연극답게 만들자.'라는 단 한 가지 목표에 초점을 맞추었다. 썰렁한 연습비나 제작비는 아예 무시해 버리고 오로지 연극이라는 대망에 온몸을 바쳤다. 그런 일념으로 제작했던 작품이기에 〈송산야화〉는 우리들의 이야기나 다름없었다. 돌이켜보면 정말 아련하고 예쁘고 치열했던 시절이었다.

이렇게 과거에 대해 생각해 보고 뭔가 배우는 것은 지혜로운 일이다. 하지만 나의 참모습은 현재에 있지 과거에 있는 것이 아니다. 마찬가지로 미래를 생각하고 준비하는 것도 중요하지만 너무 앞서 생각하지는 않으련다. 그것 또한 나의 진정한 현재의 모습을 잃어버리는 것이기 때문이다. 그러므로 나는 오늘에 충실하면서 내일을 설계한다. 행복한 과거에 대한 회상은 먼 훗날에나 하련다.

넌 어느 별에서 왔니?
〈밀키웨이〉

2008년의 어느 무더운 여름날 대학로의 한 카페에서 김명곤 선생님을 만났다. 당신께서는 공직 생활을 마치고 오랜 동면 끝에 연극인으로 되돌아오실 작품을 준비하고 있었는데 공교롭게도 대표로 계신 극단 아리랑이 〈마법의 동물원〉을 공연 중이었으므로 우리 극단 두레에 제작 문의 차 이루어진 자리였다.

김명곤 선생님은 연극계의 선배이자 내가 오래 전부터 존경하던 어른이라 어떤 작품을 준비하고 계실지 기대감이 컸다. 〈밀키웨이〉의 원작 희곡인 《은하수를 아시나요?》와의 첫 만남이었다. 나는 간단한 설명만 듣고도 내용이 흥미진진해서 최대한 빨리 완성본을 보여주십사 간청했다.

그 무렵 극단 두레는 18살 성인이 되었다. 대학로에 진출하여 코믹연극으로 큰 성공을 거두었지만 행보가 너무나 빨랐다. 그때까지 나는 토종 한국인의 습성대로 빨리빨리 주의자였다. 그러기에 성장 위주 흥행 위주로 극단을 운영했고 공연 작품도 수익 위주였다. 본능적으로 뭔가 거꾸로 가야하고 속도를 늦추어야 할 때라는 것을 직감하고 있었다.

그런 의미에서 김명곤 선생님의 제안은 그런 나의 속도전에 브레이크를 걸고 진지하게 현재의 나를 성찰하게 만들어주었다. 《은하수를 아시나요?》의 대본은 예상대로 부조리한 상황에 직면한 인간의 고통과 해방을 다루고 있었다. 우리가 여태까지 해왔던 작품과는 전혀 다른 참으로 무거운 주제였다.

한동안 나는 연출자의 입장에서 연극에 우리가 지향하던 재미란 요소를 어떤 방식으로 대입시킬 수 있을지 고심했다. 그런데 한 달 뒤에 받아든 번안 완성본을 읽어보니 가슴이 확 트이는 것만 같았다. 대본 속에 관객들을 울고 웃기면서도 가슴 저리게 할 수 있는 코드가 널려있었던 것이다. 물론 그것은 나의 시선에만 얼어걸린 코드일 수 있지만 충분히 작품성에 흥행성까지 노려볼 만하다는 확신이 다가왔다.

"참 재미있는데요."

내가 이렇게 말하자 김명곤 선생님은 의아한 표정을 지었다. 세상에 이토록 심각하고 진중한 작품을 재미있다고 하다니 좀 모자란 녀석이 아닐까 싶었을 것이다. 이걸 무슨 코믹극으로 생각하는 건가? 하지만 나는 나름대로 〈밀키웨이〉가 이 시대의 상처받은 젊은이들의 생채기를 닦아줄 수 있는 작품임을 확신하고 있었다.

이전부터 김명곤 선배와도 작업하고 싶었고 지금 우리 극단은 진지한 연극을 품어야 할 시기였다. 대학로는 우리가 들여온 코믹극들이 난립하고 있었고 여기에 경종을 울려야 할 때였다. 당시로서는 우리 대학로에 꼭 필요한 작품이었다.

〈밀키웨이〉는 공연의 특성으로 볼 때 대극장 공연은 불가능했다. 그래서 내심 130석 규모의 두레홀 2관이 적격이라고 판단했지만 국립극장장에 문화부 장관을 거친 김명곤 선생님에게는 실례가 아닐까 싶어 안내를 하면서도 말을 아꼈다. 혹시나 당신의 자존심이 상하지 않을까 걱정도 되었다. 그런데 김명곤 선생님은 극장을 휘익 둘러보더니 한마디로 상황을 끝냈다.

"바로 여기로군. 우리 연극을 올리기에 딱 좋은 규모야."

"너무 좁지 않을까요?"

"아냐. 큰 것 필요 없어요."

"오케이. 감사합니다. 열심히 하겠습니다."

소탈한 당신의 결정에 내 속이 후련해졌다. 드디어 존경하는 우리 시대의 광대 김명곤과 함께하게 되었구나. 김명곤은 작가이자 연출가였고, 나는 프로듀싱을 맡았다.

〈밀키웨이〉의 준비 과정은 일사천리로 진행되었다. 일단 백(?)이 좋으니 굉장한 배우들이 낚싯밥을 물었다. 정은표와 유태호란 배우가 제일 먼저 바늘에 걸렸다.

일기당천 정은표는 연기의 신이라 해도 과언이 아니다. 한때 '단막극의 장동건'이라는 애칭으로 불렸던 그는 최근 텔레비전에 자주 출연하여 대중적 인지도까지 갖추고 있다. 1990년대 중반 김명곤 선생님과 〈어머

〈밀키웨이〉

니〉라는 작품을 함께했던 전력이 있고, 20년 전 광주에서 공연했던 〈은하수를 아시나요?〉의 사내 역할을 맡은 적도 있다. 아직도 배우가 되는 것이 꿈이라는 배우 정은표의 연기를 가까이서 볼 수 있다는 것만으로도 행운이었다. 자신의 연기점수를 51점이라고 생각한다는 그는 70~80점짜리 배우가 되기를 소망한다고 했다. 정은표를 보면 정은표가 보인다.

영화 〈살인의 추억〉에서 빨간 팬티를 걸친 변태 용의자, 자신의 이름보다 자신이 연기한 배역으로 기억되는 배우가 바로 유태호다. 그는 〈밀키웨이〉의 대본을 읽고 나서 '이 세상을 살아가기 위해서는 결국 다 정신병자가 되어야 하는 거 아닌가?'라는 명언을 남겼다. 그는 또 '나는 지금 유태호로 살고 있는데 정말 유태호일까? 남들이 유태호라고 부르는데 정말 유태호가 맞는가?' 하면서 존재의 본질에 대하여 생각하게 되었다고 고백했다. 철학자도 이런 철학자가 없다. 최근 그는 〈미생〉으로 공중파에 선을 보였지만 연극계에서는 이미 정평이 난 명배우였다. 더 이상 어떤 인물이 필요할까?

두 배우의 상대역 역시 월척이었다. KBS 슈퍼탤런트 출신으로 김명곤 선생님과 〈대왕 세종〉에서 호흡을 맞추었던 정의갑, 당시 드라마와 스크린에서 뜨거운 스포트라이트를 받고 있던 배우 이동규가 캐스팅되었던 것이다.

정의갑은 우리와 합류하기도 전에 "배우는 상상력으로 모든 것을 표현한다."라는 제80회 아카데미 시상식에서 남우주연상을 받은 다니엘 데이 루이스의 말을 내뱉으며 자신이 맡을 사내의 모습으로 빙의시키고 있었다. 끼가 넘치는 미남배우 이동규는 그 무렵 〈말괄량이 길들이기〉란 연극에 루센시오로 열연하여 여성관객의 마음을 사로잡고 있었는데 김명곤 연출의 〈밀키웨이〉에 욕심을 내고 과감하게 뛰어들었다. 연극을 시작한 지 얼마 되지 않아 기본기가 부족하다고 너스레를 떨면서도 대선배들과 함께하는 무대를 즐겨보겠다는 눈치였다. 그렇게 당대 최고의 배우들로 밀키팀과 웨이팀을 구성해 놓고 보니 불꽃 튀는 연기 대결은 따 놓은 당상이었다.

연습 첫날부터 나는 당대 명배우들의 실체를 보게 되었다. 정은표와 유태호 두 배우는 그동안 내가 우리 배우들에게 피를 토하듯 난리법석을 떨면서 가르치고자 했던 내면 연기를 단번에 꺼내보였다. 어찌나 실감 나는지 곁에서 지켜보고 있던 내가 소름이 돋을 정도였다.

"제기랄, 저렇게 잘하면 우리는 앞으로 어쩌라는 거야?"

뱃속에서 이런 행복한 푸념이 저절로 올라왔다. 그런 극강의 연기를 2미터 앞에서 볼 수 있는 관객들은 얼마나 행복할까? 연극을 공연했던 5개월 동안 출연 배우들이 모두 내로라하는 선배들이었으므로 나는 오랜만에 막둥이 노릇을 실컷 했다.

제작사 대표로서 대학로에서 어깨를 펴고 다닌 지 수십 년 만의 일이었다. 의욕이 넘치니 선배들을 보면 저절로 허리가 구십 도로 꺾이며 "안녕하십니까?" 조폭 같은 인사말이 절로 튀어나왔다. 인사란 그렇듯 내가 좋으면 달려가서라도 하는 것이다.

〈밀키웨이〉는 독일의 희곡작가이자 배우 겸 연출가였던 칼 비트링거의 작품 《은하수를 아시나요?》를 번안한 작품이다. 제2차 세계대전에 참전했다가 실종된 독일 병사가 고향으로 돌아와 겪는 혼돈과 상실감에 대한 이야기다.

타의에 의해 이름과 존재의미를 상실하고 정신병동에 입원해야 했던 한 청년의 고뇌를 통해 궁극적인 진실과 행복의 의미를 찾는 이 작품은 자아 성찰과 예술성 고취라는 연극정신의 회복을 시도한다. 정신적으로는 성인이지만 도덕적 개념의 사회에서는 어린아이로 남아있는 한 순수한 영혼이 생존이라는 현실과 부딪혔을 때 어떤 일을 당하는가. 사회는 한 개인의 무엇을 강요하고 짓누르는가? 이런 상황에서 어떤 반응을 보이고, 끝까지 놓지 않은 희망이란 무엇일까?

이 작품은 소리꾼, 연극배우, 연출가, 국립극장장, 문화부장관 등을 거쳐 다시 연극무대로 돌아온 우리 시대의 광대 김명곤의 〈격정만리〉 이래 2년 만의 연출 복귀작이다. 본격적으로 연극무대에 나선 것은 9년 만의 일이다. 김명곤 선배가 그동안 몸에 붙어 있던 관직의 먼지를 말끔하게 털어내고 소박하게 새 출발하는 모습은 감동적이었다.

그는 서울대학교 독어교육과 2학년 때인 1963년에 신구문화 간《세계 전후 문학전집》제10권《세계 전후 문제 희곡, 시나리오집》첫머리에 실린 비트링거의《은하수를 아시나요?》를 읽고 큰 감명을 받았다고 한다. 번역자는 스승인 이동승 교수였으니 제자로서 반가운 마음도 있었을 것이다.

당시 복귀작을 준비하면서 아무리 시대가 변해도 젊은이들의 고민은 변함없다는 사실을 깨닫고 30년 넘게 간직하고 있던 이 작품을 연출 복귀작으로 과감하게 선택했다는 말씀이었다. 이 작품을 통해 격동하는 현실에 적응하지 못하고 방황하는 젊은이들에게 위로와 격려를 주고 싶다고 했다.

　전쟁에 끌려간 뒤 자신의 의도와는 상관없이 사회와 타인들의 결탁에 의해 전사자가 되었다가 범죄자, 죽음을 모르는 비행접시 운전사로 살게 된 주인공은 스스로를 다른 세계, 곧 낯선 별 밀키웨이에서 왔다고 생각 한다. 그리하여 어디엔가 나의 별이 있으리란 믿음으로 이 땅의 수많은 이방인들, 좌절과 상실감에 방황하는 젊은이들에게 아름다움과 순수의 의미를 되새겨보게 하는 것이다.

　서장 - 1970년대 후반 어느 정신병원.

　의사 정신경이 숙직을 서고 있는 밤, 환자 한 명이 창문을 넘어 그의 방으로 찾아온다. 그는 자신이 은하수의 어느 별에서 왔다는 망상을 가진 환자이며, 병원의 우유배달차 운전사이기도 하다. 그는 전직 연극배우였던 의사 정신경에게 자신의 인생역정을 담은 연극대본을 보여주며 병원의 행사프로그램으로 함께 공연해 달라고 제안한다.

　제1장 - 갈마면 면사무소.

　드디어 의사와 환자가 함께 꾸며내는 공연이 시작된다. 환자는 자신의 자전적 인물인 사내 박성호를 연기하고, 의사는 그가 살아오면서 마주쳤던 여러 역할들을 1인 다역으로 소화해 낸다. 첫 장면은 환자의 고향인 전라도 갈마면 면사무소에서 펼쳐진다. 베트남 전쟁에서 월맹군의 포로가 되어 실종된 박성호는 전쟁이 끝나고 3년 뒤에 천신만고 끝에 고향으로 돌아오지만 자신이 전사자로 처리되었음을 알게 된다. 그러나 마을 주민들의 복잡한 이해관계 속에 자신의 이름을 찾는 것이 불가능하게 되자, 임종우라는 다른 사람의 이름으로 제2의 인생을 찾아 고향을 떠난다.

제2장 - 태평양 보험회사.

박성호가 아닌 임종우로 살게 된 사내는 임종우의 행적을 따라 그가 근무했던 보험회사를 찾아간다. 그러나 임종우는 회사 공금을 강탈하여 막대한 손해를 끼치고 도주한 범죄자였다. 사내는 자신의 사연을 지사장에게 들려주고 임종우로서 회사에 근무하게 해달라고 부탁하지만 지사장은 그를 경찰서로 넘겨버린다.

제3장 - 술집 겨울안개.

임종우 사건으로 사회를 떠들썩하게 만든 사내는 기억상실증에 걸렸다는 진단을 받고 집행유예로 옥문을 나선다. 추위와 허기에 지쳐 거리를 헤매던 사내는 겨울안개라는 술집에서 설 니꼴라이라는 인물을 만나게 된다. 사내가 자신의 이야기를 들려주자 설 니꼴라이도 자신의 과거사를 들려주며 사내에게 세상살이에 필요한 조언을 해준다. 설 니꼴라이는 사내에게 서커스단의 오토바이 운전사인 '비행접시 운전사'라는 직업을 소개해 주고 그를 비호서커스 유승하 단장에게 넘긴다.

제4장 - 비호서커스.

목숨을 걸고 위험한 곡예를 해야 하는 비행접시 운전사로 죽음의 회전통에서 반년을 보낸 사내는 화물차 운전사가 되어 서커스단을 떠날 계획을 세운다. 하지만 단장의 방해로 운전사 채용이 좌절된다. 같은 운전사인 친구 병만은 서커스단을 방패막이로 삼아 떠날 생각을 포기하라고 만류한다. 절망한 사내는 죽음의 회전통에서 멈추지 않는 질주를 시작한 끝에 부상을 입고 정신병원에 입원하게 된다.

종장 – 정신병원 원장실.

연극을 통해 사내가 정신병원에 오게 된 사연을 알게 된 의사 정신경은 그에게 본래의 이름을 되찾아주고 정규직인 우유배달차 운전사로 채용하려 한다. 공연을 성공적으로 마친 의사는 휴가를 맞아 사내와 함께 마지막 여행을 준비한다.

〈밀키웨이〉는 불과 130석의 소극장에서 배우 2명이 12인 역을 맡아 숨 가쁘게 오가는 2인극이다. 원작이 전후 절망에 빠진 독일사회를 배경으로 한다면 번안작은 70년대 후반 베트남 전쟁이 끝난 뒤의 한국사회가 배경이다.

인물들의 대사에 지방 사투리를 배치하고 70년대의 새마을 노래, 맹호부대 군가, 임은 먼 곳에, 팝송 등을 삽입하기도 했다. 또 정신병동에서 의사와 환자가 벌이는 연극놀이라는 단순한 구조를 이용하여 관객들을 공연에 끌어들임으로써 서사적 거리를 좁히고자 했다.

이 작품은 나의 기대와는 달리 흥행에서 간신히 낙제점을 면했지만 극단 두레의 거대한 뿌리 중 하나가 되었다. 중요한 것은 이 작품을 하면서 나의 심장이 다시 뛰기 시작했고, 행복을 느꼈다는 점이다. 한동안 깊은 잠에 빠져 있던 청개구리가 불현듯 깨어났다.

파랑새는 있다

이 책에서 나는 독자들에게 행복해지는 방법을 들려주고 싶었는데 나의 행복한 이야기를 더 많이 한 것 같다. 아무렴 어떤가. 여기에 풀어놓은 나의 넋두리가 여러분들이 행복으로 나아가는 길에 낡은 이정표라도 될 수 있다면 다행이다. 부디 오늘 얻을 수 있는 행복을 뒤로 미루지 말고 그것을 마음껏 누리면서 더 큰 행복으로 키워나가길 바란다.

나는 어릴 적부터 현재에 이르기까지 개인의 자유와 상상력을 방해하는 그 어떤 부당한 손길과 타협한 적이 없다. 마치 군대처럼 아랫사람의 복종이나 굴종을 강요하는 조직문화는 체질적으로 내게 맞지 않았다. 오히려 그런 상황을 조장하는 사회의 부조리를 저격하는 스나이퍼가 내게 어울린다고 믿었다. 인간 본연의 상상과 열정을 표출할 수 있는 연극에 몰입했던 것도 그런 이유 때문이었을 것이다.

그 후 로미오와 줄리엣이 건네준 행복의 파랑새를 키우면서 수많은 인간 유형을 만나고 그들의 분신이 되어 세상을 탐험했다. 그 와중에 온갖 고초를 겪었고 마음에 상처를 입은 적도 있지만, 그런 가시밭길을 거치면서 나의 영혼이 무럭무럭 자라나고 있는 것 같은 느낌이었다. 결코 쓰러지지 않겠다는 생각으로 연극에 몰두하니 그에 상응하는 대가도 주어졌다. 가시밭에는 날카로운 가시만 있는 것이 아니라 새콤달콤한 열매도 가득했던 것이다.

　문제는 바로 그 시점에서 발생했다. 갑자기 내게 행복감이 느껴지지 않았다. 조롱에 있던 파랑새가 나를 버리고 훨훨 날아가 버린 것만 같았다. 대체 무슨 일이 일어났던 걸까. 곰곰이 생각해보니 그것은 바로 성공이란 이름의 굴레 때문이었다. 너무나 이른 시기에 목표를 이루었기 때문에 자만과 아집이 싹텄던 것이다. 그로 인해 나는 무의식중에 더 많은 것, 더 풍성한 열매를 찾아 허공에 손을 휘젓고 있었다.

　바로 그 시기에 다행히도 사소한 실패와 혼란이 찾아왔다. 무릇 인생은 파도와 같아서 밀물이 있으면 썰물이 있다고 한다. 성공과 실패가 동전의 양면처럼 공존한다는 뜻이다. 그러므로 정상에 오르면 내려와서 방전된 에너지를 채우는 것이 순리다. 무턱대고 또 다른 정상을 향해 달려가다가는 돌이킬 수 없는 추락을 경험하게 된다. 그러니까 수렁에 빠졌다고 생각한 그 순간이 내겐 축복과도 같은 예방주사였던 것이다.

　나는 다시금 청춘의 길목에 다다랐다. 앞날의 행보가 어찌 되든 나에게는 극단 두레와 사랑하는 사람들이 함께하고 있음을 안다. 그들은 끊임없이 나를 일깨워주는 자유로운 영혼들이다. 그들과 함께 날마다 무대에서 땀 흘리며 그 무한한 가치를 공유한다.

우리에게는 우상이 없다. 그러므로 각자 다양한 인간 군상이 되어 매일 새로운 세상을 마주할 수 있다. 가지 많은 나무에 바람 잘 날 없다지만 우리는 그 바람이 행복의 물결임을 의심하지 않는다.

오늘도 우리는 어두워지는 거리에 불을 밝히는 점등인처럼 불꽃을 등에 지고 신발 끈을 질끈 고쳐 묶는다. 그 길에 〈마술 가게〉의 도둑놈들이나 경비원처럼 부조리한 세상을 조롱할 수도 있고, 〈옥수동에서는 압구정동이 보인다〉처럼 사기와 협잡이 난무하는 냉혹한 세태에 절망하다가 진정으로 나를 위로해주는 따스한 사람을 만나기도 할 것이다. 〈리타 길들이기〉의 리타와 프랭크처럼 진정한 나를 돌아보기도 할 것이며, 〈보잉 보잉〉의 성기나 순성처럼 방황의 끝에서 자기만의 행복을 찾기도 할 것이다.

프랑스의 고등학교 졸업시험인 바칼로레아의 '인간(Human)' 부분에는 행복에 관한 문제가 세 가지나 나온다. '스스로 의식하지 못하는 행복이 가능한가?' '행복은 단지 한순간 스쳐 지나가는 것인가?' '행복은 인간에게 도달 불가능한 것인가?' 이런 아리송한 질문에 대한 나의 대답은 명확하다. 행복은 나의 모든 삶 속에 들어있기 때문이다.

행복이라는 우리들의 목표는 현재로부터 시작된다. 그러기에 나는 결코 현재를 등한시하면서 환각을 좇는 불나방이 되지는 않을 것이다. 오늘 행복한 사람이 내일 불행하다고 생각지 말자. 우리는 기쁨과 즐거움으로 내일을 계획하고 행동에 옮기는 존재들이다. 나는 바로 그런 생각을 함께 공유하고 싶은 것이다. 그래서 우리 모두 행복했으면 좋겠다.

연극도 대박!!
인생도 대박!!
이 책도 대박 안 나면 안 돼~~~~!!!!

— 김원효(개그맨)

생각만 해두 걍 '유쾌'한 사람! 나의 모든 고민을 다 털어놓고 싶은 사람! 밤새도록 수
다 떨고 싶은 사람! 어떤 우울한 일을 털어놔도 유쾌하게 풀어줄 거 같은 사람! 열정
쟁이! 남동생 같으면서도 오빠 같은 우리 연출님! 여든 살 먹어서도 같이 바비큐파티
하면서 수다 떨고 싶은 사람! 만나면 하루도 빠짐없이 재미있는 사람.

— 맹승지(개그우먼)

손남목. 그는 우리가 가질 수 있는 온갖 가지 선입견을 확실히 깨버린다. 연극 업종
은 배고플 수밖에 없다? 진지한 연극이 많아 재미없다? 손남목은 뚱뚱할 수밖에 없
다? 모두 아니다. 손남목의 이 책을 보라. 세상을 뒤집는 발칙한 상상이 모두 현실로
되는 것을 목격할 것이다.

— 서기호(19대 국회의원)

손 손수 만든 작품으로 대박이 났습니다.
남 남들과는 다른 안목으로 남들보다 앞서갑니다.
목 목소리 높여 이야기합니다. "손남목 짱!!!"

— 심진화(개그우먼)

손남목 연출님의 넓고 포근한 시선이 많은 사람들을 위로할 수 있는 좋은 어떤 것이
되기를 기대합니다. 출간 진심으로 축하드립니다.

— 안재홍(배우)

자유롭고 행복해지기 위해 수많은 전쟁을 치루는 사람. 자신을 위해서 또는 수많은 타인을 위해서 즐거움과 행복을 위해서 연극 전선 최전방에서 날아드는 총탄을 몸으로 막는 사람. 그리고 그 대가로 충분히 행복한 사람.

— 오세준(동서대 뮤지컬학과 교수)

평소에는 위트 있는 재미있는 형님이지만… 공연계에서는 보잉보잉을 히트작으로 만들어낸 연출력과 기획력 추진력을 가진 작은 거인. 이제 막 공연 기획 제작을 하고 있는 저에게는 큰 산 같은 존재입니다~!! 연극은 어렵다, 연극은 늘 배가 고프다는 편견과 공식을 깬 공연계의 미다스의 손. 그분의 이야기를 저도 기대하고 응원합니다~!!!

— 윤형빈(개그맨)

손 남 목
불의를 보고도 대충 참을 것 같지만 의외로 한방이 있고,
좋은 게 좋은 거다 둥글둥글 넘어갈듯하지만 까칠한 날카로움이 있고,
세속에 묻들어 편히 살 듯 하지만 거친 길을 구르려하는 멋진 삐딱함이 있고,
알 것 같지만 모르겠고 모른다하기엔 너무 가까운 손남목.
그는… 요물이다…!!!

— 이승연(탤런트)

처음 알게 된 것은 11년 전쯤이었다. 당시에 난 개그맨에서 연기자가 되어가는 과도기였고, 그런 나에게 손남목 대표님은 첫 스승이자 연출가였다. 허나 시간이 지나면서 더 큰 이미지가 자리 잡았다. 그는 승부사였다. 지금도 외줄타기 하는 대학로에서 승부사로서의 기질을 여실히 보여주고 있고, 그 승부사가 행복에 대해 얘기하고 있다. 이제는 그를 행복승부사라고 부르고 싶다. 행복승부사 화이팅!

— 이정수(개그맨, 연기자)

대학로 소극장에서 보잉보잉을 연출할때, 인터뷰 하면서 그를 처음 만났다. 미소년 외모와 달리 강한 자신감에 충만한 모습은 당당했다. 당시 작품에 출연했던 미모의 여주인공은 훗날 그의 아내가 되었다. 프러포즈와 결혼식과 장례식장에서 그들 부부의 희로애락을 지켜봤다. 말도 잘하지만 실천을 앞세운 그의 추진력은 성장과정도 훌륭했지만 결과까지 성공이라는 단어로 귀결시켰다. '손남목'의 수식어가 많지만 나는 그를 '문화대통령'이라 부르고 싶다. 사사로운 우정을 넘어서 문화적인 국민과의 약속과 열정은 결코 식지 않을 것을 보장한다.

– 이훈희(뉴스컬처 발행인)

"연극쟁이도 잘 먹고 잘 살 수 있어야 한다."는 신념을 몸소 실천할 뿐 아니라 후배들도 그 길로 이끌어 주고 있는 연극계의 진짜배기 멘토 손남목은 연극계를 넘어 대한민국의 국민이 잘 먹고 잘살며 행복해질 수 있는 길을 안내할 자격이 있다고 본다!

– 장진영(변호사)

행복
내 행복을 위해 참 바쁘게 뛰어다니던 사람
앞만 보고 바빴기에 날 참 외롭게 한 사람
하지만 가장 외로웠을 사람
그 어떤 누구보다 행복을 갈망하고 그 행복이 필요했던 사람
연출가 손남목, 연극인 손남목
그리고 내 남편 손남목
그런 사람이 이제 행복을 찾았다
그리고 행복을 말한다.

– 최영완(탤런트)

나는 내일 행복하고 싶지 않다

초판 1쇄 인쇄 2015년 12월 17일
초판 1쇄 발행 2015년 12월 23일

지은이 손남목

발행인 김성룡
교　정 김은희
디자인 신중호

펴낸곳 도서출판 가연
주　소 서울시 마포구 월드컵북로 4길 77, 3층 (동교동, ANT빌딩)
연락처 (02) 858-2217
팩　스 (02) 858-2219

ISBN 978-89-6897-022-1 (03320)